colección

Biblioteca de la Filosofía Venidera

dirigida por

Fabián Ludueña Romandini

colección

BFV ■ Biblioteca de la Filosofía Venidera

Esta colección quiere abarcar en su espíritu obras que, como quería Walter Benjamin, intenten reflejar no tanto a su autor sino más bien a la dinastía a la cual éstas pertenecen. Dinastías que otorguen los instrumentos para una filosofía por-venir donde lo venidero no sea sólo una categoría de lo futuro sino que también abarque lo pasado, suspendiendo la concepción moderna del tiempo cronológico a favor de una impureza temporal en cuyo caudal pueda tener lugar la emergencia de un pensamiento inactual e intempestivo, capaz de mostrar la potencia filosófica oculta en todas las tradiciones del conocimiento. Filosofía, entonces, como el arte de la fabricación de nuevos conceptos, donde la novedad es siempre entendida tomando en cuenta su anacronismo fundamental y su perpetua inclinación a la polémica.

Germán Osvaldo Prósperi
Psychomachia I. De Christo et Antichristo
1° ed. - Barcelona /Buenos Aires: Miño y Dávila editores, 2021
232 p.; 22.5x14.5 cm.
ISBN 978-84-18095-82-5

Edición: Primera. Junio 2021
Lugar de edición: Barcelona / Buenos Aires
ISBN: 978-84-18095-82-5
Depósito legal: M-16331-2021

Código Thema: QDTJ/Filosofía y Religión/Filosofía: metafísica y ontología
Código Bisac: PHI013000/Filosofía/Metafísica
Código WGS: 520/Humanidades, arte, música/Filosofía

Diseño y composición: Gerardo Miño

dirección postal: Tacuarí 540 (C1071AAL)
Ciudad de Buenos Aires, Argentina
tel-fax: (54 11) 4331-1565
e-mail producción: produccion@minoydavila.com
e-mail administración: info@minoydavila.com
web: www.minoydavila.com
redes sociales: @MyDeditores, www.facebook.com/MinoyDavila

GERMÁN OSVALDO PRÓSPERI

Psychomachia I

De Christo et Antichristo

para Una

Índice

El Señor decía lo mismo a quienes no creían en él: "He venido en nombre de mi Padre y no me recibís; cuando otro venga en su propio nombre, a él lo recibiréis" (Juan 5:43), refiriéndose al Anticristo cuando dice "otro" [*"alium" dicens Antichristum*], puesto que es otro respecto a Dios [*est alienus a Deo*]. Y justamente éste es el juez inicuo del cual el Señor ha dicho que "no temía a Dios ni respetaba al hombre" (Lucas 18:2) y hacia el cual huye la viuda que ha olvidado a Dios, es decir la Jerusalén terrena, para vengarse de su enemigo. Y de hecho es lo que hará durante el tiempo de su reino: transferirá a Jerusalén su reino, se sentará en el templo de Dios y engañará a quienes lo adoran, como si él mismo fuese Cristo [*quasi ipse sit Christus*].

Ireneo de Lyon, *Adversus haereses* V, 25, 4.

Por tanto, lo que Dios unió [*synezeuxen*], no lo separe [*chōrizetō*] el hombre.

Mateo 19:6.

Agradecimientos

Es sabido que los averroístas consideraban, a partir de una fascinante exégesis de unos oscuros pasajes aristotélicos, que el pensamiento acontecía cada vez que el intelecto agente, propio de cada individuo, actualizaba, al unirse a un fantasma, una pura potencia de pensar (el intelecto material o posible) común a todos los hombres. Además de simpatizar con esta idea del Gran Comentador, quisiéramos agregar que es preciso encontrar aliados o catalizadores (humanos o no, orgánicos o no) que nos permitan adentrarnos en ese espacio cósmico de pensamiento.

En primer lugar, nos gustaría mencionar a dos de estos operadores psíquicos: Facundo Roca y Fabián Ludueña Romandini. Nuestra deuda a ambos, por diferentes razones, es enorme.

En segundo lugar, quisiéramos agradecer a quienes concurrieron al seminario "Arqueología de la psiquis. Esquizofrenia e imaginación desde una perspectiva psicohistórica", dictado en FaHCE-UNLP en el segundo cuatrimestre de 2019, donde se discutieron muchas de las tesis propuestas aquí.

En tercer lugar, expresamos nuestra gratitud a Mónica B. Cragnolini por la lectura atenta del capítulo "Textor Dei, textor hominum" y por las aclaraciones conceptuales que nos sugirió introducir.

En cuarto lugar, extendemos esa gratitud a Inés Moretti, con quien hemos discutido cuestiones puntuales de gramática griega y cuya ayuda ha resultado indispensable a la hora de adoptar un criterio adecuado de transliteración.

Por último, aunque no en orden de méritos, la creatividad y el gusto de Gerardo Miño hicieron maravillas con el arte que embellece la presente obra.

Introito ■

El título general de este libro, *Psychomachia*, responde a una investigación en curso que podría definirse como un estudio genético de la *psychē* occidental. Acorde a la estructura acronológica de esa genealogía psíquica, el primer volumen de la investigación es el segundo en términos de temporalidad histórica. (El segundo volumen, de próxima aparición, analizará la *psychē* occidental en el período que va de los poemas homéricos a la Antigüedad tardía).

El título específico de este primer volumen, *De Christo et Antichristo*, remite a un tratado homónimo de Hipólito de Roma, escrito a fines del siglo II d.C. Se trata del primer texto, conservado incompleto en su lengua griega original pero íntegro en una traducción paleoeslava, dedicado exclusivamente al Anticristo. Su lectura evidencia un intento deliberado por mostrar la profunda simetría que existe entre las figuras de Cristo y del Anticristo. Sobre esta simetría, en lo que tiene de esquizofrénico y de aparentemente irresoluble, descansa el presente volumen.

Psychomachia, término compuesto por *psychē* (alma) y por *machē* (lucha o combate) y que podría traducirse por "el combate por el alma del hombre", es el título de uno de los primeros poemas alegóricos escritos a principios del siglo V por un autor cristiano llamado Prudencio. El texto, en el que se perciben las influencias de Ovidio y de Virgilio, describe la lucha –que reproduce en cierta forma la oposición paulina entre la carne (*sarx*) y el espíritu (*pneuma*)– entre los Vicios y las Virtudes por la *psychē* del hombre. Varios especialistas en la cristiandad latina han concluido que Prudencio concibe a la *psychē* humana como el espacio en el que se desarrolla la *colluctatio vitiorum et virtutum*. Sin embargo, desde nuestra perspectiva, esta lectura es un tanto imprecisa: la *psychē* ni siquiera es un espacio que funciona como condición de posibilidad de la batalla; al contrario, la batalla es la generadora del espacio psíquico. Para comprender esto conviene retomar la advertencia que introduce David Hume en el capítulo del *Treatise of Human Nature* dedicado a la identidad personal. Si bien nuestra mente puede compararse a una especie de teatro, no hay que concebirla, aclara Hume, como el lugar por el que pasarían o se sucederían diversas percepciones; a ciencia cierta, la mente no es más que el flujo de percepciones (en la analogía de Prudencio que retomamos aquí, no es más que la *colluctatio vitiorum et virtutum*):

> La mente es una especie de teatro, donde varias percepciones sucesivas hacen su aparición; pasan, vuelven a pasar, se desvanecen y mezclan en una infinidad de posturas y situaciones. Propiamente hablando, no hay simplicidad en ellas en un tiempo, ni identidad en tiempos diferentes; más allá de la propensión natural que ten-

gamos a imaginar dicha simplicidad e identidad. *La comparación con el teatro no debe engañarnos. Sólo las sucesivas percepciones constituyen la mente; no tenemos ni la más remota idea del lugar donde estas escenas son representadas, ni de los materiales que las componen.* (Hume 1960: 253; el subrayado es nuestro).

Del mismo modo, los vicios y las virtudes son las fuerzas que constituyen la *psychē* cristiana. El espacio psíquico es el resultado o el efecto del combate y no a la inversa. Lo que nos interesa particularmente de este poema de Prudencio es que la *psychomachia* no responde a motivos o fuerzas humanas sino extra-humanas. Kenneth R. Haworth, en un libro importante dedicado a esta alegoría poética, ha mostrado —compartiendo una opinión de Ernst H. Gombrich (cfr. 1972: 128)— que los vicios y las virtudes no son meras facultades o tendencias de la mente humana, sino agentes o potencias externas *personificadas*, no sólo de naturaleza psíquica sino también cósmica.[1] Los vicios serían así, según Haworth, espíritus malignos, afines a los demonios, mien-

1 Podría objetarse que la concepción de la *psychē* que propone Prudencio –y que nosotros retomamos aquí–, al adjudicarle autonomía y personalidad a los vicios y las virtudes, cae en el más flagrante antropomorfismo. Ante esta objeción, muy característica del nihilismo contemporáneo, lo primero que diríamos es que no debe confundirse antropomorfismo con lo que James Hillman pero ya antes Carl Jung y otros sabios decimonónicos han llamado *personificación*. El proceso de personificación implica, por el contrario, un desantropomorfismo que opera paradójicamente a partir de una difusión generalizada de lo humano. En los últimos años esta idea ha sido recuperada en nuestra región por Viveiros de Castro a la hora de explicar la concepción del chamanismo amerindio. A diferencia del ideal de objetividad de la ciencia occidental que consiste en desubjetivar, es decir en hacer explícita la parte del sujeto en el objeto, de modo de reducirla a un mínimo ideal, "el chamanismo amerindio –explica el antropólogo brasilero– se guía por el principio inverso: conocer es 'personificar', tomar el punto de vista de lo que es preciso conocer" (2010: 41). Este proceso de personificación, característico de las culturas amerindias pero también de las épocas animistas en general, lejos de suponer una naturalización del mundo humano, supone una humanización general de la naturaleza pero que, en función de esa suerte de estallido y expansión ilimitada de lo antrópico, termina por destituirlo de su lugar soberano: "donde todas las cosas son humanas, lo humano es otra cosa" (Viveiros de Castro 2010: 44). No es casual, además, que este proceso mítico de personificación le corresponda esencialmente a la imaginación: "La conciencia mítica es un modo de ser en el mundo que incluye personas imaginales [*imaginal persons*]. Nos las da la imaginación y son sus datos. Donde reina la imaginación, la personificación acontece. La experimentamos por la noche, de forma espontánea, en los sueños. Así como no creamos nuestros sueños, sino que nos suceden [*they happen to us*], así tampoco inventamos a las personas del mito y de la religión; ellas, también, nos suceden. Las personas se presentan a sí mismas como existiendo previamente a cualquier esfuerzo realizado por nosotros para personificarlas. Para la conciencia mítica, las personas de la imaginación son reales [*the persons of the imagination are real*]" (Hillman 1975: 17).

tras que las virtudes serían espíritus angélicos o divinidades benéficas menores (cfr. Haworth 1980). En efecto, lo que llamamos aquí *psychē* no es sino el efecto de una serie de repliegues y movimientos peristálticos del Afuera, entendiendo por Afuera una multiplicidad de fuerzas y elementos irreductibles al orden humano: demonios, ángeles, dioses, espectros, espíritus, figuras oníricas, etc. La convergencia —y en cierta forma la domesticación coactiva— de esta pluralidad extra-humana ha generado la *psychē* del hombre occidental.[2]

La escena final de la *Psychomachia* de Prudencio culmina con la victoria de las virtudes y con la construcción de un nuevo templo, un edificio resplandeciente que recuerda a la Jerusalén celestial del capítulo 21 del *Apocalipsis* de Juan:

> Porque cuando la sangre se limpie un templo será construido y un altar establecido [*templum fundatur et ara ponitur*] en una casa adornada con oro, y será el hogar majestuoso de Cristo [*Christi domus*]. Entonces Jerusalén será glorificada con su templo [*Hierusalem templo ilustrata*] y, ya gloriosa, recibirá a su Dios para que descanse allí, una vez que el Arca haya sido establecida en su lugar sobre el altar de mármol. (*Psychomachia* vv. 809-813).[3]

Los cimientos de la Jerusalén santa, como los de la *Christianopolis* del teólogo luterano Johannes Valentinus Andreae, forman un cuadrado pefecto. (En el epílogo del presente libro, que en cierta manera cierra la puerta abierta en este prólogo, veremos que la ciudad santa, en cuyo centro reina la Sabiduría y el Cristo mismo, está indefectiblemente asediada por el Anticristo).

Que la idea de una *psychomachia* se inscribe en el marco más general de una guerra cósmica es más que evidente por el poema homónimo que concluye el *Anticlaudianus de Antirufino* de Alain de Lille. El texto,

2 Sobre la constitución de la *psychē* histórica entendida como una serie de plegamientos del Afuera, cfr. Prósperi 2019: 37-51. Sobre la relación de *la psychē* con las nociones de *phōnē* y *gramma* desde una perspectiva post-metafísica y para-ontológica, cfr. Ludueña Romandini 2021: 76-87.

3 Utilizamos aquí la edición crítica de T. E. Page *et all.* con traducción de H. J. Thomson (*Liber Cathemerinon. Apotheosis. Hamartigenia. Psychomachia. Contra orationem Symmachi, Liber I*, Loeb Classical Library, Cambridge, Harvard University Press, 1949). Para un panorama general del poema de Prudencio, cfr. Smith 1976. Sobre las fuentes de la obra, cfr. Hanna 1977: 108-115; Hench 1924: 78-80. Para un panorama del contexto cultural, cfr. O'Hogan 2016. Sobre la imagen del templo, cfr. Atherton 1997: 263-285.

escrito aproximadamente entre 1181 y 1184, es decir casi unos ocho siglos después de la *Psychomachia* de Prudencio, se presenta como una épica cósmica –incluso el estilo respeta el hexámetro dactílico de la épica– que alaba al *homo perfectus*. El texto comienza con un concilio solicitado por la diosa *Natura* a sus hermanas, las virtudes naturales, a fin de expresarles su preocupación por la incapacidad para crear de manera eficiente el *homo perfectus*. La primera resolución del concilio es que la *psychē* del *novus homo* no puede ser creada por *Natura* ni por sus hermanas. Dicho de otro modo: la *psychē* no es una prolongación más o menos compleja y etérea de la naturaleza. La segunda decisión del concilio es buscar ayuda en Dios para crear el alma humana. Con este objetivo, *Ratio* y *Phronesis* son eviadas a las regiones supra-lunares, de donde regresan con la *psychē* para el hombre nuevo y perfecto. *Natura*, entonces, le crea un cuerpo y sus hermanas le confieren las diversas virtudes. Pero Alecto, la reina de los vicios, se entera de la creación del *novus homo* y envía a sus demonios para atacarlo. La *psychomachia* tiene lugar. Como en el caso de Prudencio, los vicios son derrotados y el *homo perfectus*, Antirufino, inicia una era dorada. El poema termina con una *harmonia mundi*.

Es un mérito de M. L. Fuehrer haber mostrado que el poema de Alain de Lille "tiene una dimensión moral y cósmica al mismo tiempo" (1908: 352) y que lo que está en juego en esta *psychomachia* es sobre todo la ruptura o el quiebre de la continuidad del mundo, es decir del *ordo universalis*: "La noción de 'continuidad' es crucial para comprender la *psychomachia* en un nivel cosmológico. Este concepto fue el principio clave de la visión de un cosmos jerárquico para los cristianos neoplatónicos: un cosmos que es ontológicamente continuo, es decir, completamente lleno de ser" (1908: 349). El acierto de Fuehrer, a nuestro juicio, está en que interpreta el lamento de *Natura* con el que comienza el poema de Alain como un lamento por la discontinuidad del Ser. En efecto, en su *Psychomachia*, Alain le hace decir a *Natura* que su reino y el de sus hermanas, es decir la región sub-lunar, está "exiliado del resto del mundo" (1955: 64; 1973: 56).[4] La necesidad que siente *Natura*

4 Utilizamos aquí las ediciones críticas de R. Bossuat (*Anticlaudianus, Texte critique avec une Introduction et des Tables*, Paris, Vrin, 1955) y de Sheridan (*Anticlaudianus or the Good and Perfect Man*, Toronto, Pontifical Institute of Mediaeval Studies, 1973). De aquí en más consignamos primero la referencia al texto latino y luego el número de página de la edición de Sheridan. Sobre la figura interesantísima de Alain de Lille, tanto en su faceta de filósofo y

de crear un *homo perfectus* se debe a que anhela sellar el hiato que se abre entre la región sub-lunar y la región supra-lunar.[5] La *perfectio* del *homo novus* radicaría así en su capacidad para suturar la Herida cósmica —"the great frontier" o "the great divide" en los términos de C. S. Lewis (cfr. 1964: 108) o, en nuestros términos, la *Spaltung* psíquica— y para instaurar la *harmonia mundi* que garantiza la continuidad del *ordo universalis*. Por esta razón el *homo perfectus* es a la vez divino y natural, alma y cuerpo. Dice *Natura* del *homo novus*: "A través de nuestros esfuerzos deja que un ser no sólo humano sino divino habite la tierra [...] a través de su alma déjalo habitar en el cielo; a través de su cuerpo, en la tierra. En la tierra será humano, en el cielo será divino" (1955: 64; 1973: 55). En este sentido, Fuehrer puede concluir, sintetizando de algún modo el gesto antropocéntrico *par excellence* que consiste en identificar la fractura o la herida cósmica con lo humano, que el "hombre es un nexo esencial en el cosmos, y que si ese nexo falla, todo lo que

---

teólogo como de poeta, cfr. Solère, Vasilu y Galonnier 2005; Simpson 1995; Evans 1983; De Lage 1951. Sobre la gramática especulativa y la teoría estoica del lenguaje en la narrativa alegórica desde Prudencio a Alain de Lille, cfr. Bardzell 2009.

5 No es casual que Plutarco, en ese extraordinario diálogo que es *De facie in orbe Lunae apparet*, explique que, de los tres elementos que componen al hombre, "la tierra proporciona el cuerpo [*sōma*], la luna el alma [*psychē*] y el sol el intelecto [*nous*]" (943B). Una vez separadas del cuerpo luego de la muerte, las almas, dice en un pasaje notable quien tuvo el privilegio de ser el sacerdote de Apolo en el Oráculo de Delfos, "se disuelven en la luna como los cadáveres en la tierra" (945A).En este sentido, la *psychē* es, como la luna (*selēnē*), el límite y a la vez la fractura del cosmos. Veremos además que la imaginación, en su aspecto diabólico-fantasmático, es la fractura de la *psychē*. Cuando el sol fecunda a la luna con las semillas (el semen) del intelecto, ésta produce nuevas almas a las que la tierra les proporciona sus respectivos cuerpos. Pero, a diferencia del sol que no toma nada más que el intelecto que él mismo da, y de la tierra que no da nada puesto que recupera después de la muerte lo que dio en el nacimiento, la luna "toma y da, une y divide [*syntithēsi kai diairei*] en virtud de dos principios opuestos: el poder que conjuga es llamado Ilitía, el que divide Artemisa" (945C). Estos dos principios, veremos en breve, constituyen las dos formas fundamentales de la imaginación: la imaginación *sim*-bólica/conjuntiva (Ilitía o, en el marco de nuestro estudio,Cristo, que realiza la acción expresada por el verbo *syntithēmi* –nótese el prefijo *syn*–) y la imaginación *dia*-bólica/disyuntiva (Artemisa o, para nosotros, el Anticristo, que realiza la acción expresada por el verbo *diaireō* –y nótese igualmente el prefijo *dia*–). Desde esta perspectiva, a la cual habría que añadir el magistral *White Goddess: a Historical Grammar of Poetic Myth* de Robert Graves, es perfectamente atinado decir que la *psychē* es patológica y topológicamente *lunática*. En efecto, la relación entre la luna y la locura data de tiempos antiguos: "La luna ha sido asociada con el desorden mental desde la Antigüedad, tal como se evidencia en la palabra «lunatismo [*lunacy*]», la cual deriva de Luna, la diosa romana de la luna. Las creencias en el poder de la luna para alterar la mente, especialmente ocasionando locura y epilepsia en las fases de luna llena, no desaparecieron con el mundo antiguo, sino que persistieron prácticamente inalteradas y con pocos cambios hasta bien entrado el siglo XIX" (Raison *et all.* 1999: 99).

depende de él hacia abajo es reducido a un estado caótico" (1908: 352). Como veremos en breve, la figura del Anticristo representa el punto de ruptura que interrumpe el *continuum* psíquico, pero también cósmico, asegurado —infructuosamente— por Cristo.

† † †

El 1 de abril de 1909 comenzaba a funcionar el *Institut für Kultur und Universalgeschichte* en la Universidad de Leipzig. En una conferencia dictada un año antes, Karl Lamprecht, uno de los ideólogos del proyecto y maestro de Aby Warburg, explicaba: "La relación entre la historia política, la historia del arte y la historia económica, etc., sería una relación de división del trabajo y cooperación en función de una *historia general del desarrollo psíquico de la humanidad* que llamaríamos historia cultural" (1988: 366; el subrayado es nuestro).

En el semestre de abril a agosto de 1909, la oferta del *Institut* se estructuraba en dos tipos de cursos: "Cursos generales" y "Cursos especiales". A su vez, estos últimos se dividían en tres secciones: A. Psicogénesis; B. Historia cultural de casos individuales; C. Historia cultural comparativa. La sección A se dividía en dos talleres: el primero llevaba por título "Introducción a los problemas básicos y al método de la psicología infantil comparativa", con "ejercicios psicogenéticos, con base en dibujos infantiles"; el segundo versaba sobre "Psicología de la vida económica, con énfasis en la psicología del trabajo". Ya a partir de otoño de 1909 el término *Psychogenese* es reemplazado por *Entwiklungspsychologie* (psicología evolutiva o del desarrollo). Como advierte Vera Weiler en un esclarecedor artículo, el elemento extraño de este programa de estudios lo constituía el enfoque psicogenético de la historia que, a pesar de ser casi un lugar común en el espíritu del joven siglo XX, no dejaba de despertar suspicacias y recelos:

> Pero lo que resulta verdaderamente exótico, para el pasado y no menos para el presente, es la sección "Psicogénesis". Evidentemente, no se trata de un concepto corriente y no resulta obvia su pertinencia en un programa de historia. Por otra parte, Lamprecht en más de una oportunidad indicó que su enfoque sobre la historia debiera llamarse psicogenético y que este enfoque estuvo en la base de la

estrategia con la cual se emprendió la organización del Instituto de Historia Cultural y Universal. (Weiler 2010: 236).

En efecto, la idea general que sustentaba las investigaciones de Lamprecht era que la *psychē* social podía ser explicada a través de las mismas leyes que la *psychē* individual: "En toda la acción de las fuerzas psicosociales, a fin de cuentas, no se van a encontrar unas leyes básicas distintas a las de la psicología individual" (Lamprecht 1994: 319). En este sentido, se trataba de explicar cómo se había constituido la *psychē* humana y a la vez las diversas etapas que estructuraban su desarrollo histórico. Por eso Lamprecht pretendía elaborar, para el caso de su país, "una historia que diera cuenta de manera clara de las épocas psíquicas de los ocho siglos más recientes de la historia alemana" (1994: 309).

Otra figura importante del *Institut* era el historiador Johannes Kretzschmar, quien dirigía con regularidad un seminario que unas veces se anunciaba bajo la denominación general de "Psicología infantil comparativa" y otras como "Psicología infantil genética". Los temas concretos a tratar variaban de semestre en semestre. Algunos de estos cursos (acaso más interesantes y disruptivos que muchos de los dictados actualmente en las Facultades de Historia) eran:

- El desarrollo de la representación del espacio en niños franceses e italianos.
- La influencia del medio ambiente con base especialmente en dibujos infantiles hindúes y japoneses.
- Génesis y desarrollo de los procesos mentales infantiles.
- La religión en los niños en su relación con el desarrollo religioso del pueblo.
- El desarrollo ético del niño en su relación con el desarrollo cultural.
- El desarrollo mental en niños europeos y en algunas tribus africanas.

La idea general que animaba los tanteos comparativos sobre los niños en el *Institut* entre 1909 y 1915 era la de que en este campo se podrían conseguir claves para la reconstrucción particularmente difícil (entre otras cosas, por la situación de las fuentes) de los períodos históricos más tempranos, tanto de las sociedades europeas como de la humanidad en general (cfr. Weiler 2010: 239-240). Para la organización del área de psicología evolutiva del *Institut*, además de Kretzschmar, fue importante el psicólogo y filósofo Felix Krueger, quien estuvo vinculado a la Universidad de Leipzig desde 1903, a través del Instituto de Wundt. A nombre de este Instituto, Krueger venía dictando cursos sobre psicología de las emociones y psicología comparada de los pueblos primitivos (llamados *Naturvölker*). En el semestre de verano de 1910, se despidió de Leipzig con un seminario de psicología evolutiva centrado en las "formas primitivas de la religión".

El título general de nuestro libro, *Psychomachia*, se inscribe en la perspectiva psicogenética abierta por Lamprecht en su famoso *Institut*. Se trata, para nosotros también, de situar nuestro análisis en el marco más amplio de una *historia general del desarrollo psíquico de la humanidad*, según la expresión del mismo Lamprecht. Asimismo, resulta de especial interés la noción de "épocas psíquicas" planteada por el historiador alemán en *Kulturgeschichte und Geschichte*. El objetivo del presente libro es analizar la *psychē* histórica en una época psíquica en concreto: el cristianismo que va del siglo I al siglo VIII aproximadamente. De más está decir que se trata de un proyecto de largo alcance que no debe entenderse en el sentido tradicional de los estudios históricos. Nuestra hipótesis, que remite en cierta forma al pensamiento —y a la biografía— de Aby Waburg, es que la *psychē* del hombre occidental está esencialmente escindida y presenta por eso una naturaleza esquizofrénica. En el caso de la época psíquica considerada en este volumen, la polaridad o, más bien, la *Spaltung* está dada por las figuras de Cristo y del Anticristo.

Existe un término griego —el cual "aparece sólo en textos cristianos" (cfr. Robinson 2010: 303)— que describe a la perfección la condición esquizofrénica de la *psychē* occidental en general y de la *psychē* cristiana en particular: *dipsychia*. Entre los diversos tratados en los que figura este curioso término, *El Pastor de Hermas*, conocido a veces simplemente como *El Pastor*, ocupa un lugar destacado. Se trata de un texto cristiano del siglo II conformado por cinco visiones, doce mandatos y diez parábolas. En varias oportunidades, Hermas, un esclavo al parecer liberado por una mujer romana llamada Rode, utiliza el término *dipsychia* (o sus variantes: *dipsychos*, *dipsychein*, *dipsycheo*, etc.) cuyo sentido, a pesar de los numerosos estudios que se le han dedicado, sigue siendo enigmático y un tanto desconcertante. Literalmente, *dispychia* significa doble *psychē* o *psychē* desdoblada (los ingleses, por ejemplo, lo traducen por *doublemindedness*). Sin embargo, en el contexto cristiano el término era utilizado sobre todo para designar la falta de fe en Dios y la debilidad de la naturaleza humana acosada por el pecado luego de la caída. En *El Pastor de Hermas* el término cubre un amplio espectro semántico. *Dipsychia* es generalmente definida como duda o indecisión: "Quienes tienen dos mentes [*hoi dipsychoi*] dudan de Dios" (*Mandato* IX, 5).[6] También significa a veces ignorancia o debilidad de temple, con frecuencia aplicado a quienes no poseen la fortaleza suficiente para resistir a los falsos profetas y a los ídolos pecaminosos: "cuando se enfrentan a una aflicción, cometen idolatría [*eidololatrousi*] por ser cobardes y se avergüenzan del nombre de su Señor" (*Mandato* X 2.2). La *dipsychia* causa, pues, idolatría y tormento.

Hay que reconocerle a David Ch. Robinson el mérito indudable de haber identificado al término *dipsychia* no ya con un pecado más entre otros sino con la condición de posibilidad del pecado en cuanto tal. En efecto, Hermas enumera en su texto varios vicios pero no la *dipsychia*. ¿Por qué? Responde Robinson: "La *dipsychia* no es mencionada entre los pecados específicos porque designa aquella condición del corazón que da lugar a tales pecados" (2010: 305). El otro mérito de Robinson radica en el énfasis —perfectamente justificado a nuestro juicio— que ha puesto en la *personificación* de la *dipsychia* efectuada por Hermas. Por cierto, la *dipsychia* es personificada como "la hermana del diablo [*hē thygatēr tou diabolou*]" o como "un espíritu terrenal del diablo [*epigeion pneuma para tou diabolou*]" (*Mandato* IX 9, 11). En suma, lejos de ser una debilidad humana, la *dipsychia* es "un espíritu del diablo que asalta al bautizado, creando una condición interna de debilidad, desacuerdo y duda, de la cual surgen una variedad de vicios y enfermedades espirituales" (Robinson 2010: 306).

---

6 Utilizamos aquí la edición crítica de Bart. D. Ehrman (*Apostolic Fathers: Volume II. Epistle of Barnabas. Papias and Quadratus. Epistle to Diognetus. The Shepherd of Hermas*, Loeb Classical Library N° 25, London, Harvard University Press, 2003).

A lo largo de nuestra investigación mostraremos que la condición escindida de la *psychē* cristiana, su *di-psychia* constitutiva, concierne a las figuras de Cristo y del Anticristo. En este punto, no es casual que Hermas identifique a la escisión psíquica con la hermana del Diablo. Recuérdese que Hipólito de Roma, un autor contemporáneo a Hermas de quien tomamos el título específico de este volumen, había definido al Anticristo como el "hijo del diablo [*huios tou diabolou*]" (*De Antichristo* 14-15). Antonio Orbe lo corrobora en un genial artículo: "Da la impresión de que la primera literatura eclesiástica tradujo Anticristo por hijo del diablo, y aun por 'primogénito de Satanás', con alcance genérico" (1968: 731). Se comprenderá que, si el Diablo es el padre del Anticristo y a la vez el hermano de la *dipsychia*, ésta es entonces la tía del Anticristo.

Ahora bien, si ha podido afirmarse que la civilización humana es esencialmente esquizofrénica es porque la *psychē* adolece de una profunda herida o fractura que, en el caso del cristianismo, como dijimos, concierne a la polaridad Cristo-Anticristo. Esta herida o fractura psíquica, como veremos a lo largo de nuestro estudio, atañe de manera específica a la imaginación y a la imagen. En este sentido, es posible —y necesario— afirmar que la imaginación designa la instancia *simbólica* de sutura y conjunción psíquica y cósmica y a la vez la instancia *diabólica* de dehiscencia y disyunción. Si Cristo es la personificación de la operación de sutura, el Anticristo es la personificación de la operación de dehiscencia. No es casual que el término *dipsychos* empleado por Hermas, como bien ha mostrado Oscar J. F. Seitz en una lacónica pero lúcida contribución a los *New Testament Studies*, remita entre otras fuentes a los dos *yetzarim* de los hebreos, y en particular al *yetzer hara*, el espíritu maligno que según la tradición rabínica habita en el corazón humano.

> La psicología del "doble corazón" parece haberse desarrollado a partir de una tradición común en el Judaísmo, una tradición que en la exégesis rabínica estaba íntimamente conectada con la idea de los dos *yetzarim* o inclinaciones, una hacia el bien y la otra hacia el mal. [...] De todas formas, Hermas, como el *Manual de Disciplina* de Qumran, lleva más lejos la doctrina de los dos espíritus antitéticos en el corazón del hombre, un espíritu de verdad y el otro un espíritu de error o de mentira, uno santo y el otro maldito. (1958: 331-332).

Es de fundamental importancia que el término *yetzer*—el cual ha sido considerado por Moshe HaLevi Spero como "un concepto metafísico [*a metaphysical concept*]" (1975: 108)— signifique también, según explica Richard Kearney, *imaginación*: "El término hebreo principal para imaginación es *yetzer*. No deja de tener consecuencias que esta palabra derive de la misma raíz *yzr* que el término para 'creación' (*yetzirah*), 'creador' (*yotzer*) y 'crear' (*yatzar*)" (2003: 39).[7] Las figuras de Cristo y Anticristo nos permitirán mostrar las dos operaciones fundamentales que, desde nuestra perspectiva, definen a la imaginación: la operación crística de conjunción (el *symbolos*), y la operación anticrística de disyunción (el *diabolos*). Ambas operaciones o formas de la imaginación requieren además de una imagen específica: el ícono (*eikōn*) en el caso de Cristo, es decir de la imaginación simbólica; el fantasma (*phantasma* o *eidōlon*) en el caso del Anticristo, es decir de la imaginación diabólica.

Es probable que la etimología, en este punto, nos proporcione elementos preciosos para sustentar nuestra hipótesis de que la imaginación es una potencia anfibológica, es decir suceptible de dos funcionamientos (simbólico/icónico y diabólico/fantasmático), y a la vez de que cada uno de estos funcionamientos se corresponde con un tipo de imagen en particular: el *symbolos* con el *eikōn* y el *diabolos* con el *eidōlon* o *phantasma*. En un artículo cuya importancia a nuestro juicio es superlativa, Suzanne Saïd no sólo ha demostrado la "oposición entre dos definiciones de la imagen: el *eidōlon*, que es un simulacro [recuérdese que *simulacrum* es una de las traducciones latinas más habituales del *phantasma* o del *eidōlon* griegos], y el *eikōn*, que es un símbolo" (1987: 322), sino que ha basado esa oposición en un análisis etimológico:

> Si las dos palabras se han formado a partir de una misma raíz *wei-*, sólo *eidōlon* revela por su origen la esfera de lo visible, pues está formado sobre un tema *weid-* que expresa la idea de ver (este tema, que ha dado el latino *video*, se encuentra en griego en el verbo *idein* "ver" y en el nombre *eidos* que se aplica primero a la apariencia visible). El *eikōn* en cambio, al igual que los verbos *eiskō* o *eikazō* "asemejar" o

7 Sobre el problema del *yetzer hara*, cfr. Rosen-Zvi 2011; Becker 2016: 179-207. En este artículo, Becker, además de reconstruir la compleja tradición semántica y etimológica del término *yetzer*, confirma la observación de Kearney: "el término *yetzer* ha sido traducido diversamente como 'imaginación', 'inclinación' o 'disposición'. *Yetzer* proviene de una raíz *y-ts-r*, la cual significa 'moldear' o 'formar'" (2016: 180).

del adjetivo *eikelos* "semejante", remite a un tema *weik-* que indica una relación de adecuación o de conveniencia. (1987: 310).

Tenemos aquí los dos temas, *weid-* y *weik-*, que darán lugar a dos tipos de imágenes y, más allá, a dos formas de la imaginación. El tema *weid-*, que abrirá el campo semántico y operativo de la imaginación diabólica (a la cual se la podría llamar *phantasia* para respetar su relación esencial con el *phantasma*), y el tema *weik-*, que abrirá el campo semántico y operativo de la imaginación simbólica (a la cual se la podría llamar *eikasia* para respetar su relación esencial con el *eikōn*). Esto requeriría por supuesto utilizar ambos términos, *phantasia* y *eikasia*, en un sentido técnico muy preciso que no necesariamente coincide con el sentido que le han dado los más diversos autores a lo largo de la historia filosófica. La *eikasia*, por ejemplo, si bien desde nuestra perspectiva guarda una relación con el uso del término que hace Platón en la analogía de la línea y la alegoría de la caverna de *República*, no es su equivalente exacto. Lo mismo se aplica al término *phantasia* y al sentido que posee por ejemplo en Aristóteles. Como sea, lo cierto es que los temas *weik-* y *weid-* son propios de Cristo y del Anticristo respectivamente. En efecto, el Hijo de Dios, como bien explica Saïd, jamás podría ser un *eidōlon* del Padre: "Pues el Hijo, incluso si se ha hecho carne, y por lo tanto se ha vuelto visible, no podría ser el *eidōlon* del Padre invisible y asemejársele 'según las características de la carne ni según ninguna forma corporal'. Él se asemeja 'por el querer', puesto que es 'la imagen (*eikōn*) de su bondad'" (1987: 329).

En cierta forma, a lo largo de estas páginas nos dedicaremos a seguir la tensión esquizofrénica de estos dos temas, *weid-* y *weik-*, íntimamente relacionados con el problema de las imágenes y de la imaginación, en el cristianismo de los siglos I-VIII desde una perspectiva psicogenética. Veremos que, si *weik-* sutura, *weid-* horada; si *weik-* teje, *weid-* desteje; si *weik-* une, *weid-* desune. Esta polaridad singularísima, que parece perderse en los tiempos más remotos de la Antigüedad, es, sin embargo, aún la nuestra, la de nuestra ontología y nuestra política; en suma, la de nuestra frágil y escindida *psychē*.

INTRODUCCIÓN

> Que nadie os engañe en ninguna manera, porque [Cristo] no vendrá sin que primero venga la apostasía [*hē apostasia*] y sea revelado el hombre de pecado [*ho anthrōpos tēs anomias*], el hijo de perdición [*ho huios tēs apōleias*]. (2 Tesal. 2:3).[8]

> Hijitos, es la última hora [*eschatē hōra*], y así como oísteis que el anticristo [*antichristos*] viene, también ahora han surgido muchos anticristos [*antichristoi*]; por eso sabemos que es la última hora. (1 Juan 2:18).

Estos dos pasajes conciernen de manera esencial a "la venida [*tēs parousias*] de nuestro Señor Jesucristo" (2 Tesal. 2:1) en el fin de los tiempos –en la última hora, para decirlo con Juan. El término *parousia* significa, además de "venida" o "llegada", "apariencia" o "manifestación gloriosa" pero también –y de manera fundamental– "presencia".[9] En la escatología cristiana, todos estos sentidos convergen en la figura de Cristo. En efecto, el Hijo de Dios *vendrá* en el fin de los tiempos a juzgar a los vivos y a los muertos, se *manifestará* en toda su gloria y restituirá así la *presencia* amenazada por el pecado. Pero para que esto sea posible, para que la presencia precaria de la vida humana pueda ser finalmente redimida y devuelta a su plenitud originaria, es preciso que antes de Cristo se manifieste el Anticristo, el apóstata, el anómico: *ho anomos* (2 Tesal. 2:8); en suma, el *despresentificador*.

Ernesto De Martino ha sostenido que el ser-en-el-mundo, es decir el ser de la operatividad histórica se ve amenazado constantemente por "el riesgo radical de la pérdida de la presencia" (2000: 32). A este riesgo De Martino lo denomina "crisis de la presencia" (cfr. 2000: 15-36).[10] Lo

8 La traducción de los textos bíblicos es en general la de Reina Valera Gómez 2010. En algunos casos, la hemos modificado ligeramente, atendiendo siempre al texto original.

9 Sobre los diferentes sentidos del término *parousia*, cfr. Nolan 1969: 288-289. Para un análisis de las parábolas sobre la *parousia* y el apocalipsis en los evangelios sinópticos, cfr. Bauckham 1977: 162-176.

10 Sobre el pensamiento de De Martino y la crisis de la presencia, cfr. Berardini 2013; Sasso 2001; Zanardi 2011.

que está en juego en esta crisis es el ser del hombre en su totalidad y consecuentemente el ser del mundo, es decir la condición del hombre como ser-en-el-mundo o, lo que es lo mismo, como ser-en-la-historia. En *Il mondo magico*, De Martino asegura que el hombre, en la época del magismo, puede verse absorbido en cualquier momento por un estímulo que le hace perder los límites entre el yo y el mundo o entre el sujeto y el objeto (términos anacrónicos para referirse a esta etapa presuntamente "primitiva"). Se trata de un verdadero "derrumbe de la presencia" (De Martino 1973: 94). De tal manera que el mundo deja de funcionar como horizonte de sentido y de significación, como matriz operativa; el entorno se deshumaniza, la presencia se disuelve. Frente a este riesgo, se activan ciertos mecanismos culturales destinados a restablecer la presencia y reintroducir al hombre en la historia del mundo. En la era del magismo, esta función presentificadora es desempeñada por el chamán o el brujo. A través de ritos y procedimientos mágicos, el chamán restituye el equilibrio del mundo. La crisis y el eventual derrumbe de la presencia, sin embargo, no son exclusivos del magismo sino que atraviesan la historia de la civilización humana en su totalidad. Cada época dispone de sus propios mecanismos para conjurar los avances de la despresentificación. No sorprende que De Martino individúe en la figura de Cristo —recuérdese que en *Il mondo magico* se refiere al chamán como "el héroe de la presencia, el Cristo mágico" (1973: 196)— a uno de los dispositivos más eficaces a la hora de combatir el derrumbe de la presencia. Ahora bien, según la perspectiva psicogenética que adoptaremos en este texto, en la medida en que Cristo representa la instauración o la restitución de la presencia, el Anticristo representa su disolución y su derrumbe. No obstante, no debe creerse que se trata de dos figuras opuestas y antagónicas; la oposición y el antagonismo, de existir, son internas a la misma figura. Cristo y Anticristo son los dos lados o las dos caras, conjuntiva y disyuntiva, de un mismo dispositivo, el derecho y el reverso de un mismo límite metafísico.

Cristo asegura la presencia suturando lo divino con lo humano,[11] funcionando como imagen consubstancial o arquetípica del Padre.[12] Al

---

11 Sobre el trabajo de sutura realizado por el dispositivo cristológico, cfr. Prósperi 2018: 69-71.

12 Interpretamos la noción de *eikōn*, aplicada a Cristo,como "imagen consubstancial" al Padre en el sentido propuesto por el teólogo Vladimir Lossky: "Por la encarnación, que es el hecho dogmático fundamental del cristianismo, 'imagen' y 'teología' se encuentran ligadas de una manera tan estrecha que la expresión 'teología de la imagen' podría convertirse en un pleo-

zurcir las dos regiones de la onto-teo-logía, Cristo consuma la Ley y abre el horizonte de la operatividad humana, redime el mundo, es decir lo dispone a la presencia, lo funda como *locus politicus*.[13] Este movimiento de costura se inscribe en el marco escatológico propio del cristianismo. A diferencia de Cristo, el gran suturador o el "íntimo médico" según la expresión de Agustín (cfr. *Confessiones* X, III, 4), el Anticristo deslinda las dos regiones de la metafísica, separa lo humano de lo divino y abre una fisura o una dehiscencia entre ambos niveles. Allí, en el intersticio neutro que escinde la historia occidental, no hay mundo ni presencia, ni sujeto ni objeto, ni existencia propiamente dicha ni proyecto.[14] El

---

nasmo –por supuesto, si se quiere la teología como un conocimiento de Dios en su Logos que es *la imagen consubstancial del Padre* [*la image consubstantielle du Père*]" (Lossky 1967: 131; el subrayado es nuestro); y también: "Puesto que el Logos de los cristianos es la imagen consubstancial del Padre, la relación de la imagen con el arquetipo (si se quiere conservar este último término, familiar a Orígenes, pero que debía ser ya un arcaísmo en Gregorio de Nisa), esta relación de la imagen con lo que manifiesta no podrá ser ya concebida como una participación (*methexis*) o un parentesco (*syngeneia*), pues se trata de identidad natural" (1967: 132); y, por último: "Cuando se quiere aplicar la teología de la imagen a la Trinidad sería necesario entonces, para evitar todo equívoco, hablar de 'imagen natural', como hacía Juan Damasceno, para quien el Hijo es un *eikōn physikē* 'completa, en todo semejante al Padre, salvo la inasibilidad y la paternidad'" (1967: 133). La misma idea, por otro lado, sugiere Hans Belting en relación a la querella de las imágenes: "En el Hijo del Hombre se hallaba la *imagen original* de Dios como en una *reproducción*" (2009: 206).

13 Lo cual no significa, desde luego, que la política en sí misma comience con el cristianismo, pero sí que la política cristiana se funda en la sutura de lo divino con lo humano o de lo visible con lo invisible. La importancia del cristianismo en la política occidental ha sido señalada por innumerables autores. Bástenos mencionar aquí *La cosa y la cruz. Cristianismo y capitalismo,*el notable estudio en el que León Rozitchner intenta desentrañar "las transformacones psíquicas 'profundas' que el cristianismo preparó como dominación subjetiva en el campo de la política antigua e hizo posible que el capitalismo pudiera luego instaurarse" (1997: 10). El nexo entre cristianismo y capitalismo es, por eso, esencial: "Se dirá que la incidencia actual del cristianismo, y sobre todo del catolicismo, es radicalmente diferente a la que tuvo en su origen y en la Edad Media. ¿Quién podría negarlo? Sólo decimos que si bien ahora, posmodernos, la vida de cada sujeto se organiza distanciada ya de las regulaciones y de los temores antiguos, de sus jerarquías y de sus fantasmas, sin embargo la imagen de ese rebelde crucificado a muerte permanece organizando la subjetividad en Occidente. Aun en crisis, y quizás por eso mismo, el cristianismo está unido indisolublemente al capitalismo" (1997: 11).

14 En el prefacio a *La metáfora y lo sagrado*, Héctor Álvarez Murena habla de una *zona sin respuestas* que se acerca a –aunque no se identifica con– la dehiscencia efectuada (o, mejor aun, des-efectuada) por el Anticristo: "La zona sin respuestas –explica Murena– es aquella en la que el sentido que hasta entonces atribuíamos a nuestras vidas se derrumba, queda nulificado" (1984: 15). Esta nulificación, ajena tanto al Ser cuanto al No-Ser, designa la pérdida de la presencia y el movimiento de inexistencialización o desontologización –de *trans-objetivación*, diríamos con Murena– perpetrado por el Anticristo. Sobre la noción de *transobjetividad* en Murena, cfr. Prósperi 2018: 163-190.

Anticristo es la fractura o la falla que recorre la historia del cristianismo desde sus inicios. Y si bien tanto Cristo como el Anticristo son figuras liminales, difieren por naturaleza. Mientras Cristo cose lo humano con lo divino, el Anticristo lo descose; mientras aquél, en tanto *eikōn*, realiza una *coniunctio*, éste, en tanto *phantasma*, realiza una *disiunctio*.

Meta-física: Cristo se instala en el guión y aglutina lo suprafísico con lo físico (el Verbo se hace carne).[15] En ese mismo lugar liminal, por razones evidentes, acecha el Anticristo, pero esta vez para extender el guión o para fracturarlo. Cristo opera una supresión del guión: el espíritu divino se une, sin mezcla pero sobre todo sin separación, con la carne humana.[16] El Anticristo efectúa también una supresión, pero esta vez porque los dos bordes del Ser, el divino y el humano, el espíritu y la carne, se han hundido en un abismo insalvable. Este espaciamiento (*écart*), que es también una dilatación temporal (*délai*), marca la crisis de la presencia y, al extremo, su derrumbe.[17]

Se advertirá que el dispositivo cristológico, afectado por este doble funcionamiento, es eminentemente esquizofrénico. La operación crística de zurcido tiene por función conjurar la fractura que se abre en el corazón de la presencia, la falla que la trabaja desde sus inicios. No sorprende, por eso, que De Martino, apoyándose sobre todo en las investigaciones de Pierre Janet, haya percibido la profunda similitud que existe entre la pérdida de la presencia y los estados psicopatológicos. En *La fine del mondo*, por ejemplo, sostiene: "En la perspectiva histórico-cultural

15 De allí la importancia de la eucaristía, íntimamente vinculada a la encarnación, en lo que hace a la aseguración de la presencia. Consigna De Martino: "el horizonte simbólico eucarístico abre las dimensiones del presente (y de la presencia en el mundo, del ser-ahí), insertándolo en el tiempo y sustrayéndolo de aquel aislamiento que equivale a perder su posibilidad, y a experimentar *hic et nunc* la catástrofe del mundo" (1977: 291).

16 Sobre la unión (sin confusión ni separación) de las dos naturalezas en Cristo, según el decreto del Concilio de Calcedonia, cfr. la nota 29.

17 Recuérdese que el verbo griego *krinein*, de donde proviene "crisis", significa separar o dividir. El Anticristo, en tanto opera una dehiscencia metafísica, es el paradigma de la crisis de la presencia: el gran despresentificador, el primer y último *crítico*.

del tema del fin del mundo y del *eschatōn* como salvación es necesario analizar ante todo el fin o el derrumbe como riesgo psicopatológico" (1977: 5). La crisis de la presencia que De Martino había descubierto ya en la época de *Il mondo magico* revela su forma más pura en los estados límites de la personalidad esquizofrénica. En *La fine del mondo*, pero también en otras obras, De Martino cita reiteradas veces diversos testimonios recogidos por Janet en *L'automatisme psychologique: essai de psychologie expérimentale sur les formes inférieures de l'activité humaine* o en *De l'angoisse à l'extase. Études sur les croyances et les sentiments*. En un apartado del segundo tomo de esta última obra, titulado "Les formes personnelles du sentiment du vide", encontramos algunos testimonios que ponen de manifiesto la pérdida de la presencia (de sí y del mundo):[18]

> Me parece que no soy yo quien actúa, mis piernas y mis brazos marchan solos; siento muy bien la diferencia, hay pensamientos que son míos y otros que no lo son, estos vienen de no sé dónde, sin que yo los busque y sin que pueda retenerlos para mí, ya que todo el mundo los adivina... No siento que haya querido actuar, puesto que me sorprende a mí mismo esta precisión de autómata; no sé de dónde me llega esta inteligencia. Me escucho hablar y es otro [*un autre*] el que habla [...] no soy más dueño de lo que hago ni de lo que pienso, se me arrastra... Yo trabajo felizmente, no soy yo quien trabaja, son mis manos, cuando he terminado, no reconozco del todo mi obra... (1927: 41).
>
> Me es robado el pensamiento, me es robada mi alma, se me presta el alma de otra [*une autre*], cambio a cada instante de propietario, hay detrás de la muralla alguien a quien yo pertenezco, puesto que dispone de mis acciones y de mi pensamiento. (1927: 41).
>
> No prestes atención a lo que yo digo, es otra persona [*autre personne*] la que actúa y habla en mi lugar. (1927: 41).
>
> Cada tanto, mi personalidad se va, pierdo mi persona [*perds ma personne*], es raro y ridículo, es como si un telón cayése y cortáse

18 Citamos pasajes de este libro de Janet puesto que la presencia de este autor en el pensamiento de De Martino, y en *Il mondo magico* en particular, como advierte justamente Sergio F. Berardini, "es recurrente e importante" (2013: 137). No obstante, este tipo de testimonios abundan en los tratados de psicología.

en dos mi personalidad. Las otras personas no se dan cuenta pues puedo hablar y responder correctamente. En apariencia, para vosotros soy la misma, pero para mí no es verdad... (1927: 42).

En todos estos casos, como bien ha mostrado De Martino (cfr. 1977: 94-113), se trata de un hundimiento de la presencia y del mundo. El sentimiento de vacío provoca una escisión en la autopercepción de la personalidad. El sujeto se siente disociado o desdoblado; ahora es un otro el que habla y actúa, un otro el que vive: *je est un autre*. Al lado del yo ordinario se yergue un otro desconocido, doble o gemelo del primero, que lo destituye de su posición soberana. La disociación o disgregación de la persona (*hypostasis* o *prosōpon*, diríamos nosotros) se vive como la caída de un telón o el elevamiento de una muralla que corta en dos al sujeto y permite la emergencia de un otro: "la asunción de una identidad extraña [*alien identity*] –explica Ronald D. Laing en *The Divided Self*– es siempre experimentada como una amenaza a la identidad propia" (1990: 42). Pero, se preguntará quien lee, ¿cuál es la relación de todos estos casos psicopatológicos con el marco cristológico que estructura el presente libro? En suma, ¿qué tiene que ver la escisión de la personalidad, los fenómenos de despersonalización o desrealización con las figuras de Cristo y del Anticristo? La respuesta es muy sencilla: léanse los testimonios recién citados como si fuesen pronunciados por Cristo. De tal manera que allí donde se dice "yo", léase Cristo; allí donde se dice "otro", léase el Anticristo. La relación entre Cristo y el Anticristo, por eso mismo, no es de mera oposición ni de antagonismo exterior, sino de *coexistencia alienada*. Proponemos interpretar, por lo tanto, la historia (eminentemente cristiana, de creer a Nietzsche) de la metafísica occidental, lo que Karl Lamprecht y Aby Warburg han llamado psiquis histórica o memoria social, como un fenómeno de alienación esquizofrénica cuyos dos vectores o polos psíquicos son Cristo, el presentificador, el yo conjuntivo, y el Anticristo, el despresentificador, el otro disyuntivo.[19] En efecto, el yo normal, dueño de

19 Gerhardt Ladner ha explicado en un artículo decisivo que Gregorio Magno, y buena parte de la Edad Media cristiana, consideraba que "el ángel caído es el *alienus*, el *alien* o el extraño, *par excellence*– sin duda porque estimaba que era el primero de los seres alienados de Dios y del orden divino a través de una ruptura de amor. De la misma manera, los *alieni* [...] son interpretados por Gregorio en su *Regula pastoralis* como *spiritus maligni*, como demonios" (1967: 234); y un poco después: "en varios textos cristianos, como los de Gregorio Magno, Satán, el ángel que intenta competir con el poder de Dios por el hombre y el mundo, podía

sí y de su mundo, garante de la presencia y de la operatividad histórica es el sujeto de los testimonios recién citados, es decir Cristo; el otro fantasmal, alienante, ladrón de almas, de palabras y de acciones, es el Anticristo. Mientras que aquél se esfuerza por exorcizar la fractura –la *Spaltung*, para emplear un término central en el psicoanálisis vienés y alemán de principios del siglo pasado– y colmar el espacio psíquico con la presencia del yo soberano, éste insiste en la dehiscencia, separa sus paredes, abre el intervalo y lo dispone para el acecho del otro furtivo, irremediablemente extranjero. Se trata de una *alienación* propiamente cristológica. El término es oportuno puesto que posee un sentido histórico en la línea de Hegel y Marx y a la vez un sentido médico en el uso de la psicología decimonónica. De Martino, de hecho, sostiene que los casos de despersonalización en los que se evidencia un derrumbe de la presencia convergen en el fenómeno general de la alienación: "El ser-actuado-por y el radical extrañamiento [...] de aquello por lo cual se es actuado constituyen los dos momentos fundamentales de la vivencia de alienación [*vissuto di alienazione*]" (1977: 16). Pero si bien el concepto de alienación, tal como nosotros lo empleamos, posee un claro sentido histórico y metafísico, es decir extra-subjetivo, está más cerca de la alienación mental de la psicología que de la negatividad hegeliana o marxiana. En verdad, se trata de pensar la alienación histórica como si fuese una alienación esquizofrénica. Esta formulación, sin embargo, es imprecisa: no se trata de pensarla "como si" fuese esquizofrénica. No es una comparación o una analogía, tampoco una metáfora. Se trata de una constatación metafísica u ontológica (Warburg lo ha sabido, pero también Nietzsche o Artaud): la alienación histórica *es* una alienación esquizofrénica. Como hemos indicado, no se trata aquí de dialéctica (en su sentido tradicional, por supuesto). No es que una substancia, poco importa si espiritual o material, se extrañe, luego se recobre y finalmente vuelva a sí, idea que en cierta forma está presente aún –vía Croce– en

---

ser llamado *allotrios*, *alienus*, el extranjero" (1967: 235). Esta exterioridad radical, cuya vía de acceso privilegiada es la experiencia esquizofrénica, encuentra en el pensamiento y la vida de Aby Warburg, como bien han notado varios investigadores, una de sus expresiones más intensas y determinantes. Fabián Ludueña Romandini, en un texto cuya importancia juzgamos mayúscula, ha señalado que "el caso Warburg testimonia de una íntima co-pertenencia entre ciencia y locura. En este sentido, la obra de Warburg, toda ella, es su síntoma" (2017: 33). No hay que pensar, sin embargo, que la esquizofrenia de Warburg responde a una causa íntima o subjetiva; muy por el contrario, su locura supone una "causalidad extra-psíquica" que remite a un "*Outside* extra-humano" (Ludueña Romandini 2017: 23).

De Martino. La dialéctica hégelo-marxiana, o más bien el uso hégelo-marxiano de la dialéctica, es profundamente cristiano. En efecto, Cristo aúna en sí el espíritu y la naturaleza, lo visible y lo invisible, haciéndolos trabajar al servicio de la presencia. La alienación esquizofrénica que nosotros proponemos, en cambio, abre otro tipo de juego, otra tensión, no ya entre los dos polos de la presencia, sino entre un movimiento de presentificación (Cristo como *coniunctio*) y uno de despresentificación (el Anticristo como *disiunctio*). Este juego, por definición, es *ajeno* a toda *Aufhebung*, así como a toda negatividad o positividad, actualidad o potencialidad. Se trata, pues, de una *trans-alienación*.[20]

Al igual que De Martino, Reiner Schürmann ha mostrado, en la línea de Heidegger, que "la presentificación es siempre histórica" (1987: 42).[21] Y así como hubo un pasado remoto, una *ancestralidad* (cfr. Meillassoux 2006: 25-26) sin mundo ni presencia, nada impide que haya también

20 Alguien debería escribir alguna vez una filosofía de los prefijos. El prefijo *trans*, que anteponemos aquí al término *alienación*, responde a razones filosóficas precisas. Sobre el sentido de este prefijo, deudor sin duda de la categoría de *trans-objetividad* propuesta por Héctor Álvarez Murena en "El pecado original de América", cfr. Murena 1954: 200-230; Prósperi 2018: 163-190. Es importante destacar que la noción de trans-alienación, tal como la entendemos en este estudio, está más cerca de la concepción teológico-medieval de la *alienatio mentis* que de la psicología en su sentido moderno. En *Maladie mentale et personnalité*, Michel Foucault explica que la alienación designaba, en su forma primitiva, la transformación del hombre en otro, cuyo caso ejemplar, en la cultura cristiana, era sin duda la posesión demoníaca: "La forma primitiva de la alienación mental debe encontrarse sin duda en esta posesión, en la cual, desde la Antigüedad, se ha visto, con el signo mayor de la locura, la transformación del hombre en un 'otro' diferente a él; el *energoumenos* de los griegos, o el *mente captus* de los latinos es aquel en quien actúa y se manifiesta una potencia venida de no se sabe qué lugar exterior. Es este mismo 'energúmeno' que recoge la tradición cristiana para denunciar al demonio que lo habita, y cazar por la Palabra al espíritu impuro desencadenado en él" (1954: 76). Desde nuestra perspectiva, como hemos indicado, se trata de aplicar este mismo principio al dispositivo cristológico. De tal manera que el *otro* demoníaco o, mejor aun, *fantasmático* de Cristo, del asegurador de la presencia, es el Anticristo, el despresentificador. En la crisis de alienación, la presencia se derrumba, Cristo se despresentifica: surge el fantasma, el *Doppelgänger*.

21 Schürmann, en su libro sobre Heidegger de 1982, se sirve incluso de la expresión "economía de la presencia" (cfr. 1987: 13, 21, 31, 61-62), a veces en plural, para designar los diferentes regímenes históricos de presentificación: "'economía' se refiere a lo que Heidegger llama las constelaciones de la ocultación-desocultación, es decir las constelaciones aleteiológicas, y 'presencia' (*Anwesenheit*) al ser tal como aparece en un contexto dado [...]. Presencia es un modo histórico de 'presentificación'" (1987: 45). Es evidente que esta economía de la presencia coincide, desde un punto de vista teológico, con la economía soteriológica de la escatología cristiana cuya conclusión posthistórica es precisamente la *parousia*. Pero justamente por eso, así como Cristo es, para usar la expresión de De Martino, "el héroe de la presencia", el Anticristo, el anti-héroe (de la presencia), es quien la derrumba y desactiva.

un futuro equivalente: el fin del mundo.[22] Ante este riesgo, claro está, la cristología ha reaccionado con el dispositivo de la *parousia*. El fin del mundo se identifica, no ya con el derrumbe definitivo de la presencia, sino con su restauración absoluta. Luego del Jucio Final, Dios y el hombre se reconciliarán sin resto. La cicatrización será perfecta y definitiva. Cristo derrotará al Anticristo y manifestará su gloria, su presencia y esplendor, su *parousia*, haciéndola coincidir con la totalidad del Ser. (Veremos hacia el final de nuestro recorrido, sin embargo, que otra lectura del fin de la historia es posible).

† † †

Se sabe que el año 1944 constituye un punto de inflexión en la vida de Carl Jung. Luego de sufrir una abrupta caída en la nieve y fracturarse un tobillo, padece una embolia pulmonar y un ataque cardíaco. Durante semanas, el psiquiatra se debate entre la vida y la muerte, presa de visiones y experiencias extáticas. Este período de convalecencia e introspección se prolonga hasta 1946, año en que sufre un segundo ataque al corazón. Del conjunto de estas experiencias y visiones se deriva uno de los libros más enigmáticos del sabio suizo: *Aion. Beiträge zur Symbolik des Selbst*.

En esta obra, publicada originalmente en 1951, Jung se dedica a estudiar, como lo indica su subtítulo, la representación simbólica de la totalidad psíquica mediante el concepto del sí-mismo (*Selbst*). El punto fundamental para nostros es que el *Selbst* se identifica para Jung con la figura de Cristo. "Cristo ejemplifica el arquetipo del sí-mismo [*Archetypus des Selbst*]. Representa una totalidad de índole divina o celeste, un ser humano transfigurado, un hijo de Dios *sine macula peccati*" (1976: 47). Sin embargo, afirma Jung, el símbolo de Cristo es

22 En el caso de Meillassoux, por supuesto, la noción de *ancestralité* designa "toda realidad anterior a la aparición de la especie humana" (2006: 25-26). Los análisis de De Martino concernientes a la presencia, sin embargo, claramente influenciados por la analítica existencial de *Sein und Zeit*, se mueven siempre en un marco relativo al hombre entendido como *Dasein*. De allí la importancia de un texto como *Le principe d'anarchie. Heidegger et la question de l'agir*, cuyos límites sin embargo han sido señalados entre otros por Giorgio Agamben (cfr. 2007: 80; 2014: 348-349), en el cual Schürmann muestra que la economía de la presencia no depende ya, al igual que en el Heidegger posterior a la famosa *Kehre*, del *Dasein*. Según Schürmann, la clausura de la metafísica –el fin del mundo o de la historia, diríamos nosotros– sólo es posible desde una perspectiva anti-humanista: "Sin anti-humanismo, no puede haber clausura metafísica" (1987: 58).

incompleto puesto que no incluye "el lado nocturno de las cosas [*die Nachtseite der Dinge*], sino que lo excluye precisamente como contraparte luciferina" (1976: 51). Ahora bien, ¿cúal es este lado nocturno de Cristo, esta contraparte luciferina? Jung responde rápidamente: el Anticristo. "Si en la figura tradicional de Cristo reconocemos un paralelo con el fenómeno psíquico del sí-mismo, el Anticristo corresponde a la sombra del sí-mismo [*Schatten des Selbst*], o sea a la mitad oscura de la totalidad humana [*der dunkeln Hälfte der menschilchen Totalität*]" (1976: 52). La figura del Anticristo representa el otro lado de Cristo, el costado oscuro que la luz divina no puede conjurar, la contraparte irracional sin la cual el sí-mismo resulta incompleto. Jung se refiere al Anticristo como un "imitador perverso de la vida de Cristo [*ein perverser Nachahmer des Christuslebens*]" (1976: 52), como un "*antimimon pneuma*, un espíritu maligno de contrahechura, que, en cierto modo, sigue los pasos de Cristo como una sombra respecto al cuerpo [*wie ein Schatten dem Körper*]" (1976: 52).

La sombra es uno de los arquetipos fundamentales de la psicología junguiana. En líneas generales, designa el aspecto malvado e irracional de la psiquis, el "otro lado" o el "hermano oscuro" (las expresiones son de Jung), la parte inconsciente o, con mayor precisión, la parte *del* inconsciente que acecha en las tinieblas y espera el momento propicio para apoderarse de la personalidad consciente.[23] Cristo y Anticristo, como veremos en el capítulo IV, son hermanos psíquicos.

> Cristo es sin mácula, pero ya al comienzo de su vida pública ocurre el encuentro con Satán, su contraparte, el cual representa como el contrafuerte de un muro para esa extrema tensión que significó en el alma del mundo la aparición de Cristo, y se adhiere inseparablemente, como la sombra pertenece a la luz, al *Sol Iustitiae*, en la forma del *mysterium iniquitatis*; justamente, como decían los ebionitas y los cuquitas, como un hermano al otro [*als ein Bruder dem anderen*]. (Jung 1976: 54).

23 Sobre la noción de sombra en Jung, cfr. Jacobi 1973: 137-143; Wilson 1984: 66. No es para nada casual que la filosofía de Nietzsche –un autor que, como veremos en el capítulo VI, resultará clave en nuestra investigación– haya influenciado profundamente en la concepción junguiana de la sombra: "Jung se había visto afectado por la comprensión profunda y la disposición de Nietzsche para confrontarse con las sombras oscuras y las fuerzas irracionales de nuestra humanidad civilizada, fuerzas que Nietzsche identificó con lo dionisíaco y que Jung describió como parte de la sombra personal y colectiva" (Douglas 2008: 27).

Resulta evidente, entonces, por qué estas sugencias de Jung, muchas veces crípticas, se revelan fundamentales para nuestro estudio de *psychomachia*. Cristo, el sí-mismo presentificador, y el Anticristo, la sombra despresentificadora, designan en Jung dos fuerzas o principios (arquetipos) psíquicos. Este punto resulta decisivo pues explica a la perfección el enfoque psíquico o psico-histórico adoptado en este libro. Cristo y Anticristo son figuras o principios constitutivos de la *psychē* occidental; entre ellos se desarrolla el *Seelendrama* propio del *eón cristiano*.

> Psicológicamente, la figura dogmática de Cristo tiene tanta excelencia y pureza que oscurece todo lo demás. Es de hecho tan unilaterlamente perfecta, que requiere formalmente un complemento psíquico para restablecer el equilibro. [...] La venida del Anticristo no es simplemente predicción profética, sino inexorable ley psicológica [*ein unerbittliches psychologisches Gesetz*]. (1976: 53).

En función de los objetivos que perseguimos en esta investigación, no nos interesa profundizar en la compleja —y muchas veces laberíntica— teoría de los arquetipos propuesta por Jung, así como tampoco en la noción de un inconsciente colectivo ni en la doctrina de los complejos psíquicos, sino simplemente retener dos puntos:

1) Las figuras de Cristo y del Anticristo son principios psíquicos.
2) El Anticristo es la sombra de Cristo.

Según Jung, la cura de la esquizofrenia occidental sólo sería posible asumiendo la sombra, integrándola a la totalidad del sí-mismo. Es más, sólo a partir de esta integración le sería posible al sí-mismo conquistar su plenitud y su totalidad. Se trata, como siempre en Jung pero también en gran parte de los autores de los siglos XIX-XX influenciados por la noción de *symbolon*, de una conjunción de opuestos, un *mysterium coniunctionis*, según la fórmula que Jung toma de la alquimia. No obstante, veremos que este *mysterium coniunctionis* sólo resulta inteligible si se lo piensa en relación al *mysterium iniquitatis* que encarna el Anticristo y que es, fundalemtalmente, un *mysterium disiunctionis*.

† † †

Los textos que conforman este libro abordan, desde perspectivas diversas, esta escisión interna a la historia de la cristología —y, al extremo, a la historia de la metafísica de Occidente. Por un lado, la figura de Cristo y su aparato de sutura y cicatrización con el cual se asegura la presencia; por otro lado, la figura del Anticristo y su operación de dehiscencia y disyunción con la cual se desactiva la presencia. El derrumbe y el rescate, el otro y el mismo, los sueños y la vigilia, lo real y lo "desreal" (Barthes 1977: 103-108)[24]: las páginas que siguen relatan la crónica de esta oscilación —de esta (trans)alienación— al interior de la cristología.

24 No se trata de lo real opuesto a lo irreal: ni de la realidad material opuesta a la irrealidad ideal o ideológica (materialismo) ni de la realidad espiritual opuesta a la irrealidad material (idealismo); es más bien un apagón de lo real, un decaimiento radical de la presencia: es lo *desreal*. Pasaje notable de Barthes: "En tanto percibo el mundo como hostil, sigo unido a él: *no estoy loco*. Pero a veces, el mal humor agotado, no tengo ya ningún lenguaje: el mundo no es 'irreal' (yo podría entonces hablar: hay artes de lo irreal, y de las más grandes), sino desreal [*déréel*]: lo real ha huido a ninguna parte, de manera que no tengo ya ningún sentido (ningún paradigma) a mi disposición" (1977: 105-106); o incluso, más lacónico: "En el primer momento, soy neurótico, irrealizo; en el segundo momento, estoy loco, desrealizo" (1977: 107). La alienación, en su sentido hégelo-marxiano, es neurótica; la trans-alienación que proponemos aquí, eminentemente esquizofrénica.

Aclaración preliminar

Cada uno de los capítulos aquí reunidos posee, para decirlo con Louis Althusser, una *autonomía relativa* y puede ser leído, por lo tanto, de forma independiente. Por tal motivo, cada uno tiene su introducción y su conclusión específicas. No obstante, hemos creído oportuno compilarlos en un único volumen puesto que, como se advertirá rápidamente, todos se presuponen de forma recíproca. El único motivo que puede justificar una compilación de estas características, estamos convencidos, es la *resonancia interna* (esta vez la expresión, en el uso que le damos aquí, remite a Gilbert Simondon) entre sus diferentes partes. Sabrá disculpar quien lee cuando esta resonancia se traduzca en reiteraciones, tanto bibliográficas como conceptuales. No obstante, el criterio general ha sido siempre el de reducir al mínimo las iteraciones innecesarias. De acuerdo al orden en el que han sido confeccionados, los capítulos I, II y VI proceden según un movimiento de cascada, al modo de estaciones o relevos: la conclusión de un capítulo sugiere el tema central del siguiente, y así sucesivamente. Los capítulos III, IV y V, por su parte, gozan ya de una mayor autonomía. Resultará evidente entonces que su disposición no sigue un orden cronológico. La posición de cada uno en el conjunto del texto obedece más bien a razones conceptuales. El capítulo "De Christo et Antichristo", que además da título al volumen, funciona como clausura o fin de la serie. El motivo es que en estas dos figuras, en su complejísima relación, en la tensión paradójica que las aleja y las aproxima, que las aleja aproximándolas y las aproxima alejándolas, se cifra de algún modo el *fil rouge* de todo el libro.

CAPÍTULO I

Quarta persona Trinitatis

Introducción

Es probable que la oposición de Pedro de Antioquía, también conocido como Pedro Fullo, a las tesis elaboradas en el Concilio de Calcedonia encontrara una de sus expresiones más extremas —y curiosas— en la adición del lema "quien fue crucificado por nosotros" al célebre *Trisagion*.[25] Durante siglos, a decir verdad, los Padres de la Iglesia habían discutido si este canto de alabanza se refería a la Trinidad o sólo a Cristo. Como sea, para un teólogo como Juan de Damasco,[26] quien estaba convencido que el *Trisagion* aludía a la Trinidad, la inclusión de la cláusula de Pedro no dejaba de resultar inadmisible y absolutamente blasfema. El problema, por supuesto, concernía a la doble naturaleza de Cristo y a la posibilidad —ciertamente herética— de elevar la naturaleza humana o carnal al rango de divinidad. El Damasceno estaba tan preocupado por esta posibilidad que consagró al *Trisagion* un breve capítulo del *De fide orthodoxa*,[27] en el cual intentaba demostrar que la adición de Pedro

---

25 El *Trisagion* o *Agios o Theos* es uno de los himnos centrales de la liturgia de las iglesias orientales. El nombre deriva de las tres invocaciones que se mencionan en la alabanza: "Santo Dios, Santo Fuerte, Santo inmortal, ten piedad de nosotros [*Agios o Theos, Agios ischyros, Agios athanatos, eleison imas*]". Janet Timbie explica que la adición de Pedro de Antioquía llegó a separar la iglesia copta y otros grupos no calcedónicos, quienes utilizaban la versión de Pedro, del resto de los cristianos: "Antes del Evangelio, se canta el Trisagion, incluyendo la frase 'quien fue crucificado por nosotros', la cual fue añadida por Pedro Fullo, patriarca de Antioquía (d. 490)" (Timbie 2007: 105).

26 Sobre el pensamiento y la vida de Juan de Damasco, cfr. Louth 2002; 2007: 197-220; Cross 2000: 69-124; Di Berardino 2000: 233-242.

27 Se trata del cap. 10 del Libro III.

significaba la correlativa adición de una "cuarta persona" al interior de la Trinidad:

> En consecuencia, nosotros proclamamos blasfema también la adición en el Trisagio realizada por el insano Pedro Fullo, la cual introduce una cuarta persona [*tetarton prosōpon*] y concibe separadamente al Hijo de Dios, la Potencia del Padre en él subsistente y separadamente aquel que ha sido crucificado, como si fuese otro respecto al "fuerte", o bien supone a la Santa Trinidad como sujeta al sufrimiento y crucifica al Padre y al Espíritu Santo junto con el Hijo. (*De fide orthodoxa* III, 10).[28]

El problema de fondo, para Juan, consistía en convertir a la carne, es decir a la naturaleza humana de Cristo en una *hypostasis* independiente, como si el Verbo, en lugar de ser una *hypostasis* en la que conviven dos naturalezas, según el *dictum* del Concilio de Calcedonia,[29] se desdoblase más bien en dos *hypostaseis*, una por cada naturaleza.[30]

La figura de una "cuarta persona" de la Trinidad, por cierto, no es desarrollada por Juan como cuestión filosófica, más allá de su utilización retórica destinada a refutar posibles herejías. Sin embargo, creemos que la noción de una "cuarta persona", aludida *ad absurdum* o, mejor aun, *per viam negationis* en los textos del Damasceno, amerita una indagación filosófica en sí misma.[31] En efecto, consideramos que

---

28 Para las citas de Juan de Damasco utilizamos la edición crítica de Bonifatius Kotter consignada en la bibliografía.

29 Se recordará el texto principal del Concilio de Calcedonia (sesión V, definición 34): "se ha de reconocer a uno solo y el mismo Cristo Hijo Señor unigénito en dos naturalezas, sin confusión, sin cambio, sin división, sin separación, en modo alguno borrada la diferencia de naturalezas por causa de la unión, sino conservando, más bien, cada naturaleza su propiedad y concurriendo en una sola persona y en una sola hipóstasis, no partido o dividido en dos personas, sino uno solo y el mismo Hijo unigénito, Dios Verbo Señor Jesucristo, como de antiguo acerca de Él nos enseñaron los profetas, y el mismo Jesucristo, y nos lo ha trasmitido el Símbolo de los Padres". Sobre el Concilio de Calcedonia, cfr. Grillmeier 1975, vol. I: 488-519; Price & Whitby 2009. Puede consultarse una traducción inglesa de las Actas del Concilio en Price & Gaddis 2005; el pasaje recién citado corresponde a la p. 204.

30 Este problema, por cierto, fue el eje alrededor del cual giró la famosa controversia nestoriana. Sobre este punto, cfr. Anastos 1962: 117-140; Chesnut 1978: 392-409; Jugie 1912; Wessel 2004.

31 La figura de una "cuarta persona de la Trinidad" aparece con frecuencia en los textos de los Padres de la Iglesia y en los diferentes dictámenes eclesiásticos y conciliares, siempre como un riesgo y una aberración que debe ser conjurada por todos los medios. En este capítulo, nos limitaremos a abordar esta misteriosa figura en los textos de Juan de Damasco, particu-

esta "cuarta persona", insinuada en los recodos de los textos de Juan y, más allá, de la cristología en general, pone en cuestión, por no decir que disloca por completo, la lógica de la teología trinitaria. El objetivo de este capítulo, por lo tanto, consistirá en mostrar cuál es el peligro que encerraba esta cuarta persona en el seno de la teología. Para ello, hemos estructurado nuestra exposición en dos partes: una ontológica y otra lógica.[32] En la primera, analizaremos la concepción trinitaria propuesta por Juan de Damasco y a la vez la doble naturaleza que caracteriza a Cristo luego de la encarnación. Sólo a partir de estas precisiones teológico-terminológicas será posible comprender la naturaleza ontológica (o, acaso, extra-ontológica) de la cuarta persona. En la segunda parte, desplazaremos el problema al ámbito lingüístico o gramatical. Mostraremos que la cuarta persona de la teología encuentra su correlato gramatical (o, de nuevo, extra-gramatical) en la noción de una cuarta persona que, al igual que en la teología trinitaria, horada la lógica personal de los tres pronombres. La noción de una "cuarta persona del singular" propuesta por el poeta Lawrence Ferlinghetti y retomada luego por Gilles Deleuze, en este sentido, se revela fundamental. Ella representa, en una clave lógica o lingüística, el ser (o el extra-ser) de la cuarta persona que la ontología teológica oculta en su mismo centro.

1. Ontología

1.1. *Ousia*, *Hypostasis* y *Prosopōn* en la teología de Juan de Damasco

Para comprender la cristología de Juan Damasceno, así como su concepción trinitaria,[33] es preciso distinguir, en principio, tres términos

larmente en *De fide orthodoxa* y *De imaginibus*. Cabe señalar, sin embargo, que el concepto de cuarta persona de la Trinidad es manejado últimamente por dos líneas teológicas dispares: la tradicionalista, que pretende identificar la cuarta persona con María Corredentora, y la modernista, que identifica la cuarta persona con el ser humano salvado por el sacrificio de Cristo.

32 Es preciso aclarar que ambos registros, el lógico y el ontológico, se superpondrán en varios momentos de nuestro recorrido. No obstante, por razones de mayor claridad expositiva, les hemos consignado dos secciones sucesivas e independientes.

33 Sobre el problema de la Trinidad en general, cfr. Régnon 1892. Sobre la Trinidad y la encarnación, cfr. Studer 1993; Kelly 1968: 252-343. Sobre la encarnación en Juan de Damasco, cfr. Unger 1948: 237-249. Sobre la Trinidad y su relación con la cristología, cfr. Vannier 2013.

claves (cada uno de ellos con una larga historia teológica y filosófica): *ousia*, *hypostasis* y *prosōpon*. En el Concilio de Nicea se había establecido que el Padre y el Hijo comparten una misma substancia (*homoousios*).[34] Juan respeta este artículo de fe, así como lo establecido en Calcedonia, y sostiene que las tres personas de la Trinidad no se diferencian por su naturaleza (*ousia* o *physis*), sino porque cada una de ellas constituye una *hypostasis* o *prosōpon* particular.[35] Dicho de otro modo: las tres personas de la Trinidad difieren en tanto *hypostaseis* o *prosōpa* pero son idénticas en cuanto a su *ousia* o *physis*. El error de varios grupos heréticos, de hecho, consistía en confundir la *ousia* con la *hypostasis*. Por eso se trata para Juan de distinguirlas con suma precisión.

> Hemos dicho muchas veces que una cosa es la naturaleza y otra la hipóstasis, y que la naturaleza indica el género común y comprensivo de todas las hipóstasis de la misma especie, como por ejemplo "Dios" u "hombre", y que en cambio la hipóstasis indica el ser individual, como por ejemplo el Padre, el Hijo, el Espíritu Santo, Pedro, Pablo. Y por lo tanto es preciso saber que la palabra "divinidad" y la palabra "humanidad" son indicativas de las naturalezas, o bien de las esencias; en cambio, la palabra "Dios" y la palabra "hombre" no conciernen sólo a la naturaleza [...] sino que son utilizadas en relación a la hipóstasis —puesto que lo más particular recibe el nombre de lo más general. (*De fide orthodoxa* III, 4).

Juan define la *ousia*, retomando una tradición antigua, como un género universal (en el sentido en que lo es, por ejemplo, la humanidad o la animalidad), el cual comprende —o puede comprender— diver-

34 En efecto, el Concilio de Nicea había establecido que el Hijo era consubstancial al Padre: "Creemos en un solo Dios Padre omnipotente, creador de todas las cosas visibles e invisibles. Y en un solo Señor Jesucristo, el Hijo de Dios, generado unigénito del Padre, es decir de la substancia del Padre, Dios de Dios, luz de la luz, Dios verdadero de Dios verdadero, generado y no creado, consubstancial [*homoousios*] al Padre, por medio del cual han sido creadas todas las cosas en el cielo y en la tierra, quien ha descendido y se ha encarnado para nosotros y por nuestra salvación, quien se ha hecho hombre, ha padecido y ha resucitado al tercer día, ha subido al cielo y vendrá a juzgar a los vivos y a los muertos. Creemos en el Espíritu Santo" (citado en Ayres 2004: 19). Sobre el Concilio de Nicea, cfr. Grillmeier 1975, vol. I: 249-273. Sobre Cristo como imagen consubstancial al Padre, cfr. la nota 12 y Prósperi 2019: 243-265.

35 En este capítulo, usaremos los términos *hypostasis* y *prosōpon* como sinónimos, puesto que ambos hacen referencia, como explicaremos en breve, a cada uno de los miembros de la Trinidad.

sas especies. La noción de *hypostasis*, en cambio, designa siempre el principio de la existencia individual y actual de una entidad. De tal manera que la naturaleza o la esencia tienen su existencia particular en las *hypostaseis*.[36] El término *prosōpon*, a su vez, indica en Juan no sólo el principio de existencia individual de una entidad, sino su modo específico de manifestación.[37] En la cristología de Juan, la noción de *hypostasis* permite mantener unidas las dos naturalezas de Cristo (divina y humana) y al mismo tiempo asegurar su distinción. De algún modo, el dispositivo hipostático permite aplicar el eslogan propio del dogma cristológico: *unir sin confundir y distinguir sin separar* (cfr. *De fide orthodoxa* III, 3). Cristo, entendido como *hypostasis*, designa el dispositivo que permite articular, sin confundir, la naturaleza divina con la humana.

> Por eso decimos que se trata de una unión de dos naturalezas perfectas, la divina y la humana: (una unión) no por homogenización, o por confusión o por mezcla [...]; sino una unión por composición, según la hipóstasis, sin cambios, sin confusión, sin división y sin separación. Y confesamos una sola hipóstasis del Hijo encarnado de Dios en dos naturalezas que son perfectas, predicando la misma hipóstasis de su divinidad y de su humanidad y proclamando que las dos naturalezas son conservadas en él después de la unión: no estableciendo a cada una aparte, sino unidas entre sí en una sola hipóstasis compuesta. De hecho, llamamos esencial a la unión, es decir verdadera y no aparente; y además la llamamos esencial no como si las dos naturalezas compusieran una sola naturaleza compuesta,

36 Sobre la distinción entre *ousia* e *hypostasis*, cfr. *De fide orthodoxa* III, 6.

37 En los años en los que se desarrollaron los Concilios de Nicea y Constantinopla, comenzaron a utilizarse los términos *hypostasis* y *prosōpon* para designar a cada uno de los tres partícipes de la única naturaleza o substancia divina del Dios uno y trino. Muchas veces se usaron como sinónimos. En la tradición griega, tendió a prevalecer el término *hypostasis*; en la latina, el término *prosōpon*, es decir persona (cfr. Fazzo 1998: 27-33). Anna Zhyrkova, en un artículo dedicado a la noción de *hypostasis* en Juan Damasceno, explica: "'Hypostasis' posee un significado ontológico: en principio, designa la existencia actual de una entidad. 'Persona', a su vez, refiere a las acciones de un cierto individuo. El término 'persona', con toda claridad, es lógicamente posterior al de 'hypostasis'. En la doctrina de Juan, la hipóstasis es el principio de la existencia, mientras que la persona es el modo de manifestarse a sí misma como una cierta hipóstasis. De todas maneras, ser una persona no debe ser entendido como algo accidental en relación a la naturaleza de un cierto individuo. Es más bien el modo a través del cual un individuo expresa su esencia propia, ya sea en el caso de una persona humana ya sea en el de una persona divina" (2009: 108).

sino porque ellas están unidas verdaderamente entre sí en la única hipóstasis compuesta del Hijo de Dios. (*De fide orthodoxa* III, 3).

Como se ve, Juan, al igual que tantos otros teólogos fieles a los dogmas establecidos en los diversos Concilios, lucha en dos frentes: por un lado, contra quienes *confunden* las dos naturalezas de Cristo; por el otro, con quienes las *separan*. El peligro a conjurar es tanto la confusión o la mezcla de lo humano con lo divino cuanto la separación radical, la dehiscencia[38] entre la divinidad y la humanidad. La misma estrategia se aplica a las tres *hypostaseis* o *prosōpa* de la Trinidad: "unidas sin confusión [*asyngytōs*] (de hecho son tres, aunque están unidas), y distintas pero sin discontinuidad [*de adiastatōs*]" (*De fide orthodoxa* III, 5). Por eso Juan aclara rápidamente que el número "tres" que se utiliza para referirse a las *hypostaseis/prosōpa* de la Trinidad no supone una discontinuidad o una heterogeneidad en la substancia divina: "el número no produce en ellas una división, una separación, un extrañamiento o un corte [*diairesin ē diastasin ē allotriōsin kai diatomēn*]" (*De fide orthodoxa* III, 5). Los términos empleados por Juan, así como su reiteración a lo largo del tratado, no son casuales. Confundir las *hypostaseis* de la Trinidad, de la misma manera que confundir las dos naturalezas de Cristo, era ciertamente blasfemo. Pero el riesgo último y extremo se escondía sobre todo en la separación de las *hypostaseis* de la Trinidad y particularmente de las naturalezas de Cristo. Los términos enumerados por Juan marcan la operación más temida por la teología: *diairesis*, *diastasis*, *allotriōsis*. Todos indican la acción de separar, de escindir, de extrañar. Y es precisamente en el perímetro herético abierto por estos términos que Juan vuelve a hacer referencia a la cuarta persona de la Trinidad, esta vez para excusarse a sí mismo y no prestarse a malentendidos respecto al objeto de veneración.

Por lo tanto el Cristo es uno solo, Dios perfecto y hombre perfecto, que nosotros veneramos junto al Padre y al Espíritu, con una única

38 El término dehiscencia, en botánica, designa la apertura natural del pericarpio de ciertos frutos o de las anteras de un estambre, para dar salida a la semilla o al polen. También es un término utilizado en medicina para designar la apertura de las paredes de una herida. Curiosamente, en el "último" Merleau-Ponty, cumple una función estratégica y se emparenta con otra serie de conceptos, en particular "carne", "quiasmo", "reversibilidad" o "solapamiento" (cfr. Merleau-Ponty 1964: 155, 168, 189; Prósperi 2018: 74-80). Volveremos a este término más adelante.

veneración junto a su carne inmaculada: y no decimos que su carne no deba ser venerada (de hecho ella es venerada en la única hipóstasis del Verbo que precisamente se ha vuelto hipóstasis para ella), pero por otra parte no prestamos servicio a la creatura (de hecho no la veneramos sólo como carne sino en cuanto unida a la divinidad, puesto que las dos naturalezas son reconducidas "a la única persona y a la única hipóstasis de Dios el Verbo"). [...] A causa de la divinidad unida a la carne, del Cristo yo venero las dos a la vez: pero no añado una cuarta persona en la Trinidad [*ou gar tetarton parentithēmi prosōpon en tē triadi*] –¡Dios no lo permita!– sino que confieso una sola persona del Dios Verbo y de su carne. La Trinidad sigue siendo Trinidad incluso después de la encarnación del Verbo. (*De fide orthodoxa* III, 8).

Se advertirá que esta cuarta persona concierne precisamente a la naturaleza carnal de Cristo. La cuarta persona es la carne, pero entendida en tanto creatura humana (a la vez alma y cuerpo). El riesgo que intenta evitar –y combatir– Juan es el de convertir la naturaleza humana de Cristo en una *hypostasis* o *prosōpon* independiente. Por eso insiste en varias oportunidades, como hemos dicho, en la necesidad de no confundir la noción de *ousia* con la de *hypostasis* o *prosōpon*. Cristo es el umbral que deja abierta, en tanto admite una doble naturaleza (humana y divina), la posibilidad de introducir una cuarta persona en la Trinidad. Juan es consciente del riesgo, pero así y todo sostiene que se puede adorar incluso la carne de Cristo. Pero se la adora no en tanto creatura –por eso no se adora la carne de los hombres– sino en tanto unida a la naturaleza divina por medio de la *hypostasis*.

1.2 La cuarta persona en el *De imaginibus*

Es curioso que la crítica que Juan realiza a Pedro de Antioquía en relación a la modificación introducida en el *Trisagion* sea la misma que le dirigen los iconoclastas, en la célebre querella de las imágenes, a los defensores de los íconos, de los cuales el Damasceno era uno de sus principales adalides.[39] En efecto, en un Concilio organizado por el emperador Constantino V, gran político y versado teólogo, se decretó

39 Sobre la querella iconoclasta, cfr. Anastos 1979: 177-188; Hussey 1990; Belting 2009: 193-219.

blasfemo separar la carne de Cristo de su naturaleza divina y producir una imagen de ella como si fuera un mero hombre. Hacer eso significaba privar a la carne de Cristo de su condición deificada y al mismo tiempo, separándola de su condición divina, introducir una cuarta persona en la Trinidad. Leamos uno de los anatemas del Segundo Concilio de Nicea, celebrado en septiembre-octubre de 787:

> Si alguien intenta pintar en colores inertes a Dios, el Logos, quien, existiendo en la forma de Dios asume la forma de un sirviente en su propia hipóstasis y se vuelve en todo similar a nosotros, excepto por el pecado, si alguien lo considera como un mero hombre, y busca separarlo de su divinidad inseparable e inmutable, e introduce por lo tanto un cuarto miembro [*ex hoc quaternitatem*] en la Santa y Viviente Trinidad, anatema. (Mansi 1767: 343).

Las imágenes conllevaban el peligro de separar las dos naturalezas de Cristo, la divina y la humana, el espíritu y la carne, y de convertir a esta última, en función del soporte material de los íconos, en una cuarta persona [*quarta persona*] de la Trinidad. Ante esta actitud crítica de los iconoclastas, la respuesta de los defensores de los íconos no se dejó esperar.[40] En líneas generales, se adujo que esa unión de lo invisible con lo visible o del espíritu con la carne había sido realizada en Cristo con la encarnación. Por eso el eje de la controversia prácticamente se circunscribió a la imagen de Cristo: "Gran parte del debate estuvo centrado en la figura de Cristo, acerca de si su retrato en colores sobre un soporte de madera le hacía justicia por igual a su naturaleza humana y a su naturaleza divina" (Giakalis 2005: 5). Era posible representar la divinidad a través de un medio material ya que el mismo Dios se había

40 No es nuestra intención, por supuesto, reconstruir los pormenores de la controversia, sino más bien señalar algunos puntos que merecen nuestra atención en función del tema que nos ocupa. Como se sabe, el célebre tratado de Juan de Damasco sobre las imágenes sagradas concentra, de algún modo, gran parte de los argumentos esgrimidos por los iconófilos en su intento de refutar los ataques en contra de la adoración de los íconos. Moshe Barasch, en *Icon. Studies in the History of an Idea*, enfatiza el lugar central que ha ocupado el Damasceno en la querella iconoclasta: "La defensa teórica de las imágenes, un gran proceso intelectual que eventualmente triunfó en la batalla de Bizancio y dio forma al mundo espiritual de la Cristiandad oriental, no fue obra de un único autor. [...] Hay, sin embargo, una figura en ese proceso intelectual que se destaca con una particular distinción, y es Juan de Damasco. Ningún otro autor ha tenido tanto impacto en los fundamentos teóricos de la creencia en las imágenes sagradas como Juan de Damasco" (1995: 187).

hecho visible en Cristo.[41] La encarnación, en este sentido, implicaba una redención de la carne misma, lo cual no significaba convertir a la carne en una cuarta persona de la Trinidad. Dice Juan de Damasco en *De imaginibus*:

> Junto con mi Señor y Rey, Lo adoro vestido en el cuerpo, no como si fuese una cobertura o como si constituyese una cuarta persona [*ōs tetarton prosōpon*] de la Trinidad –¡Dios no quiera! La carne es divina, y perdura después de su asunción. La naturaleza humana no se perdió en la Trinidad, sino que, así como el Verbo se hizo carne permaneciendo Verbo, así también la carne se hizo Verbo permaneciendo carne, volviéndose, más bien, una con el Verbo a través de la unión. Por lo tanto, me aventuro a crear una imagen del Dios invisible, no en tanto invisible, sino en tanto vuelto visible para nuestra fortuna en carne y sangre. No pinto por eso una imagen de la Divinidad invisible. Pinto la carne visible de Dios [*eikōnizō Theou tēn horatheisan sarka*], porque es imposible representar un espíritu, y mucho más Dios que es el que da aliento al espíritu. (*De imaginibus* I, 4).

Los íconos representaban la carne visible de Dios, es decir el Hijo, la imagen arquetípica del Padre. El problema es que el Hijo no era sólo carne, sino carne y espíritu, hombre y Dios. Los iconófilos sostenían, como Juan de Damasco en el pasaje citado, que el registro de lo visible permitía representar icónicamente a la divinidad. Por eso el culto (no idolátrico) de las imágenes era posible sólo después de Cristo.

> Antaño, el Dios incorporal nunca fue representado. Ahora, sin embargo, cuando Dios se hizo carne, y conversó con el hombre, yo hago una imagen del Dios que he visto. No adoro la materia, adoro al Dios de la materia, quien se hizo materia por mí, y se dignó habitar en la materia, quien trabajó para mi salvación a través de la materia. La venero, aunque no como Dios. (*De imaginibus* I, 16).

---

41 Explica J. M. Hussey: "En tanto la apología de los íconos provenía de la defensa tradicional de Germanus y Juan de Damasco al desafío cristológico planteado durante el reinado de Constantino V, y entonces de la visión más 'escolástica' de Teodoro Estudita y del Patriarca Nicéforo, había un énfasis creciente acerca del sentido de la Encarnación en relación con la concepción cristiana de la materia y no fue sin rispideces que se le dio su verdadero valor (la espiritualidad monástica tuvo que enfrentar el mismo problema)" (1990: 52)

La afirmación de Juan es fuerte y polémica. Existe una veneración de la materia, aunque no porque represente en sí misma una divinidad, sino porque fue asumida por el Hijo. La materia no es Dios, y, sin embargo, a partir de la encarnación, es digna de veneración. Juan adora al Dios de la materia, pero el Dios de la materia se ha materializado en Cristo. La encarnación supone, como han notado los Padres –y sobre todo los mismos teólogos iconoclastas–, una deificación de la carne.[42] No obstante, Juan aclara siempre que se trata de una veneración de la carne divinizada por Cristo, y no de la carne meramente humana o pecaminosa. Para comprender en profundidad lo que estaba en juego en estas discusiones (literalmente) bizantinas, permítasenos recurrir a un diagrama que vuelve más tangible la estructura de la Trinidad y la doble naturaleza de Cristo.

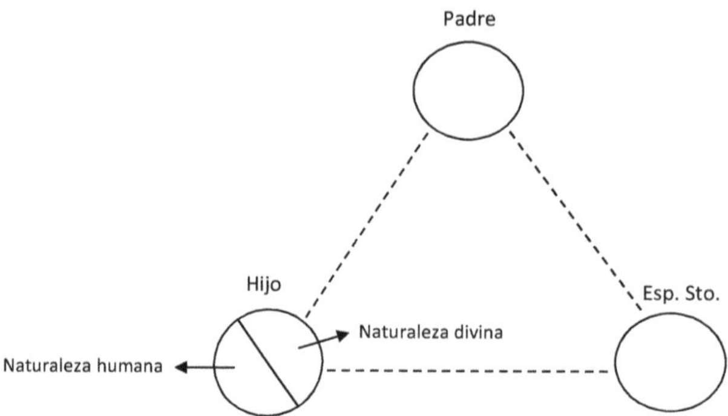

De algún modo, podríamos decir que Juan explica este diagrama en un pasaje del tercer capítulo del Libro III del *De fide orthodoxa*:

> Y, por tanto, siguiendo el principio esencial por el cual las naturalezas del Cristo difieren entre sí –es decir el principio relativo a la substancia– nosotros decimos que él participa con los extremos: según la divinidad, con el Padre y con el Espíritu; según la humanidad, con la madre y con todos los hombres: ya que él mismo es consubstancial según la divinidad con el Padre y con el Espíritu,

42 Sobre la deificación de la carne, es decir del hombre, tema frecuente en varios Padres de la Iglesia, cfr. Lossky 1967: 94-96; Henry 2000: 23.

y según la humanidad con la madre y con todos los hombres. (*De fide orthodoxa* III, 3).

Ahora bien, creemos que el peligro que afrontaban los teólogos y que circunscribían, muchas veces de forma retórica, en la expresión *tetarton prosōpon*, se encontraba en el corazón de la segunda *hypostasis* o *prosōpon*, en la posibilidad de que se abriera un hiato en el centro de Cristo. Esta cuarta persona, a decir verdad, no sería estrictamente el hombre o la carne humana, según deja suponer el Damasceno,[43] sino una materia o una carne exenta de toda relación con la creación o el Creador. De este modo, se abriría la posibilidad de pensar, alejándonos ya de Juan de Damasco, una carne (cercana –aunque no idéntica– a la noción de *chair* merleaupontiana)[44] que no sería ni el elemento de los cuerpos ni el elemento de los espíritus, ni el elemento de los hombres ni el de los ángeles, sino el intervalo mismo que la *hypostasis* de Cristo pretendía conjurar. La puerta a la cuarta persona, por eso mismo, no se encuentra en el Espíritu Santo, es decir en la tercera persona, como ha sostenido recientemente Roberto Esposito en la línea de Maurice Blanchot y Émile Benveniste, sino en la segunda, en Cristo. El peligro al que se enfrentaba la teología era la *diairesis* (la división), la *diastasis* (la discontinuidad) y la *allotriōsis* (el extrañamiento). Es en esta dehiscencia que se abre entre divinidad y humanidad, en este intervalo que la *hypostasis* cristiana intentaba impedir, que se insinúa el rostro o, más bien, la máscara de la cuarta persona. Cristo es la cifra de la ambivalencia: la *hypostasis* (en tanto asegura la unidad de las dos naturalezas) y la *anhypostasis*, la no-persona (en tanto escinde al hombre de la divinidad). Por eso el Damasceno sostiene que el verdadero peligro que se ocultaba detrás de quienes confundían –o, peor aun, separaban– las dos naturalezas de Cristo consistía en la posibilidad de una desactivación o suspensión de la lógica dogmática de la teología. De tal manera que Cristo, según su aspecto *anhypostático*, apóstata,[45] "no

43 El Damasceno, de hecho, identifica a la carne, en el sentido de naturaleza humana, con la cuarta persona que resulta imperioso conjurar por todos los medios (cfr. *De fide orthodoxa* III, 8 y 10; *De imaginibus* I, 4).

44 Sobre una concepción cristiana de la carne que en parte continúa la perspectiva fenomenológica de Merleau-Ponty, diversa a la que proponemos aquí, cfr. Henry 2000.

45 Nos valemos de la distinción que realiza Leoncio de Jerusalén en su tratado *Contra Nestorianos*, cuando intenta refutar los argumentos que defendían la existencia de dos *hypostasis* en Cristo. En el segundo libro de su tratado, Leoncio distingue dos sentidos del término *hypos-*

se ubicaría ni en la divinidad ni en la humanidad [*oute mēn en theotēti esti kai anthrōpotēti*], y no sería llamado ni Dios ni hombre [*oute de theos onomasthēsetai oude anthrōpos*] sino solamente Cristo: y la palabra Cristo no sería nombre de la persona" (*De fide orthodoxa* III, 5). Esta estructura, *oute... oude*, ni... ni, eminentemente neutra (*ne-uter*) es el verdadero riesgo y el lugar específico de la cuarta persona. Su estatuto ontológico no es el de una naturaleza o esencia, como la divinidad o la humanidad, tampoco el de una *hypostasis*, como Cristo, el Padre, Pedro o Pablo; de alguna manera, no pertenece a las categorías de la onto-teo-logía. La *anhypostasis*, es decir la carne o archi-carne,[46] la carne *apostática*, apóstata, no pertenece al Ser tal como ha sido pensado por la metafísica dogmática. En términos estrictos, designa un extra-ser, una región allende al Ser (creador o creado). Para emplear un término de Alexius Meinong, diremos que la cuarta persona es *Außersein*.[47] Lo cual significa que no podemos decir que *existe*, tal

tasis, uno conjuntivo (*sys-stasis*) y otro disyuntivo (*apo-stasis*): "Pero Cristo es llamado más correctamente y más apropiadamente hypostasis (*hypo-stasis*), puesto que además de ser algo que lo constituye [*sys-stasis*; literalmente mantener unidos, juntos] también muestra que el individuo subyacente está separado de todos los miembros de la misma especie y de todos los miembros de diferentes especies de acuerdo a sus rasgos específicos, y por lo tanto como una cosa concreta en sí misma, siendo algo que separa [*apo-stasis*: mantener separado] y que vincula las substancias desvinculadas a fin de constituir el número de cada una respecto a su persona" (II, 1; *PG*, 86, col. 1529D4–11). Sobre Leoncio de Jerusalén, cfr. Krausmüller 2001: 637-657; 2005: 413-447.

46 Como se sabe, Jacques Derrida ha distinguido el "concepto vulgar de escritura" del concepto de "archi-escritura": "Quisiéramos sugerir –leemos en *De la grammatologie*– que la pretendida derivación de la escritura, por real y mala que sea, no ha sido posible más que bajo una condición: que el lenguaje 'original', 'natural', etc., no haya existido nunca, que nunca haya sido intacto, no tocado por la escritura, que haya sido siempre él mismo una escritura. Archi-escritura de la que nosotros quisiéramos indicar aquí la necesidad y diseñar su nuevo concepto; y que continuamos llamando escritura sólo porque comunica esencialmente con el concepto vulgar de escritura. Éste no ha podido históricamente imponerse más que por el disimulo de la archi-escritura, por el deseo de una palabra que dé caza a su otro y a su doble, que trabaje para reducir su diferencia" (1967: 82-83). A diferencia del concepto empírico o vulgar de escritura, la archi-escritura designa, en Derrida, el espacio de juego y de movimiento de las huellas o trazos: la *différance*. La noción de archi-carne mantiene la misma relación respecto a la carne que la de archi-escritura respecto a la de escritura. Sólo difiere de la propuesta derrideana por el hecho de haber sobrepasado el margen de la metafísica y por haberse situado, consecuentemente, más allá de la carne y, al límite, más allá del Ser.

47 Meinong sugirió el término *Außersein* (fuera del Ser o allende al Ser) para referirse a la condición de ciertos objetos que no tenían patria en las regiones de la metafísica tradicional. En efecto, en *Über die Stellung der Gegenstandstheorie im System der Wissenschaften*, Meinong utilizó el término *heimatlos*, el mismo que utilizará Heidegger para referirse a la condición del hombre en la época del nihilismo, para calificar a ciertos Objetos que no pertenecían a

como existen —para la teología— las cosas y los espíritus, los hombres y los ángeles; diremos más bien que *subsiste* en el límite o por fuera del Ser. Paradójicamente, el término *hypostasis* ha sido traducido muchas veces por subsistencia, lo cual es justo (*hypo*: debajo + *stasis*: mantenerse erguido, yacer). Sin embargo, la teología ha reservado la realidad más eminente a este término, por eso en Juan la *hypostasis* designa el principio de *existencia* individual. En el caso de la cuarta persona, en cambio, se trata de una entidad inexistente, pero por eso mismo subsistente en su sentido propio. Su extra-ser se ubica por debajo, o más bien en el medio de la realidad metafísica, entre la materia y el espíritu.

Consideremos las dos modalidades, conjuntiva y disyuntiva, de la segunda *hypostasis* con mayor detenimiento:

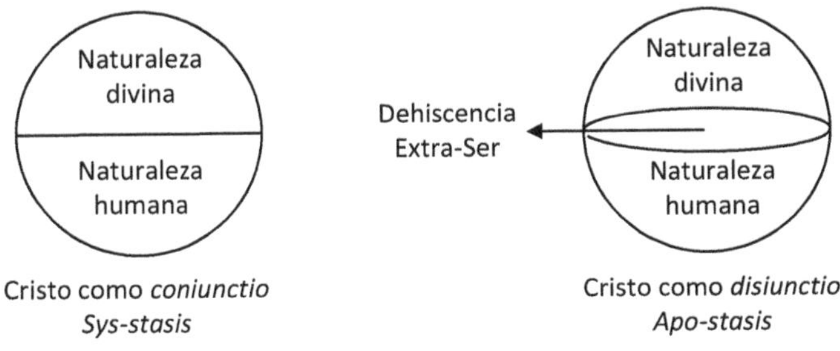

Cristo como *coniunctio*
Sys-stasis

Cristo como *disiunctio*
Apo-stasis

ningún dominio de la metafísica tradicional (cfr. Meinong 1907: 89). Según Meinong, la metafísica occidental se ha limitado a pensar lo real, identificando realidad y ser, a partir de dos niveles fundamentales: un nivel físico (la existencia actual), un nivel psíquico o psicológico (la subsistencia ideal). Si el Ser, para la tradición dogmática de la metafísica (teología cristiana incluida, por supuesto), es o bien físico o bien psicológico, o bien materia o bien espíritu; si, como sostiene Meinong, "la organización de todo el conocimiento en ciencia de la naturaleza y ciencia del espíritu [*Natur- und Geisteswissenschaft*] [...] sólo toma en consideración la clase de conocimiento que tiene que ver con la realidad [*Wirklichkeit*]" (1904: 7), entonces una singularidad que no se identifica estrictamente ni con un término ni con el otro, ni con lo material ni con lo espiritual, ni con el Creador ni con lo creado, no pertenece al Ser (en su sentido metafísico-teológico tradicional), sino que designa un extra-Ser (*Außersein*), un elemento ajeno a la "realidad" (*Außerwirliche*). Ahora bien, nos resulta pertinente pensar a la cuarta persona de la Trinidad en los términos de Meinong no sólo porque designa un elemento irreductible a las polaridades metafísicas, sino porque, como veremos en la conclusión, esta carne apóstata coincide con la noción de imagen (y más en concreto de *phantasma*), un término central en los análisis de Meinong. En efecto, como bien ha indicado Fabián Ludueña Romandini en el excelente prólogo al *Pequeño manual de inestética* de Alain Badiou, las imágenes poseen una "naturaleza fantasmal [*shattenhafte Natur*]" (2009: 36) que las vuelve irreductibles a las regiones de la metafísica dogmática: "Son existencias que Meinong ha calificado de fantasmales [*schattenhaft*]" (Ludueña Romandini 2009: 36) cuyo estatuto, por eso mismo, concierne más a la sub-sistencia que a la ex-istencia.

El dispositivo hipostático, de este modo, ha funcionado siempre como un aparato de sutura.[48] La naturaleza divina y la humana se suturan, sin confundirse ni mezclarse, en la *hypostasis* crística. Este es el aspecto conjuntivo de la *hypostasis*: la *hypo-stasis* como *sys-stasis*. Pero según su sentido disyuntivo, y este es el mayor peligro para la teología, la *hypostasis* puede lacerarse en su interior, puede devenir *apo-stasis* y dar lugar a una herida (*trauma*) que ninguna *coniunctio* puede conjurar.[49] El corazón de Cristo, el sagrado corazón, alberga la puerta al abismo extra-ontológico. En ese abismo, al interior de la dehiscencia, la palabra Cristo pasaría a designar algo para lo cual faltan quizás los nombres pero que los teólogos, y Juan de Damasco en particular, han identificado con la cuarta persona. El pasaje que hemos citado hace un momento adquiere, entonces, su sentido extremo: "no se ubicaría ni en la divinidad ni en la humanidad, y no sería llamado ni Dios ni hombre sino solamente Cristo: y la palabra Cristo no sería nombre de la persona" (*De fide orthodoxa* III, 5).

2. Lógica

2.1. *Terza persona*

Según Roberto Esposito, la máquina de la teología-política del Occidente posee una estructura bipolar que funciona estableciendo una relación asimétrica y jerárquica entre dos términos a partir de

48 Sobre la figura de Cristo como aparato de sutura, cfr. Prósperi 2018: 69-71.

49 La noción freudiana de trauma, además de conservar el significado griego de "herida", está emparentada con la disyunción y la discontinuidad de la trama psíquica. Como explica Luis Sanfelippo en su estudio sobre el trauma en Freud: "El aparato psíquico fue concebido por Freud como una trama de representaciones y de energía ligada, que intentaría disminuir al máximo la tensión en su interior. A su vez, el *trauma* podría ser definido, en términos económicos, como la presencia de un exceso cuantitativo que no llegaría a ser ligado a esa trama; y *traumático* sería cualquier elemento capaz de producir ese aumento de cantidad. En términos temporales, el trauma sería un momento de discontinuidad en el funcionamiento habitual del aparato regido por el principio del placer. Finalmente, en términos lógicos, el trauma se presentaría como una disyunción excluyente: o bien el aparato es regido por el principio del placer, ligando las cantidades a las cadenas de representaciones, o bien se presenta una cantidad que interrumpe su funcionamiento; *o bien trama, o bien trauma*" (2018: 279; el subrayado es de Sanfelippo). Sobre el Anticristo como trauma de la trama (crística) de la historia occidental, cfr. el cap. V y en particular la nota 154.

una operación de inclusión exclusiva o de exclusión inclusiva. Esta preeminencia de una lógica dicotómica, en cuyo centro se encuentra precisamente el dispositivo de la persona, remite, como uno de sus focos de proveniencia, a la doble naturaleza de Cristo y a la teología trinitaria. En este sentido, no es casual que la estructura bipolar de la metafísica occidental, para Esposito, sea...

> ...reconocible hasta en la figura teológica de la Trinidad, cada vez que la Tercera persona es reconducida al fondo en favor de una relación exclusiva entre Padre e Hijo. No es fortuito que cada vez que el léxico teológico asume una connotación política, el Tres resulta reducido a la semántica del Dos, reforzando la dinámica en un esquema contrastivo. (2013: 6).

Esposito tiene razón al afirmar que la tercera persona de la Trinidad, el Espíritu Santo, no ha gozado de la misma atención por parte de los teólogos y Padres de la Iglesia que la primera y la segunda personas. Basta comparar las resoluciones de Nicea y Constantinopla para corroborar la importancia casi nula que posee el Espíritu Santo en el primero de estos Concilios, pero también la función ya más preponderante que desempeña en el segundo. Si bien es cierto, como asegura Esposito, que existe una "tendencia, no declarada pero de hecho practicada, a contrarrestar la fórmula triádica en un módulo dual, centrado en la relación jerárquica entre Padre e Hijo" (2013: 7), también es cierto que la tercera persona de la Trinidad ha terminado por ser completamente asimilada, aunque más no sea desde el fondo, por el dispositivo de la teología dogmática. Por eso creemos que la dislocación de la estructura personal de la teología no pasa tanto por la *terza persona* sino, como hemos sugerido con anterioridad, por la segunda. No es la *hypostasis* del Espíritu Santo, entonces, la que deconstruye la dicotomía de la máquina de la teología-política; es la segunda *hypostasis*, Cristo, la que, articulando dos naturalezas diversas pero no separadas, unidas pero no confundidas, abre la puerta a la no-persona. No sorprende, sin embargo, que Esposito haya encontrado en la figura de la tercera persona la posibilidad de subvertir la lógica del dispositivo dual de la teología-política. En este punto, hay que mencionar el importante trabajo de Émile Benveniste, al cual Esposito le dedica un capítulo de *Terza persona*. En los *Problèmes de linguistique générale*, Benveniste había distinguido las dos primeras personas de la tercera. Mientras que las dos primeras forman parte de una misma lógica dual, la tercera se encuentra, por así decir, eximida y se ubica, por ende, en otro plano: "De la 3ra persona, un predicado también es enunciado, sólo que fuera del 'yo-tú'; esta forma es así exceptuada de la relación por la cual 'yo' y 'tú' se especifican. Por ello, la legitimidad de esta forma como 'persona' se encuentra puesta en cuestión" (1966: 228). Benveniste concluye, y Esposito con él, que "la '3ra persona' no es una 'persona'; incluso es la forma verbal que tiene por función expresar la *no-persona*" (1966: 228; el subrayado es de Benveniste). Por eso Benveniste puede definir al "tú" como la "persona no-yo" (cfr. 1966: 232), mientras que "él" o "ella" designan no-personas. O también: el "yo" es la persona subjetiva, el "tú" la persona no-subjetiva y el "él" o "ella" la no-persona (cfr. 1966: 232).

Sin embargo, los textos de Juan de Damasco que hemos analizado nos muestran que el peligro central de la teología no se encontraba en la tercera persona sino en la segunda. Por supuesto que no en lo que la segunda tenía de funcional a la lógica trinitaria, sino en lo que tenía, y sólo ella era capaz de tal cosa, de disruptivo. La bestia negra o la mancha ciega de la máquina de la teología-política no es el Espíritu Santo, la tercera persona, sino la cuarta. Pero la puerta de entrada (o de salida) a la cuarta persona, como hemos visto, es Cristo, la segunda *hypostasis*. Parafraseemos cristianamente a Walter Benjamin: el Mesías es la pequeña puerta por la que puede entrar la cuarta persona.[50]

2.2. *The fourth person singular*

En 1959, Lawrence Ferlinghetti le dedica un poema a Allen Ginsberg titulado "He". Nos interesa ese texto de manera particular, puesto que en él Ferlinghetti habla del ojo y la voz de una cuarta persona del singular (*the fourth person singular*). Citamos algunos versos en los que se refiere a Ginsberg con palabras sugerentes:

---

50 Nos referimos, por supuesto, al famoso pasaje de *Über den Begriff der Geschichte*: "Se sabe que a los judíos les estaba prohibido escrutar el futuro. En cambio, la Torah y la plegaria les instruyen en la conmemoración. Esto desencantaba el futuro, al cual sucumben los que buscan información en los adivinos. Pero no por eso se convertía el futuro para los judíos en un tiempo homogéneo y vacío. Ya que cada segundo era en él la pequeña puerta [*die kleine Pforte*] por la que podía entrar el Mesías [*der Messias*]" (Benjamin 1980: 704).

Y él es el ojo loco de la cuarta persona del singular
del cual nadie habla
y él es la voz de la cuarta persona del singular
en la cual nadie habla
y sin embargo existe.[51]

Ferlinghetti explica que esta voz desconocida "habla con una lengua animal [*speaks with an animal tongue*]" en "un lenguaje que ningún otro animal entiende [*a language that no other animal understands*]". En la cuarta persona del singular, además, la lengua ve y habla: "*and his tongue sees and his tongue speaks*". Pero lo más interesante de todo es que la cuarta persona del singular posee rasgos decididamente cristológicos. En efecto, no sólo se dice que Ginsberg "es amable como el cordero de Dios [*is gentle as the lamb of God*]", sino que incluso, en los versos finales del poema, se lo identifica, no ya con el Verbo hecho carne, sino con la carne hecha verbo:

Porque él ha llegado al fin del mundo
y es la trémula carne hecha verbo [*flesh made word*]
y dice el verbo que escucha en su carne
y el verbo es Muerte.

No hay que pensar que se trata de una mera inversión del *dictum* teológico. Diríamos más bien que la cuarta persona del singular es el otro lado de la segunda persona, su flanco fantasmático: *ho antichristos*. Así como la cuarta persona de la Trinidad designa, desde un punto de vista ontológico, un extra-ser, asimismo designa, desde un punto de vista lógico, una forma no-personal extra o a-gramatical. No es casual, en este sentido, que Gilles Deleuze haya retomado la expresión de Ferlinghetti para designar el registro pre-personal y pre-individual de las singularidades que, como tales, se ubican "más allá de toda sintaxis" (cfr. 1993: 16-17), en ese "límite que ya no es en sí mismo sintáctico o gramatical" (1993: 141).[52] En efecto, en *Logique du sens*,

51 El poema se encuentra en Ferlinghetti 1999: 134-137. Todos los versos citados corresponden a este poema, razón por la cual no indicamos en cada caso el número de página.

52 René Schérer ha mostrado la insuficiencia de la tercera persona a la hora de explicar la noción deleuziana de "impersonal": "el impersonal deleuziano admite sólo parcialmente una traducción o una transposición lingüística. Sobrepasa toda lingüística hacia el sentido. Concierne a la emergencia de un mundo que necesita para expresarse un lenguaje distinto al de las

Deleuze identifica a la cuarta persona del singular de Ferlinghetti con el plano potencial de las singularidades:

> Las singularidades son los verdaderos acontecimientos trascendentales: lo que Ferlinghetti llama 'la cuarta persona del singular' [*quatrième personne du singulier*]. Lejos de que las singularidades sean individuales o personales, ellas presiden la génesis de los individuos y de las personas; se reparten en un potencial que no comporta para sí mismo ni Yo ni Mi mismo, sino que los produce actualizándose, efectuándose. (1969: 125).

Este plano preindividual y pre-personal, además, es el registro específico de los acontecimientos. Habíamos señalado que la cuarta persona designa un extra-Ser, ajeno por eso a la ontología teológica. Deleuze lo confirma cuando define al acontecimiento, es decir a la cuarta persona del singular que expresa las haecceidades, como un "*aliquid*, a la vez extra-ser e insistencia, [un] mínimo de ser que conviene a las insistencias (1969: 33-34). El extra-Ser que define a la cuarta persona desde un punto de vista ontológico se corresponde, así, con la extragramaticalidad o la extra-sintaxis que la define desde un punto de vista lógico. En efecto, la cuarta persona, advierte Deleuze, no está afuera del lenguaje, sino que "es el afuera [*le dehors*]" (cfr. 1993: 16, 141).

Conclusión

Hemos sugerido que la segunda *hypostasis*, Cristo, en tanto une sin confundir y distingue sin separar dos naturalezas, la divina y la humana, crea las condiciones de posibilidad de una dehiscencia entre lo visible y lo invisible o entre la materia y el espíritu, una carne que no sería ya ni la *caro Dei* ni la *caro hominis*. Juan de Damasco se refiere a esta carne como una suerte de *aliquid* que "no se ubicaría ni en la divinidad ni en la humanidad, y no sería llamado ni Dios ni hombre sino solamente Cristo" (*De fide orthodoxa* III, 5). Este lugar paradójico, ajeno tanto a la tríada espiritual cuanto a la multiplicidad variopinta de la

---

personas, por más que fuese la tercera. Exige una cuarta, específica de las 'singularidades' sobre ese plano de inmanencia que también puede ser llamado trascendental, pues toda trascendencia, comenzando por la de las personas, es allí abolida" (2012: 35).

creación, concierne de manera específica a la cuarta persona. Pero ¿cómo pensar esta carne?, ¿esta subsistencia ni humana ni divina, ni material ni espiritual?

Lejos de nosotros ofrecer una respuesta exhaustiva a tamaña pregunta. Sin embargo, quisiéramos dejar planteada la posibilidad de pensar esta carne y, más en general, este *topos* paradójico e intermedio, como el reino específico de las imágenes. En efecto, las imágenes –y por ende también la imaginación– han ocupado, a lo largo de las líneas predominantes de la metafísica occidental, ese lugar intermedio entre lo corpóreo y lo incorpóreo, entre lo sensible y lo inteligible o entre la materia y el espíritu. No es casual, además, que Cristo, siendo el mediador entre Dios y los hombres se presente precisamente, según el célebre pasaje de Pablo, como "la imagen [*eikōn*] del Dios invisible" (1 Colo. 15:20).

Ahora bien, creemos que la carne que está en juego en la cuarta persona es una carne fantasmática, una carne imaginaria. La teología cristiana ha conocido este tipo de carne, casi en el mismo momento en el que comenzaban a constituirse los pilares doctrinales, alrededor de los siglos II-III, por intermedio de uno de los herejes más combatidos del momento: Marción.[53] En este sentido, las refutaciones de Tertuliano, un autor preocupado además por demostrar la realidad humana de la carne de Cristo, resultan decisivas.[54] Marción, y de algún modo también el movimiento docetista en general, sostenía que Cristo no había asumido una carne humana sino una mera apariencia fantasmática e ilusoria. Según Marción, explica Tertuliano, Cristo no era sino un fantasma: "él [Marción] sostenía que Cristo era un fantasma [*phantasma vindicans*

53 Como se sabe, no se han conservado escritos de Marción. En nuestro caso, nos interesa sobre todo la lectura crítica –y por ende la reconstrucción (parcial e interesada, por cierto)– que realiza Tertuliano, particularmente en *Adversus Marcionem*. Sobre el pensamiento y la curiosa figura de Marción, cfr. Harnack 1924; Lieu 2015; Moll 2012; Orbe 1995, vol. I: 34-38, 107-108; 1995a, vol. II: 250-268. La investigación de Adolf von Harnack, *Marcion: das Evangelium vom Fremden Gott; eine Monographie zur Geschichte der Gundlegung der katholischen Kirche*, marca un punto de inflexión en los estudios sobre este hereje y el movimiento al que dio lugar. Sobre Marción, cfr. el cap. II de este libro.

54 No es casual que para Esposito el dispositivo de la persona, en su vertiente teológica, encuentre uno de sus focos de proveniencia en la obra de Tertuliano: "Es indudable que el texto en el cual el término 'persona' asume por primera vez una precisa connotación teológica es el tratado de Tertuliano *Adversus Praxeam*" (2013: 91).

Christum]" (*Adversus Marcionem* III, 8, 1).[55] O también, en la medida en que la carne asumida por Cristo era de naturaleza fantasmática y no humana, no podía de ninguna manera sufrir ni padecer, pues "un fantasma no puede verdaderamente sufrir [*vere autem pati phantasma non potuit*]" (*Adversus Marcionem* III, 8, 5). Si esto fuese así, continúa Tertuliano, "toda la obra de Dios se vería subvertida [*Eversum est igitur totum dei opus*]" (*ibid.*). Marción, por lo tanto, nos presenta *otro* Cristo, inaceptable para Tertuliano y para la cristología incipiente, cuya naturaleza —al límite de toda noción de naturaleza— no es ni divina ni humana, pero tampoco ambas al mismo tiempo, sino eminentemente fantasmática: "Si es falso que, en tanto fantasma [*phantasma*], Cristo sufrió, entonces es también falso que nació. Tales son los argumentos de Marción por los cuales nos presenta otro Cristo [*alium efficit Christum*]" (*Adversus Marcionem* III, 11, 8).[56] Como bien ha mostrado Judith M. Lieu: "Para Tertuliano, el término [fantasma] denota al mismo tiempo imitación y engaño —de aquí su pregunta retórica de por qué Jesús no fue 'un fantasma de Dios' [*a phantasm of God*]; el término implica lo ilusorio (*putativus*) como opuesto a lo verdadero" (2015: 374).

Ahora bien, quisiéramos sugerir, entonces, que este *alius Christus* que nos presenta Marción, según la reconstrucción crítica de Tertuliano, designa con precisión el aspecto disyuntivo de la segunda *hypostasis*. Este Cristo fantasmático, hijo del *fremden Gott* (cfr. Harnack 1924),

55 Se pueden consultar las siguientes ediciones críticas de los textos de Tertuliano: E. Evans (ed.): *Adversus Marcionem*. Complete edition, text, critical apparatus, notes, translation, latin and english, Oxford, Oxford University Press, 1971; R. Braun (ed.). *Contre Marcion.* Book 1: *Sources Chrétiennes* 365 (1990); Book 2: 368 (1991); Book 3: 399 (1994); Book 4: 456 (2001). La última edición crítica completa de las obras de Tertuliano es la de *Corpus Christianorum*, vols. I-II. Turnhout: Brepols. Los tratados de Tertuliano a los que hagamos referencia de aquí en más están basados en estas dos últimas ediciones críticas. Judith M. Lieu, por su parte, en *Marcion and the Making of a Heretic. God and Scripture in the Second Century*, explica que "el término preferido por Tertuliano para describir al Jesús de Marción es fantasma [*phantasma*]; aunque no es exclusivo de los libros contra Marción, se lo encuentra en ellos de forma predominante" (2015: 374).

56 Es preciso señalar que Marción, por supuesto, identifica a Cristo con la naturaleza espiritual de la divinidad. Cristo, para Marción, es divino y como tal no puede asumir una naturaleza carnal o humana. Sin embargo, Tertuliano sostiene que el Cristo de Marción, al extremo, daría lugar a una doble apariencia: de la carne humana y de la divinidad. Esto no está presente en Marción, por supuesto, pero Tertuliano parece advertir este riesgo, sintetizándolo en la expresión *phantasma phantasmatis* (*Adversus Marcionem* IV, 42). Sobre la lectura que Tertuliano hace de Marción, cfr. el apartado 1 del cap. II del presente libro. Sobre la idea de Cristo como *phantasma phantasmatis*, cfr. el apartado 3 del cap. II.

irreductible a la materia y al espíritu, a la divinidad y a la humanidad, representa la dehiscencia que corresponde a la cuarta persona. El Cristo de Marción –tal como nosotros lo entendemos, es decir, de algún modo leyendo a Marción contra Marción– es el Cristo como *disiunctio*, como la apertura de un espacio más allá de lo humano y de lo divino, de lo material y de lo espiritual, de lo visible y de lo invisible, en suma, más allá del Ser (tal como ha sido pensado por la teología y la metafísica del Occidente). A lo largo de lo que Martin Heidegger ha llamado la historia de la metafísica occidental, este lugar paradójico y quiasmático, irremediablemente externo a lo sensible y lo inteligible, ha coincidido con el mundo de las imágenes y de los fantasmas, cuyo reino paradigmático no es ni el reino de los cielos ni el de la tierra, ni el de Dios ni el del hombre, sino el reino de los sueños. No es casual, por eso mismo, que Judith Lieu, comentando la noción de *phantasma* en el *Adversus Marcionem* de Tertuliano, agregue: "'Fantasma' era utilizado también para referirse a las figuras que aparecían en sueños y en visiones, aunque no hay aún un consenso sobre la naturaleza de su existencia substancial, e incluso sobre si deberían ser consideradas como 'reales'" (2015: 375).

El *alius Christus* de Marción, el Cristo como fantasma, nos introduce pues en una topografía extremadamente singular, ni humana ni divina, ni material ni espiritual, una topografía onírica que sólo puede ser recorrida por la cuarta persona. *La cuarta persona es el fantasma*: la mancha ciega de la lógica trinitaria. Si volvemos ahora a Juan de Damasco, podemos concluir que este *aliquid* que "no se ubicaría ni en la divinidad ni en la humanidad, y [que] no sería llamado ni Dios ni hombre sino solamente Cristo: y la palabra Cristo no sería nombre de la persona" (*De fide orthodoxa* III, 5), no es otra cosa que el fantasma, es decir la puerta que nos conduce al reino fantasmático de los sueños. La palabra Cristo, así, designaría, en su vector disyuntivo o dehiscente, no ya la persona, ni siquiera la tercera, sino la no-persona (*ho antichristos*) o, mejor aun, la cuarta persona en la Trinidad: *tetarton prosōpon en tē Triadi*.

CAPÍTULO II[57]

Verbum phantasma factum est

57 Parte de este capítulo ha sido publicado como artículo, con ligeras modificaciones, bajo el título "Y el verbo se hizo fantasma. La (anti)cristología docetista en el *Adversus Marcionem* de Tertuliano" en *PLURA, Revista de Estudos de Religião*, vol. 9, nº 2, 2018, pp. 128-145.

Introducción

Ya desde los primeros siglos de la era cristiana, el canon eclesiástico se ha ido delineando en un constante enfrentamiento con las diversas herejías: docetismo, gnosticismo, ebionismo, etc. En este complejo panorama, la figura de Marción ocupa un lugar destacado.[58] No es casual que diversos estudiosos hayan considerado a Marción como "uno de los más significantes e influyentes pensadores cristianos del siglo II" (Ehrman 2006: 346), o como "una de las figuras más importantes en el paisaje del cristianismo primitivo" (Foster 2012: 279), pero también, y precisamente a causa de su influencia, como "la amenaza herética más seria a la Iglesia primitiva" (Thomsett 2011: 30), o como "el adversario más temible que haya encontrado la Iglesia en el siglo segundo" (Lebreton y Zeiller 1959: 33), o, por último, para utilizar la interesante expresión de Sebastian Moll, como un "archi-hereje" (cfr. 2010: 44).[59] Las causas de la amenaza que significó Marción para la Iglesia temprana son numerosas y responden, además de a cuestiones políticas propias de la institución religiosa, a razones de índole teológica. En principio, la teoría de los dos dioses: el Dios creador del Antiguo Testamento, justiciero y vengativo, y el Dios desconocido —el *fremden Gott*, en términos

58 En efecto, Eugen J. Pentiuc, en *The Encyclopedia of Eastern Orthodox Christianity*, explica que "muchos estudiosos están de acuerdo en que la derrota de Marción ayudó mucho a fijar el canon eclesiástico de las escrituras heredadas" (2011: 421). Sobre Marción, cfr. la nota 53.

59 Geoffrey D. Dunn, por su parte, se refiere a Marción como "el hereje arquetípico [*the archetypical heretic*]" (2007: 470). Incluso "después de dos generaciones –advierte Everett Ferguson– las enseñanzas de Marción aún representaban una amenaza para la Iglesia" (2009: 314).

de Harnack (cfr. 1924)– absolutamente bueno y ajeno a la creación. Según Marción, Cristo es el enviado del Dios desconocido y bueno a fin de redimir al hombre de los males ocasionados por el Dios del Antiguo Testamento. En este sentido, existe una contraposición, una *antítesis*, entre la Ley y el Evangelio.[60] Además, de los libros que componen el Nuevo Testamento, Marción sólo reconoce el Evangelio de Lucas –según Tertuliano y otros críticos, con interpolaciones y supresiones– y algunas de las epístolas paulinas.[61] Sin embargo, creemos que el mayor peligro para la proto-ortodoxia de los primeros siglos no concernía sólo al diteísmo, por cierto aberrante, sino a la cristología de ascendencia docetista proclamada por Marción.[62] En efecto, Marción sostenía que Cristo no había asumido una naturaleza carnal, humana, puesto que la carne formaba parte del mundo creado por el Dios veterotestamentario, y que por lo tanto su forma humana era una mera apariencia, una ilusión o un fantasma. Sostendremos que esta naturaleza fantasmática de Cristo crea un cortocircuito al interior de la teología que se está

60 El término *Antítesis*, desde luego, hace referencia al título de un escrito de Marción. Consigna Tertuliano en el *Adversus Marcionem*: "Con el fin de resultar convincente [Marción] ha construido un dispositivo para su 'Evangelio', una obra que es llamada 'Antítesis' a causa de las oposiciones y contradicciones que tienden a separar la Ley y el Evangelio" (IV, 1.1). Según Raniero Cantalamessa, "este juicio [de Tertuliano] es exacto: el libro simbólico de la secta marcionita, de hecho, las 'Antítesis' no son otra cosa más que una demostración analítica de la oposición entre los dos Testamentos" (1962: 35). No deja de ser curioso, por no decir irónico, que Tertuliano, el más ferviente adversario de Marción, haya hecho de la antítesis una verdadera técnica de argumentación. Así lo constata Jérôme Alexandre en *Une chair pour la gloire: L'Anthropologie réaliste et mystique de Tertullien*: "Muchos aspectos de la escritura de Tertuliano, en particular su sentido de la construcción, su gusto por la *antítesis*, por la concisión, por la fórmula penetrante, se comprende por la formulación permanente, que era la suya, de los escritos evangélicos y paulinos" (2001: 28; el subrayado es nuestro).

61 La idea, en gran medida extendida a lo largo de la tradición dogmática, de que Marción habría modificado deliberadamente el Evangelio de Lucas es discutida por Tim Carter en el artículo "Marcion's Christology and Its Possible Influence on Codex Bezae" (cfr. Carter 2010: 550-582).

62 Bart D. Ehrman, en *The Orthodox Corruption of Scripture*, explica que "el término docetismo deriva del griego *dokein*, que significa 'parecer' o 'aparentar', y es normalmente usado para designar las cristologías que niegan la realidad de la existencia carnal de Cristo. De acuerdo a esta concepción, Cristo sólo 'parecía' o 'aparentaba' ser humano y experimentar sufrimiento. [...] En este sentido, Jesucristo era un fantasma [*a phantom*], humano sólo en apariencia" (1993: 81). Las raíces docetistas de Marción son más que evidentes. El mismo Ehrman llega a sostener que Marción era el mayor exponente de la corriente herética que negaba la realidad carnal de Cristo: "Una infamia particular rodea al representante más conocido del docetismo, Marción de Ponto. Ningún otro hereje provocó tal enjundia, o, lo que es aun más interesante, se reveló tan instrumental para los contradesarrollos de la ortodoxia" (1993: 185). Sobre el docetismo, cfr. Brox 1984: 301-314; Slusser 1981: 163-172; Adam 1996: 391-410.

constituyendo de la mano de los primeros Padres y que se convertirá, conforme se realicen los diversos Concilios, en el canon de la Iglesia católica. Para mostrar esta dislocación doctrinal o este descentramiento teológico al que dio lugar el marcionismo procederemos en tres etapas. En la primera, explicaremos los rasgos centrales de la cristología de Marción, tal como la encontramos reconstruida —y criticada, por supuesto— en el *Adversus Marcionem* de Tertuliano.[63] En la segunda, analizaremos un antecedente pagano del docetismo para mostrar que también en el mundo de la Grecia antigua la noción de *phantasma* o *eidōlon* representa un cortocircuito en las concepciones metafísicas y antropológicas dominantes. En la tercera, mostraremos en qué sentido y por qué razón la idea de un Cristo fantasmático resulta inasimilable por la teología dogmática y, al límite, por lo que Martin Heidegger ha llamado la historia de la metafísica occidental.

1. La cristología de Marción

Marción considera a Pablo —y en menor medida a Lucas— el verdadero intérprete de las enseñanzas de Jesús. La distinción paulina entre *pneuma* y *sarx* (*spiritus* y *caro* en su versión latina), así como entre *nomos* y *evangelion* (*lex* y *evangelium*), alcanza con Marción un límite crítico. El Antiguo Testamento, la Ley, el *nomos* del Dios creador, resulta desechado por completo. A él se contrapone la figura y la doctrina amorosa de Cristo. En efecto, como hemos dicho, Jesucristo es el hijo del Dios desconocido, enviado por el Padre para redimir a los elegidos de la prisión pecaminosa de la carne y la materia.[64] Siendo absolutamente heterogéneo al reino material, Cristo no puede asumir

---

63 Como sostiene Emanuele Samek Lodovici, Tertuliano "es la fuente más importante para la reconstrucción directa del pensamiento de Marción" (1972: 374). Sobre Tertuliano, cfr. Osborn 2001.

64 Es indudable que existe, en esta concepción negativa de la materia, una influencia gnóstica, cuando no platónica, en Marción. De hecho, varios estudiosos han considerado la herejía marcionita como una forma de gnosticismo: "Otro líder del movimiento gnóstico fue Marción, quien vivía en Sínope en Asia menor. Creía y enseñaba que Cristo no había poseído nunca una realidad física" (Thomsett 2011: 29). Sin embargo, otros autores dudan que Marción haya sido un gnóstico *à la lettre*: "Si bien Marción creía en dos dioses y también compartía ciertas ideas con el gnosticismo –tales como el ascetismo y la maldad inherente a la carne–, no termina de quedar claro qué tan gnóstico era en verdad" (Martin 2006: 47).

una naturaleza carnal, es decir humana. Explica Mark Edwards en *Catholicity and Heresy in the Early Church*: "La materia es irredimible, y Cristo no puede asumir la carne sino [...] una semejanza fantasmal de la carne" (2009: 29). Existe una dualidad irreductible de substancias, una discontinuidad fundamental entre lo visible y lo invisible. El Dios desconocido, eternamente bueno, pertenece al reino espiritual de lo invisible; el Dios hebreo, rencoroso, al reino carnal de lo visible. A lo sumo, Yahvé es del orden de lo anímico o de lo psíquico, nunca de lo pneumático. Por tal razón, la encarnación de Cristo es en verdad una fantasmatización, un devenir-fantasma de la divinidad.[65] En el *Adversus Marcionem*, Tertuliano sintetiza el núcleo de la cristología de Marción en la siguiente expresión: "Jesucristo era un fantasma [*phantasma vindicans Christum*]" (III, 8).[66] De esta naturaleza aparente o fantasmática de Cristo, además, se derivan otras blasfemias inconcebibles. Por ejemplo, el rechazo de la natividad del Salvador. Siendo incapaz de mezclarse con la carne y la realidad humana creada por el Dios vengativo del Antiguo Testamento, Cristo no ha nacido de María. De hecho, Marción sostiene que el Hijo del Dios desconocido se manifestó, sin haber nacido, "el año doce de Tiberio-César" (*AM* I, 15) para ejercer su ministerio.[67] En *De resurrectione carnis*, Tertuliano critica a los herejes, sobre todo Marción y Basílides, que niegan la realidad corporal o carnal de Cristo y, por eso, excluyen la resurrección de la carne (humana) de sus doctrinas.

> Finalmente, los herejes que han inventado otra divinidad, son los únicos que rechazan la resurrección de la substancia corporal [*corporali substantiae*]. Así, obligados a cambiar la naturaleza de Cristo, por miedo a que no se confundiera con el Creador de la carne, comenzaron por engañarse sobre su carne, unos pretendiendo con Marción y Basílides que no era verdadera, otros afirmando con Apeles y Valentino que tenía propiedades particulares. Se sigue de allí que excluían de la salvación a la substancia que no podía por ende formar parte de Cristo. (I, 2).

65 Mark Edwards sostiene, de hecho, que Marción admitía "sólo una encarnación espectral [*a spectral incarnation*]" (2009: 39).

66 De aquí en más, nos referiremos al *Adversus Marcionem* con las siglas *AM*.

67 En *De carne Christi*, Tertuliano afirma, no sin cierta ironía, que según Marción Cristo descendió súbitamente del cielo: *qui subito de caelis Christum deferebat* (cfr. II, 1).

La condición fantasmática del Redentor significa, para un espíritu riguroso como el de Tertuliano, el fracaso de la función salvadora proclamada en los Evangelios. En efecto, si Cristo es un fantasma y no posee una naturaleza carnal, entonces no es capaz de sufrir; ergo, la pasión es una quimera y, con ella, también la resurrección y la salvación de los hombres.[68] En efecto, si "Cristo no era un cuerpo verdadero [*non erat veritas corporis*],[69] sino un fantasma [*phantasma*], una cosa insubstancial [*res vacua*]" (*AM* IV, 20), y si "un fantasma no es capaz de sufrir" (*AM* III, 8), entonces "el fundamento del Evangelio [*fundamentum evangelii*], y de nuestra salvación, y de su prédica, son aniquilados" (*AM* III, 8). La consecuencia extrema, que Tertuliano juzga calamitosa, es que, si Cristo es un fantasma, "toda la obra de Dios [*dei opus*] se derrumba" (*AM* III, 8).

Para Marción, como hemos visto, la naturaleza de Cristo es eminentemente espiritual y divina, razón por la cual juzga imposible que la carne humana pueda ser salvada.[70] Una de las estrategias empleadas por Tertuliano para refutar esta herejía consiste en demostrar la realidad carnal, es decir humana, de Cristo.[71] Como se sabe, es un tema frecuente en los textos del africano. Sirva de ejemplo el caso de la mujer pecadora que besa los pies de Jesús y que, luego de lavarlos con sus lágrimas, los enjuaga con su cabello. Si Cristo hubiese sido un fantasma, arguye Tertuliano, tales acciones habrían sido imposibles de realizar: "cuando ella [la pecadora] besó los pies de nuestro Señor,

---

68 Por este motivo, nos recuerda Darrell D. Hannah, fue sobre todo en relación "al nacimiento, la muerte y la resurrección corporal de Jesucristo que los primeros docetistas resultaron problemáticos" (1999: 168).

69 Literalmente dice "la verdad del cuerpo" (*corporis* es genitivo). Sin embargo, creemos que el sentido del pasaje de Tertuliano es enfatizar la naturaleza corpórea de Cristo, es decir el hecho de que Cristo era un cuerpo verdadero y no una apariencia o un fantasma. Nos tomamos la licencia de traducir *veritas corporis* por "cuerpo verdadero" ya que, creemos, recoge mejor el sentido general del texto de Tertuliano que "la verdad del cuerpo", mucho más justa desde un punto de vista literal.

70 Explica Mark Edwards: "En la época antigua, Marción era el representante más notorio de la doctrina que afirmaba que Cristo vino sólo en espíritu, y sólo para emancipar al espíritu del cuerpo" (2009: 31). En tanto espíritu, Cristo es divino pero no humano: "Algunos gnósticos acordaban con Marción en que Jesús era totalmente divino y para nada humano" (Ehrman 2000: 6).

71 Además del *Adversus Marcionem*, habría que mencionar, en esta misma línea, los tratados *De praescriptione haereticorum*, *De carne Christi* y *De resurrectione carnis*. Sobre este punto, cfr. Cantalamessa 1962: 34-48.

y los lavó con sus lágrimas, y los secó con su cabello, y los cubrió con un ungüento, fue un cuerpo verdadero y real el que ella manipuló [*solidi corporis veritatem*], y no un fantasma vacío [*non phantasma inane*]" (*AM* IV, 18). O también, el ejemplo de la mujer indispuesta que toca la túnica de Cristo y, al hacerlo, demuestra la realidad corpórea del Hijo de Dios: "Tocando el borde de su túnica, la enferma nos demuestra que Cristo tenía un cuerpo real y no ilusorio [*corpori non phantasmati inditum*]" (*AM* IV, 20). El contacto de la mujer indispuesta, además, prueba que la carne de Cristo es capaz de padecer y recibir la deshonra de los hombres: "Porque si no hubiese habido un cuerpo verdadero [*veritas corporis*],[72] sino un fantasma, un objeto insubstancial [*res vacua*], no podría haberse contaminado. A causa de su carácter insubstancial [*inanitate substantiae*] es incapaz de contaminación" (*AM* IV, 20). El Cristo de Tertuliano, a diferencia del de Marción, se caracteriza por la solidez (*soliditas*), la verdad (*veritas*) y la corporalidad (*corporalitas*).[73] Estos tres términos enfatizan la realidad concreta y actual de la carne de Cristo. A ellos se opone la insubstancialidad (*inanitas*) y la vacuidad (*vacuitas*) del Cristo fantasmático de Marción. La *inanitas* y la *vacuitas* aluden a la irrealidad del fantasma, a la falta de substancia y de actualidad. Se trata, en el fondo, de una cuestión ontológica. El fantasma, a diferencia de la *realitas* que caracteriza al cuerpo de Cristo según Tertuliano, es una *vacua res*, una realidad vacía e inane, una mera imagen sin esencia ni modelo. Tertuliano lo sintetiza, con su estilo lacónico habitual, en la siguiente expresión: *substantia corporis adversus phantasmata* (*AM* IV, 11), es decir, la substancia corpórea se opone a los fantasmas. El *Adversus Marcionem* es en verdad un *Adversus phantasma*. En efecto, ¿en qué consiste el Cristo de Marción? Respuesta de Tertuliano: "Apariencia ilusoria, acto ilusorio; actor imaginario, obras imaginarias [*putativus habitus, putativus actus; imaginarius operator, imaginariae operae*]" (*AM* III, 8). Es la condición *putativa, imaginaria*, es decir *fantasmática* del Cristo marcionita lo que amenaza la empresa de la teología ortodoxa. Esta amenaza espectral al *opus Dei* hunde sus raíces en las doctrinas de los docetistas. En lo que sigue, analizaremos un antecedente pagano del docetismo, a fin de mostrar que también

72 Cfr. la nota 69.

73 En el *De carne Christi*, sin ir más lejos, Tertuliano emplea la expresión *corporis soliditas* para referirse a la consistencia real y verdadera de la carne de Cristo (cfr. *De carne Christi* III, 9).

allí la noción de imagen, aplicada a partir de los siglos I-II a Cristo, supone una dislocación de las estructuras metafísicas y antropológicas dominantes en la Grecia antigua.

2. *Eidolōn* y *phantasma*

En un interesante artículo titulado "The Greek and Jewish Origins of Docetism: A New Proposal" (2006), Ronnie Goldstein y Guy G. Stroumsa sostienen que el docetismo, cuya influencia resulta indudable en la cristología de Marción, se habría constituido a partir de una combinación de la tradición griega con la tradición bíblica:

> La concepción docetista de la crucifixión fue moldeada probablemente por la combinación de fuentes griegas y bíblicas. El problema del sufrimiento de Jesús fue resuelto apelando al argumento vano contra el Mesías en Ps 2 y al sacrificio de un substituto, como en el vendaje de Isaac y las historias griegas sobre el *eidōlon* (2006: 439).

En este apartado, nos interesa sobre todo la tradición griega, a partir de la cual es posible vincular la condición fantasmática de Cristo con la noción de *eidōlon* proveniente del paganismo.[74] Existiría una continuidad, según Goldstein y Stroumsa, entre el uso y la función del *eidōlon* en la Grecia clásica y la concepción fantasmática del Cristo docetista: "Como hemos visto, el uso de *dokēsis*, en el sentido de 'aparición', 'fantasma', en la literatura griega clásica aparece sólo en conexión con el dispositivo del *eidōlon*" (2006: 435). Uno de los ejemplos que mencionan los autores, junto al de Helena o Ifigenia, es el de Heracles, según el episodio que relata Homero en *Odisea* (XI, 601-604), cuando Ulises ve el fantasma del héroe en el Hades: "En *Odisea* XI, se relata que Ulises ve a Heracles en el Hades. En realidad, se trata del *eidōlon* de Heracles, puesto que el verdadero Heracles se encuentra junto a los dioses inmortales en el Monte Olimpo" (2006: 425). Ya Plotino se había

74 En la cultura griega antigua el término *eidōlon* tiene el sentido de fantasma o espectro. Régis Debray, en *Vie et mort de l'image*, lo explica con claridad: "*Ídolo* viene de *eidōlon*, que significa fantasma de los muertos, espectro, y solo más tarde, imagen, retrato. El *eidōlon* arcaico designa el alma del muerto que sale del cadáver bajo la forma de una sombra inasible, su doble, cuya naturaleza tenue pero aún corpórea facilita la figuración plástica. La imagen es la sombra, y sombra es el nombre común del doble" (1992: 19-20).

referido a este episodio de *Odisea* para mostrar la irreductibilidad del *eidōlon* respecto al mismo Heracles: "El poeta parece separar la imagen respecto a Heracles cuando dice que su *eidōlon* está en el Hades, pero que él mismo se encuentra junto a los dioses. Él mantiene ambas historias, que está en el Hades y que reside con los dioses, y por ende lo divide" (*Enéadas* I, 1.12; cfr. también IV, 3.27).[75] Goldstein y Stroumsa sugieren, entonces, que el dispositivo del *eidōlon* cumple la misma función, en la literatura griega clásica, que la noción de "fantasma" o "apariencia" en la cristología docetista. Nos interesa concentrarnos en este nexo entre *eidōlon* y *phantasma* puesto que en ambas nociones, íntimamente vinculadas a la esfera semántica de las imágenes, se cifra, creemos, el mayor peligro de la teología cristiana.[76] En lo que sigue analizaremos rápidamente el caso de Heracles[77] para mostrar que la noción de *eidōlon*, como la de *phantasma* en el docetismo en general y en Marción en particular, disloca por completo la lógica —la ontológica, la lógica del ente— de la teología ortodoxa. Nos detendremos, para eso, en algunos pasajes de los *Dialogi mortuorum* de Luciano de Samosata, pues en ellos, quizás más que en cualquier otro tratado del paganismo antiguo, se muestra con total claridad el cortocircuito que generó el *eidōlon*, y más allá la imagen en un sentido amplio, en el seno de la metafísica y la antropología antiguas.

---

75 El *eidōlon* homérico, según Plotino, implica una separación o una escisión de la persona. Este punto, central en las corrientes docetistas, es también observado en relación a Cristo por Paul Gavrilyuk en *The Suffering of the Impassible God. The Dialectics of the Patristic Thought*: "El Docetismo, entendido en un sentido amplio, incluye concepciones que dividen al héroe de los evangelios canónicos en dos sujetos, uno divino, el otro meramente humano: el título 'Cristo' tendió a designar el sujeto divino, y el de 'Jesús' el sujeto humano" (2005: 79).

76 No sólo Goldstein y Stroumsa enfatizan este nexo al afirmar que "en los textos gnósticos, la figura substituta para Jesucristo y Eva funciona exactamente igual que el *eidōlon* de las figuras divinas de los textos griegos" (2006: 433), sino también al señalar que "varios textos muestran que *eidōlon* y *phasma* (es decir, fantasma) son equivalentes" (2006: 433).

77 Como hemos dicho, siguiendo la sugerencia de Goldstein y Stroumsa, Heracles es uno de los casos paradigmáticos del dispositivo del *eidōlon* en la Grecia antigua: "En el caso de Heracles, el uso de *eidōlon* es un intento por combinar dos tradiciones, una que consideraba a Heracles un héroe mortal y otra que lo consideraba un hombre que se había vuelto dios" (2006: 428).

2.1. El *eidōlon* de Heracles[78]

En la sección quinta del libro XVI de los *Dialogi mortuorum*, en la cual Diógenes de Sínope (¡la misma ciudad, casualmente, de la que proviene Marción!) conversa con Heracles, Luciano utiliza varias veces el término *eidōlon* para referirse precisamente al fantasma del héroe. Diógenes, que se encuentra en el Hades, ve acercarse a Heracles, ante lo cual se muestra sorprendido ya que, por ser hijo de Zeus lo considera un dios. Heracles, entonces, le explica su doble naturaleza, divina y humana, y su condición fantasmal: "Heracles está en el cielo con los dioses [...] yo soy su imagen [*ego d'eidōlon*]" (XVI, 1). Ante la respuesta de Heracles, Diógenes le pide que le explique de quién es la imagen, si de la parte mortal que corresponde a su procedencia humana o de la parte divina que le corresponde a los dioses. El héroe le dice que es la imagen o el fantasma de la parte mortal, del cuerpo, ya que la parte divina, el alma, está con los dioses en el cielo: "¿No estamos todos compuestos por dos elementos [*synkeisthai ek duein*], el alma y el cuerpo [*psychēs kai sōmatos*]? ¿Qué le impediría al alma entonces estar en el cielo, con Zeus, y a la parte mortal, yo mismo, entre los muertos?" (*Dialogi mortuorum* XVI, 4). La respuesta de Heracles da a entender que la imagen corresponde a su parte mortal, es decir al cuerpo. Pero enseguida Diógenes muestra la aporía contenida en las palabras de su interlocutor. Lo que dice el hijo de Anfitrión sería verdadero, sostiene Diógenes, siempre y cuando quien le hablase fuera el cuerpo de Heracles; pero como el filósofo cínico conversa con su imagen, Heracles no puede identificarse con su cuerpo, puesto que —objeta Diógenes— las imágenes no tienen cuerpo [*asōmaton eidōlon*]. Pensando las cosas con detenimiento, continúa Diógenes, habría en realidad tres Heracles: "uno en el cielo, uno en el Hades (la imagen con la que está hablando) y finalmente el cuerpo que ha retornado al polvo" (XVI, 5). Las palabras de Diógenes generan un cortocircuito en el paradigma metafísico occidental que, desde Platón en adelante, va a dividir la realidad, y sobre todo la realidad humana, en un plano etéreo y divino representado por el alma (*psychē*) y un plano sensible y mortal representado por el cuerpo (*sōma*). El *eidōlon* no es ni completamente espiritual o anímico ni completamente

78 Este apartado ha sido publicado, con algunas modificaciones, en Prósperi 2015: 230-233.

material o corporal. En la medida en que no se lo puede identificar con ninguna de las dos instancias de la antropología tradicional, el *eidōlon* o el *phantasma* se sitúa en un lugar difuso —y, en algún sentido, paradójico— entre la vida y la muerte. El *eidōlon* aparece en los *Dialogi mortuorum* funcionando como un tercer término que, lejos de articular los extremos de la dicotomía metafísica, los desactiva y subvierte.

Las líneas dominantes de la teología cristiana occidental, sobre todo de ascendencia platónica, han tendido a pensar lo humano, lo que más tarde Tomás de Aquino llamará la *quidditas* del hombre, a partir de esta *synkeisthai ek duein*, este compuesto de dos elementos que menciona Luciano en sus *Dialogi*.[79] Los dos elementos, como rápidamente aclara el autor, no son más que *psychē kai sōma*, el alma y el cuerpo.[80] Cada elemento, como leemos en Luciano, remite directamente a un determinado nivel ontológico: *psychē*, la parte inmortal, al cielo, es decir, a los dioses, al reino de lo invisible; *sōma*, la parte mortal, a la tierra, al reino de lo visible. Esta concepción, cuyo modelo conceptual encontramos ya plenamente desarrollado en la teoría platónica de los dos mundos, parece ser uno de los aspectos esenciales de la historia metafísica y de la teología ortodoxa.

Lo interesante del texto de Luciano es que introduce un tercer elemento representado por la palabra *eidōlon* (imagen), un *tertium* que viene a desarticular, es decir, a volver problemática la articulación, la

---

79 Sobre la estructura dual de la máquina de la teología política, cfr. Esposito 2013.

80 En *L'aperto: l'uomo e l'animale*, Giorgio Agamben señala con razón esta estructura dicotómica sobre la que se ha constituido la historia metafísica de Occidente: "En nuestra cultura, el hombre ha sido siempre pensado como la articulación y la conjunción de un cuerpo y de un alma, de un viviente y de un logos, de un elemento natural (o animal) y de un elemento sobrenatural, social o divino" (2002: 21). Se objetará que muchos autores, incluso al interior de la dogmática cristiana, defienden una concepción tripartita (cuerpo, alma y espíritu) del hombre y que, por lo tanto, afirmar que la estructura antropológica profunda de la onto-teología es bipolar resulta problemático, por no decir falaz. Sin embargo, creemos que, más allá de los elementos que definen en cada caso a las diversas antropologías, lo humano surge siempre de la tensión entre dos polos: uno visible y corpóreo, otro invisible e incorpóreo. De tal manera que incluso en los autores que adhieren a una concepción tripartita de lo humano, como por ejemplo Ireneo de Lyon o Clemente de Alejandría –Michel Foucault, en *Les aveux de la chair*, habla de "la tripartición, importante en la antropología de Clemente, entre lo animal, lo psíquico y lo pneumático" (2018: 29)–, es posible mostrar que los tres componentes (cuerpo, alma y espíritu) se ordenan de acuerdo a estos dos polos fundamentales. Algunas veces el alma ocupa un lugar intermedio, a la vez corpóreo e incorpóreo; otras veces es desplazada al polo incorpóreo. No obstante, la estructura bipolar de la antropología teológica permanece invariable.

synkeisthai ek duein, entre los dos extremos de la *coniunctio* metafísica. Como indica Diógenes, que por supuesto también es una imagen,[81] el *eidōlon* es, por un lado, incorpóreo (*asōmaton*) y por lo tanto diferente del cuerpo; y por otro lado es perceptible ("¿No es ese Heracles?" (XVI, 1), se pregunta Diógenes cuando lo *ve* llegar al Hades), y por ende diverso del alma, que es invisible. Diógenes es quien demuestra, a fuerza de argumentos y cinismo, el verdadero estatuto de la imagen fantasmal, quien obliga a Heracles a reconocer su paradójica naturaleza. La estupefacción de Heracles ante la triple naturaleza del hombre que le sugiere Diógenes es la misma que experimenta la metafísica ante la "realidad irreal" o la "irrealidad real" de la imagen. Cuando el cínico concluye, retomando las mismas premisas de su interlocutor, que deben existir tres Heracles, este último se muestra inquieto y sorprendido. "¿¡Tres!? [*pōs triploun*]" (XVI, 5), exclama el héroe sin poder seguir el pensamiento de Diógenes. Y es precisamente este *triploos* ni visible ni invisible, ni humano ni divino, lo que va a definir *in extremis* al fantasma. En el próximo apartado veremos que en los rincones opacos del *Adversus Marcionem* de Tertuliano se insinúa esta "entidad" fantasmática que, incluso más allá de Marción, pone en cuestión la estructura profunda del andamiaje teológico.

3. *Phantasma phantasmatis*: Cristo como dehiscencia y disiunctio

El peligro que Tertuliano percibe en las enseñanzas de Marción, peligro que no por nada lo lleva a escribir su obra más voluminosa, no se encuentra en la realidad pecaminosa de la carne ni en la mera concupiscencia de los apetitos animales, sino en algo mucho más decisivo e inaceptable: en la condición insubstancial, ni material ni espiritual, ni corpórea ni incorpórea, ni visible ni invisible, del fantasma, del Cristo fantasmático. El *phantasma*, y no el *corpus* ni la *caro*, es el verdadero punto de desencaje de la cristología dogmática, la *eversio*, la subversión o, mejor aun, la perversión del *opus Dei*. Pero para llegar al corazón del fantasma, es preciso ir incluso más allá de Marción y leerlo, de algún modo, contra sí mismo. Para Marción, el Cristo fantasmático

81 "Soy la imagen [*eidōlon*] de Diógenes de Sínope" (cfr. *Dialogi mortuorum* XVI, 5).

se identifica con la realidad espiritual de la divinidad. Cristo es divino, y justamente por eso, no puede asumir una naturaleza corpórea. Por tal motivo, Tertuliano se esfuerza por demostrar que la redención del hombre implica por necesidad la condición también humana del Hijo de Dios.[82] Si para Marción Cristo es sólo divino, para Tertuliano (y para el canon de la cristología ortodoxa) es a la vez humano y divino. Pero creemos que el verdadero peligro para la teología, peligro que se ocultaba en la noción de *phantasma*, radica en su condición irreductible a las polaridades propias de la tradición occidental. Como si el *phantasma* hubiese abierto un hiato o una dehiscencia entre lo divino y lo humano, entre lo sensible y lo inteligible o entre la materia y el espíritu, hiato que la teología de Occidente intentará conjurar o suturar por todos los medios. Tertuliano, por supuesto, ha presentido esta amenaza implícita de algún modo en las enseñanzas de Marción. Gran parte del dispositivo de refutación de la herejía marcionita (y, en la misma línea, docetista) implementado por los teólogos y Padres de los siglos II-III (Ireneo, Justino Mártir, Tertuliano, etc.) tiene por finalidad conjurar la naturaleza fantasmática o aparente de Cristo. Pero si bien la identificación del fantasma con la divinidad o con el espíritu, y el consecuente rechazo de la humanidad del Salvador, resultaba ciertamente blasfemo, lo intolerable e inasimilable por el dogma incipiente de la cristología ortodoxa era la posibilidad de un Cristo que, por ser precisamente un fantasma, no fuera ni humano ni divino, ni material ni espiritual. La condición específica e irreductible del fantasma es la verdadera mancha ciega de la teología de Occidente. En el *Adversus Marcionem*, de hecho, Tertuliano hace referencia a esta naturaleza específica del fantasma cuando sostiene que, de seguir las tesis de Marción, habría que concluir que el Hijo de Dios es "carne sin ser carne, hombre sin ser hombre, y por lo tanto dios Cristo sin ser dios [*caro nec caro, homo nec homo, proinde deus Christus nec deus*]" (III, 8.2). Sólo resta un paso para la consecuencia extrema: Cristo no sería ni hombre ni dios, ni carne ni

82 Las palabras iniciales del *De carne Christi* son más que vehementes en este sentido. Se trata allí de demostrar la realidad carnal y humana del Redentor a fin de garantizar la salvación de los hombres en cuerpo y alma. En efecto, ante quienes afirman la no existencia de la carne de Cristo, es preciso demostrar "que se trata de carne humana [...] y que la carne resucitará cuando resucite en Cristo" (*De carne Christi* I, 1); o también: "Esta carne, que conoce por experiencia el nacimiento y la muerte, que es sin duda humana [*humana sine dubio*], en cuanto nacida del hombre y, en consecuencia, mortal, ésta será, en Cristo, el hombre y el hijo del hombre [*Christo homo et filius hominis*]" (V, 5).

espíritu. Esto último no está presente en Marción, por supuesto, ya que el Cristo fantasmático, como dijimos, es identificado con el espíritu y la divinidad. Sin embargo, el docetismo de Marción deja abierta la puerta a la irreductibilidad del fantasma. Este es el riesgo que Tertuliano ha vislumbrado en los recodos del marcionismo y del docetismo. Acaso en ningún otro texto como en el apartado 42 del libro IV del *Adversus Marcionem* Tertuliano haya llevado tan lejos la exposición de este peligro. Se trata del comentario al pasaje del Evangelio (Lucas 23:46) en el que Cristo, luego de encomendar su espíritu al Padre, *expira*. El problema consiste, para el africano, en saber *quién* expira.

> "Diciendo estas palabras, expira". ¿Quién? ¿El espíritu se exhala a sí mismo, o la carne exhala al espíritu? Pero el espíritu no ha podido exhalarse a sí mismo. Uno es el que exhala, otro el que es exhalado. ¿El espíritu es exhalado? Es necesario que lo sea por otro [*ab alio*]. Si el espíritu hubiese estado solo, se diría: se ha retirado, y no: se ha exhalado. ¿Quién entonces lo exhala fuera de sí sino la carne [*caro*]? Así como ella respira cuando lo tiene, asimismo lo expira cuando lo pierde. (IV, 42).

Es claro que Tertuliano intenta demostrar que es la carne la que expira y no el espíritu, puesto que el espíritu no puede retirarse de sí mismo. Este *alius* del espíritu no puede ser sino la carne. Tertuliano aplica a la perfección el principio del tercero excluido. Si algo no es espíritu, entonces es carne, y a la inversa. La tercera posibilidad está excluida.[83] Pero si Cristo fuese un fantasma, y por lo tanto un espíritu, entonces al retirarse el espíritu, al expirar, se habría retirado también el fantasma y por ende no habría quedado nada sobre la cruz.

> Finalmente, si en lugar de la carne, el Cristo no hubiese sido más que el fantasma de la carne [*phantasma carnis*]; si el fantasma fue un espíritu [*phantasma autem spiritus fuit*]; si el espíritu se exhaló de sí mismo y se retiró al exhalarse, sin duda el fantasma también se retiró cuando se retiró el espíritu que era un fantasma; por eso el fantasma con el espíritu no reapareció más en ninguna parte. ¡Nada

83 Sobre el principio del tercero excluido y su relación con la historia de la metafísica, cfr. Prósperi 2019: 79-83. En este texto hemos mostrado que el tercero excluido por la metafísica dogmática es la imagen y la imaginación, no ya en su sentido icónico o *sim-bólico* sino fantasmático o *dia-bólico*. Sobre la distinción entre los términos *simbolon* y *diabolon*, cfr. las notas 132 y 151.

quedó entonces sobre la cruz [*Nihil ergo remansit in ligno*]! ¡Nada quedó colgado de sus brazos cuando encomendó su espíritu! ¡Nada le fue pedido de nuevo a Pilatos! ¡Nada fue bajado de la cruz! ¡Nada fue envuelto en un sudario! ¡Nada fue encerrado en un sepulcro! Algo permanece, me respondes. ¿Qué era entonces? ¿El fantasma? Pero entonces Cristo estaba allí todavía. ¿Cristo se ha retirado? Entonces él había llevado consigo al fantasma. (*AM* IV, 42).

Como vemos, el gesto de Tertuliano, y en esto se muestra fiel a Marción, consiste en identificar al fantasma con el espíritu [*phantasma spiritus fuit*]. Aquí se ve con claridad de qué manera Tertuliano aplica el principio del tercero excluido. Si el fantasma no es carne, entonces es por necesidad espíritu. Si Cristo era sólo un fantasma, y si ser un fantasma es ser un espíritu, entonces al retirarse el espíritu, al expirar, debería haberse retirado también el fantasma y, por ende, Cristo en cuanto tal. Habría que concluir, entonces, que nada habría quedado sobre la cruz. Si Cristo es un fantasma, y si el fantasma se ha retirado, Cristo se ha retirado. Sin embargo, el cuerpo muerto sobre la cruz demuestra, dice Tertuliano, la realidad carnal y humana de Cristo. Pero hacia el final de este comentario, Tertuliano deja entrever una posible respuesta por parte de los herejes, una vía que les permitiría superar la supuesta contradicción. Se trataría de afirmar –aunque tal cosa es absolutamente aberrante– que el "cuerpo" crucificado no era sino el fantasma de un fantasma: "La impudencia de la herejía no tiene más que un recurso: decirnos que quedaba el fantasma de un fantasma [*phantasma phantasmatis*]" (IV, 42). ¿Cómo entender a este fantasma de un fantasma, a este *phantasma phantasmatis*? Nuestra tesis es que esta expresión designa, *ad absurdum*, la condición específica e irreductible del *phantasma*. Ser un *phantasma phantasmatis* es ser tanto un *phantasma carnis* cuanto un *phantasma spiritus*, tanto un *phantasma hominis* cuanto un *phantasma Dei*. La expresión *phantasma Dei* figura, de hecho, en *AM* III, 8. Si Cristo es un *phantasma carnis*, se pregunta allí Tertuliano, ¿por qué no sería también un *phantasma Dei*? Vemos entonces que el *phantasma* no se confunde ni con la *caro* ni con el *spiritus*, ni con *homo* ni con *Deus*. Cristo se presenta, así, como la figura de la ambigüedad y de la ambivalencia: por un lado, en tanto hombre y dios –y esta será la línea dogmática de la teología occidental– sirve para suturar la dehiscencia, ni humana ni divina, del fantasma; por el otro, en tanto fantasma, es decir ni humano ni divino, es la puerta a un dominio que no coincide con lo real de la metafísica teológica y que se identifica, para nosotros, con el mundo de las imágenes. La palabra "Cristo", en este último sentido, pasaría a designar algo para lo cual faltan quizás los nombres pero que los teólogos han intentado mantener en los confines de la ontología. Algunos siglos más tarde, por sólo citar un ejemplo, se hará sentir de nuevo esta amenaza, como hemos visto en el capítulo previo, cuando un teólogo como Juan de Damasco afirme: "no se ubicaría ni en la divinidad ni en la humanidad, y no sería llamado ni Dios ni hombre sino solamente Cristo: y la palabra Cristo no sería nombre de la persona" (*De fide orthodoxa* III, 5).[84] Este pasaje alude a la condición específica del fantasma. Cristo como fantasma representa la *disiunctio* de lo divino y lo humano. De allí que la teología haya afirmado el carácter conjuntivo de Cristo, la coexistencia, sin confusión ni separación, de sus dos naturalezas, en detrimento de su carácter disyuntivo. El Cristo de la tradición dogmática es siempre una *coniunctio* de dos naturalezas.[85] Y si bien era blasfemo confundir ambas substancias, la humana y la divina, mucho más blasfemo era separarlas y abrir un hiato o una dehiscencia entre ambas; abrir, pues, la puerta a las imágenes fantasmáticas.

Conclusión

A lo largo de este capítulo hemos explicado algunos de los aspectos de la cristología de Marción, sobre todo en lo que concierne a la naturaleza fantasmática de Cristo. Para el marcionismo, Cristo es un fantasma, es decir una mera apariencia o ilusión. Lo cual significa que el Salvador no ha asumido una naturaleza carnal y por ende no ha devenido humano. La salvación concierne al espíritu y no a la carne. Esta concepción es propia del docetismo y se remonta, como hemos indicado en el apartado 2 de este capítulo, tanto a la tradición hebrea como a la griega. Nos ha interesado analizar el caso de Heracles, en la reconstrucción satírica de Luciano de Samosata, para mostrar la dis-

84 Para un análisis más detallado de esta cita de Juan de Damasco, cfr. el apartado 1 del cap. I y la conclusión del mismo cap.

85 Nos referimos, por supuesto, a la definición 34, sesión V, del Concilio de Calcedonia. Sobre este punto, cfr. la nota 29.

locación que supuso la noción de imagen (*eidōlon* o *phantasma*) en las líneas antropológicas y metafísicas del paganismo antiguo. Esta función heterogénea y subversiva de la imagen se vuelve paradigmática en la cristología de Marción y de los *docetae* en general. Pero creemos que el mayor peligro para la teología dogmática no se encuentra meramente en la negación de la naturaleza humana o carnal de Cristo, según las creencias de los docetistas, los gnósticos y los marcionitas entre otros, sino en la posibilidad de pensar una noción, la de fantasma, irreductible a las grandes polaridades del Occidente: la materia y el espíritu, la carne y el Verbo, el cuerpo y el alma, lo sensible y lo inteligible, etc. Nos ha interesado mostrar que este riesgo, siempre conjurado por el poder teológico, ha sido no obstante presentido desde los mismos inicios del cristianismo. La condición fantasmática de Cristo, si bien identificada en general con lo divino por las diversas sectas heréticas, ha abierto la puerta a un dominio irreductible a las polaridades señaladas. Al extremo, el *phantasma* marca la dehiscencia de lo divino y lo humano, la hendidura neutra (*ne-uter*: ni humano ni divino) en la que proliferan las imágenes. Pero eso significa que, según las categorías de la metafísica y la teología de Occidente, su estatuto no puede ser considerado real o existente. Por eso el *phantasma* no se identifica con una substancia, ni divina ni humana, tampoco con una *hypostasis* o *prosōpon*; de alguna manera, no pertenece a la lógica de la onto-teo-logía. En términos estrictos, designa un extra-ser, una haecceidad allende al Ser (creador o creado). Para emplear un término de Alexius Meinong, diremos que el *phantasma* es *Außersein*.[86]

Esta domesticación del fantasma, del Cristo como *disiunctio*, había sido condenada en 1 Juan 4:2-3. En este pasaje, citado reiteradas veces por los Padres apologéticos para refutar las diversas herejías, los docetistas son identificados directamente con el anticristo (*antichristos*).

> En esto conoced el Espíritu de Dios: Todo espíritu que confiesa que Jesucristo ha venido en carne [*en sarkí*], es de Dios [*ek tou Theou*]; y todo espíritu que no confiesa que Jesucristo ha venido en carne, no es de Dios [*ek tou Theou ouk*]; y éste es el *espíritu* del anticristo [*to tou antichristou*], del cual vosotros habéis oído que ha de venir, y que ahora ya está en el mundo. (1 Juan 4:2-3).

86 Sobre la noción de *Außersein* en Meinong, cfr. la nota 47.

Todo se juega en la segunda persona de la Trinidad, en Cristo. La figura crística representa el vaivén de la teología y de la metafísica, la puerta de salida y de entrada al Ser. Ante la posibilidad, ciertamente amenazante, de la dehiscencia y la consecuente apertura del abismo extra-ontológico en el que subsisten las imágenes infundadas, la teología ha reaccionado suturando la herida, sellando la fractura desde su mismo centro. Por eso Cristo, para la teología, es el dispositivo que permite mantener unidas, acopladas o zurcidas, las dos naturalezas, humana y divina, sin confusión ni mezcla, pero sobre todo sin separación. No es casual que Raniero Cantalamessa asegure que "distinción sin división [*distinzione senza divisione*]" es la "fórmula preferida" de Tertuliano (cfr. 1962: 16). Si el Cristo de la teología dogmática es el Dios hecho hombre y, a la vez y por lo mismo, el hombre hecho Dios, el Cristo de Marción y de los docetistas es en nuestra lectura, por su condición fantasmática, el anticristo. *In extremis*, al *Christos* ontológico de la teología se le opone el *Antichristos* extra-ontológico que Marción y los *docetae* anunciaron *ad absurdum*. El término *Antichristos* designa la dehiscencia o la separación entre lo divino y lo humano.[87] Ya en un autor temprano como Tertuliano, esta amenaza de separación, implícita en la idea de un Cristo-fantasma, ha exigido ser conjurada con suma urgencia. Marción, en este sentido, en los límites de su doctrina, ha representado la puerta, nunca abierta por sí misma, hacia la dimensión irreductible de las imágenes; Tertuliano, por su parte, la conciencia cabal e inflexible de que más allá de la puerta sólo restaba la *eversio* absoluta, el derrumbe del *opus Dei*. Si Marción ha sido la puerta al fantasma, Tertuliano, cifrando un gesto que se volverá paradigmático a lo largo de toda la tradición teológica, ha sido su cerradura y su candado.

87 Erwin Möde, en un interesante artículo sobre el docetismo, ha hablado de una "escisión esquizoide [*schizoiden Spaltung*]" (cfr. 1985: 117) en la figura de Cristo: por un lado humana, por el otro divina. Möde, además, identifica a este Cristo fantasmático del docetismo con la figura del Anticristo (cfr. 1985: 118).

CAPÍTULO III

Descensus Christi ad inferos

Introducción

El *descensus ad inferos* de Jesucristo posee, como se sabe, una larga y compleja tradición que hunde sus raíces en las sagradas Escrituras. Uno de los pasajes emblemáticos, en este sentido, se encuentra en la primera epístola de Pedro:[88]

> Porque también Cristo padeció una sola vez por los pecados, el justo por los injustos, para llevarnos a Dios, siendo a la verdad muerto en la carne, pero vivificado por el Espíritu; en el cual también fue y predicó a los espíritus encarcelados, los cuales en tiempo pasado fueron desobedientes. (1 Pedro 3:18-20).

No es casual que Jean Galot haya sostenido sin exagerar que este texto de Pedro "no era sólo el más difícil de la epístola, sino también uno de los más oscuros de toda la Biblia" (1961: 473). El descenso de Cristo al mundo de los muertos ha sido objeto de innumerables y muchas veces contradictorias interpretaciones.[89] Sin embargo, su presencia en el dogma eclesiástico, salvando algunos casos puntuales, parece estar

88 Además de las epístolas de Pedro, es preciso señalar la importancia del Evangelio de Nicodemo, también conocido como *Acta Pilati*, en relación al *descensus Christi ad inferos*. Sobre el Evangelio de Nicodemo, cfr. Lawrence 1995: 117-128; Campbell 1982: 107-158.

89 Para un panorama general de las principales discusiones en torno al *descensus ad inferos*, cfr. Connell 2001: 262-282; Turner 1966: 173-194; D'Costa 2009a: 159-211. Sobre el *descensus* en la Reforma, cfr. Bagchi 2009: 228-247.

fuera de duda.[90] Así lo corrobora el mismo *Symbolum apostolicum*, el Credo de los Apóstoles, en el cual se lee:

> Creo en Dios, Padre omnipotente, Creador de cielo y tierra. Y en Jesucristo, su único hijo, nuestro Señor, que fue concebido por el Espíritu Santo, nació de la Virgen María, padeció bajo Poncio Pilato, fue crucificado, muerto y sepultado, descendió a los infiernos [*descendit ad infernos* en la versión latina], al tercer día resucitó de entre los muertos, ascendió a los cielos, está sentado a la derecha de Dios Padre omnipotente: desde allí ha de venir a juzgar a vivos y muertos. (Extraído de Tura 1992: 38).

El término que se refiere al mundo de los muertos en el Antiguo Testamento es *sheol*; equivalente, en el Nuevo Testamento y en la Septuaginta, al término *hadēs*. Por tal razón, Juan de Patmos puede decir en el Apocalipsis que Cristo ha derrotado a la muerte y al *hadēs*: "Y Él puso su diestra sobre mí, diciéndome: No temas; yo soy el primero y el último; y el que vive, y estuve muerto; y he aquí que vivo para siempre, amén. Y tengo las llaves de la muerte y del infierno [*tas kleis tou thanatou kai thou Haidou*]" (1:17-18).

Sin embargo, la identificación del *sheol* o el *hadēs* con el infierno no es totalmente correcta. Mientras que el término *infierno* posee una connotación moral, vinculada al castigo, los términos *sheol* y *hadēs* son más bien neutros y designan simplemente el lugar al que se retiran las almas luego de la muerte. En efecto, tanto en el *sheol* del Antiguo Testamento cuanto en el *hadēs* de la época homérica habitan las sombras o imágenes de los difuntos. Y si bien la muerte es aborrecible y temida, no existe ninguna idea de castigo o pena (mucho menos eterna) que deba ser expiada.

En este capítulo nos proponemos demostrar que el mundo de los muertos, en su sentido neutro (no moral), es decir como *sheol* o *hadēs*, representa una dimensión más allá de lo divino y de lo humano, inasimilable por la cristología dogmática. Sostendremos que el *descensus ad inferos* de Cristo, en esta perspectiva, es el dispositivo elaborado

---

90 Explica Lisa Lawrence: "Referencias a la rotura de las cadenas del Diablo, a la derrota de la muerte y del Hades, a la liberación de los santos (incluido Adán), e incluso al encadenamiento del mismo Diablo son muy frecuentes en la tradición de la Iglesia primitiva y se pueden encontrar en los escritos de los Padres de la Iglesia" (1995: 118).

por la teología ortodoxa, ya desde los primeros siglos, para conjurar el dominio imaginal y fantasmático de los muertos. Para esto procederemos en dos momentos. En el primero, explicaremos los rasgos generales de la concepción antigua acerca del *sheol* que tenían los hebreos, y la concepción del *hadēs* que tenían los griegos, particularmente en la época homérica. En el segundo, expondremos los ejes doctrinales de la soteriología contenida en el *descensus ad inferos* de Cristo entre su muerte y su resurrección. Concluiremos que el *sheol/hadēs*, entendido como el espacio específico de los fantasmas-sombras, es la mancha ciega de la teología dogmática cristiana.

1. *Oblivio Dei*

La topografía del mundo antiguo se estructura en términos generales a partir de tres niveles: el mundo divino (supra-terrenal), el mundo humano (terrenal) y el mundo de los muertos (infra-terrenal).[91] En el Antiguo Testamento, como dijimos, el término empleado para referirse al inframundo es *sheol*.[92] Si bien su proveniencia etimológica continúa siendo discutida, lo cierto es que en un sentido amplio alude a un lugar subterráneo, silencioso, sombrío y oscuro, pero sobre todo alejado de Dios.[93] En uno de los textos más completos sobre la concepción antigua del *sheol*, leemos:

> El *Sheol* se encuentra en el extremo teológico opuesto a Yahvé, y el rasgo dominante de sus habitantes radica en su separación respecto a Él. No pueden recordar, alabar o dar gracias a Yahvé [...]. En un sentido esencial, es "la tierra del olvido" (Sal. 88:12), donde son apartados de Él y olvidados (88:5). (Johnston 2002: 75).

91 Sobre la tripartición del mundo en la cultura hebrea antigua, particularmente en Ezequiel, cfr. Block 1992: 121-123.

92 Para un panorama de los principales estudios e interpretaciones acerca del término *sheol* en la cultura hebrea antigua y en el Antiguo Testamento en particular, cfr. Smith 2012: 15-52; Barr 1992: 21-56. Sobre el problema de la muerte en la Biblia hebrea, cfr. Suriano 2018; Martin-Achard 1988; Levenson 2006.

93 Alan E. Bernstein, en *The Formation of Hell. Death and Retribution in the Ancient and Early Christian Worlds*, menciona los siguientes términos como sinónimos de *sheol*: "tumba, Abadón, oscuridad, tierra del olvido, pozo, destrucción. Todos son equivalentes a *sheol*" (2003: 144). Mark T. Finney, por su parte, sostiene que el *sheol*, según la cosmovisión hebrea, se encuentra "en los extremos más profundos de la creación" (2016: 26).

Los hebreos utilizan el término *rephaim* para referirse a las sombras o imágenes que pueblan el *sheol*.[94] Philip Johnston sostiene que "sombra" es una buena traducción puesto que sirve para enfatizar la "existencia oscura e insubstancial" (2002: 128) de estos habitantes subterráneos. Alan Bernstein, por su parte, asevera que las almas de los difuntos que descansan en el *sheol* continúan existiendo "en una suerte de semi-vida comatosa" (2003: 121). La realidad plena del hombre vivo resulta irrecuperable. Varios pasajes del Antiguo Testamento ejemplifican la condición trágica e irreversible de la muerte. El *sheol*, en esta perspectiva, es también el lugar del no retorno. Una vez muerto, el *rephaim* ha roto todo comercio con el mundo de los vivos.[95]

Interesa destacar, además, que la concepción hebrea del *sheol* no posee ningún tipo de connotación moral. En las profundidades de la tierra se encuentran tanto las sombras de los justos cuanto las de los injustos. Como indica F. B. Pearson, el *sheol* "no era un lugar ni de castigo ni de recompensa" (1938: 307). En este sentido, Alan Bernstein ha hablado de una "muerte neutra" (2003: 3) en la cultura hebrea antigua. Sin embargo, esta concepción amoral de la muerte no es patrimonio exclusivo de Israel sino también del mundo griego antiguo. En efecto, es posible hablar incluso de una progresiva moralización de la muerte y consecuentemente del *sheol* o *hadēs*: "la antigua Grecia y el antiguo Israel pasaron de una visión indiferenciada y moralmente neutra de la muerte a una que consideraba el destino post-mortem como una consecuencia del modo de vida previo" (Bernstein 2003: 336). Es indudable que en varios aspectos el *sheol* hebreo es equivalente al *hadēs* heleno. De hecho, este último término es empleado, tanto en la Septuaginta como en el Nuevo Testamento, para traducir *sheol*: "En el Antiguo Testamento, el inframundo es 'el pozo', *sheol* en hebreo. [...] En la Biblia griega, se convierte en *hadēs* [...], y *hadēs* tiene con frecuencia a la Muerte como aliada" (Bernstein 2003: 121).

---

94 Sobre la noción de *rephaim*, cfr. la entrada epónima en el *Dictionary of Deities and Demons in the Bible* (1998: 692-700).

95 Esta afirmación, sin embargo, debe ser matizada. La sombra de Samuel, por ejemplo, es evocada por la pitonisa de Endor para comunicarse con Saúl. No obstante, se trata de un episodio más bien aislado, una excepción que confirma la indiferencia de todo el Antiguo Testamento respecto a la vida post-mortem. F. B. Pearson, sin ir más lejos, sostiene que la necromancia del primer Libro de Samuel "era extraña a la religión de Israel y era severamente condenada por ella. Los hebreos consideraban a la muerte como el fin propio y cierto de todo comercio con la vida terrenal" (1938: 306).

1.1. La *psychē* en el *hadēs*

El texto de Erwin Rohde, *Psyche. Seelencult und Unsterblichkeitsglaube der Griechen*, sigue siendo una referencia fundamental para el conocimiento del alma en el mundo griego antiguo.[96] Y si bien ha sido criticado desde diferentes perspectivas, el capítulo consagrado a la poesía homérica sigue gozando de gran actualidad. Según Rohde, el término *psychē*, traducido muchas veces por alma, alude a "algo aéreo, etéreo, como un hálito de vida que se escapa del cuerpo en el último aliento. Sale de él por la boca y también, sin duda, por la herida abierta del agonizante y, una vez libre, recibe también el nombre de 'ídolo' (*eidōlon*), imagen" (1908: 3).[97] Sin duda el término *psychē*, en la época homérica, es el equivalente del hebreo *rephaim*. Ambos designan "imágenes incorpóreas, que escapan al contacto de todo lo que vive, como el humo, como una sombra" (Rohde 1908: 9). No se creerá que la *psychē*, como su análogo hebreo, son sinónimos de lo que hoy entendemos por alma o espíritu, es decir el centro consciente e intelectual de la persona humana. Las funciones intelectuales o espirituales (voluntad, sensibilidad, pensamiento, etc.), para los antiguos, sólo son posibles en vida, cuando la *psychē* se haya confinada en el cuerpo vivo. Pero cuando sobreviene la muerte, las funciones intelectuales desaparecen junto con la fuerza vital del cuerpo. La *psychē* entendida como *eidōlon*, es decir como imagen o fantasma del difunto, no se confunde ni con la conciencia del hombre vivo ni con la materialidad del cuerpo muerto. Rohde lo expresa con las siguientes palabras: "Carece de conciencia propia [*Besinnungslos*], han huido de ella el espíritu y sus órganos" (1908: 4). La muerte entonces es la ocasión para que la sombra o la imagen, la *psychē*, se libere de su confinamiento en el cuerpo-espíritu vivo. Utilizamos una endíadis para referirnos al hombre vivo puesto que las funciones "espirituales", en Homero, no existen independientemente

96 Sobre el problema del alma en la cultura griega antigua, además del texto de Rohde, cfr. Claus 1981. En un artículo publicado en *Res Publica. Revista de Historia de las Ideas Políticas*, hemos defendido la tesis de que la política occidental, tanto en su dimensión soberana como biopolítica o zoopolítica, se asienta sobre una política de la *psychē*. Sobre este asunto, y porque además ofrecemos un panorama general de algunas interpretaciones especializadas de la noción de *psychē* en la Grecia antigua, cfr. Prósperi 2020: 85-95.

97 Sobre la noción de *eidōlon* en el sentido de fantasma o espectro en la cultura griega antigua, cfr. el apartado 2 del cap. II y en particular la nota 67.

de sus asientos orgánicos. Lo que importa señalar es que la *psychē* o el *eidōlon*, la sombra-fantasma, es irreductible tanto al cuerpo como al espíritu en su sentido moderno. Por esa razón, Rohde puede hablar de una doble existencia en el hombre homérico: "la de su corporalidad perceptible y la de su imagen invisible, que cobra vida propia solamente después de la muerte" (1908: 6). Se trata de una suerte de segundo yo o, más bien, de un otro o un doble que no coincide sin más con la conciencia (término impropio por lo anacrónico) del hombre vivo. Rohde se refiere a la *psychē* del hombre homérico como "un huésped o un ente extraño, una especie de 'doble' [*Doppelgänger*] más débil que el hombre vivo, su otro yo [*sein anderes Ich*]" (1908: 6).

Sin embargo, los hombres no necesitan esperar a la muerte para que su *psychē* pueda liberarse por completo de toda remisión al cuerpo o al yo consciente; existe un estado que puede experimentarse en vida, similar en cierto sentido a la muerte, y que permite una liberación transitoria de la *psychē*: se trata de los sueños:

> la imagen del alma, su ídolo, no participa para nada de las actividades del hombre en vela y plenamente consciente. Su reino es el mundo de los sueños [*die Traumwelt*]; cuando el otro yo se halla sumido en el sueño, inconsciente de sí mismo, vela y obra su doble [*der Doppelgänger*]. (1908: 7).

Como veremos en el próximo apartado, el descenso de Cristo a los infiernos tendrá por objetivo hacer desaparecer este doble fantasmático que surge parcialmente en los sueños y de forma definitiva en la muerte. El *descensus Christi ad inferos* es, pues, un exorcismo del fantasma, una reducción metafísica y económica del *Doppelgänger*.

2. *Sabbatum Sanctum*

A pesar de que Yahvé ha creado al hombre a su imagen y semejanza o, mejor aun, como imagen semejante,[98] la teología dogmática ha tendido a forcluir el dominio específico de las imágenes. Hay dos estados que, desde tiempo inmemorial, representan este dominio fantasmático:

98 Sobre el problema del hombre como *imago Dei*, cfr. Prósperi 2019: 187-327.

los sueños y la muerte.[99] No es casual, por eso mismo, que los términos *sheol* y *hadēs* designen, cada uno a su manera, la residencia de las imágenes-fantasmas de los difuntos cuyo estado, además, se asemeja a un sueño semiconsciente.

En el caso del cristianismo dogmático, el *descensus ad inferos* ha sido el dispositivo específico destinado a conjurar el dominio de las imágenes. Cristo, que viene a redimir al hombre de la caída, es decir del pecado y de la muerte, debe descender al reino subterráneo para predicar el Evangelio a las sombras o fantasmas que allí se encuentran apresados.[100] Para derrotar a la muerte, Cristo debe combatir en su propio terreno, debe morir, a fin de resucitar y ascender así a los cielos. La muerte de Cristo representa pues el movimiento estratégico a partir del cual el Salvador asume la condición de sombra o fantasma aunque sólo para conjurarla y transmutarla en carne y espíritu. Los tres días que pasa Jesucristo en el *sheol* o el *hadēs* marcan el punto de inflexión de todo el Evangelio y, al extremo, de toda la Biblia cristiana. Cristo desciende hasta lo más profundo, hasta el reino de las sombras y de los fantasmas, pero sólo para ascender hasta lo más alto, hasta el reino glorioso del Padre.[101]

Quien ha llevado hasta el extremo esta idea del descenso de Cristo al reino de los muertos, en pleno siglo XX, es sin duda el teólogo suizo Hans Urs von Balthasar.[102] Tal es así que su nombre se vincula a la célebre "teología del sábado santo", haciendo referencia a la importancia decisiva que tiene el *descensus ad inferos* en la doctrina de Balthasar.[103] No es la muerte en la cruz, para Balthasar, el punto crucial de la cristología; tampoco lo es la resurrección. El momento decisivo,

---

99 Se recordará que en la mitología griega –aunque es una idea frecuente en varias mitologías–, *Hypnos* (el Sueño) es hermano de *Thanatos* (la Muerte), ambos hijos de *Nyx* (la Noche). Recuérdese, a propósito, el siguiente pasaje de Arthur Schopenhauer: "El sueño profundo no se diferencia de la muerte en cuanto a su duración actual, sino en cuanto a su duración futura, o sea al despertar" (1892, *Band* I, *Kapitel* 46, §54).

100 Sobre la concepción de la vida post-mortem en el cristianismo primitivo, cfr. Trumbower 2001: 33-55.

101 Jean Daniélou, sin ir más lejos, explica que "el descenso a los Infiernos es el episodio central de la redención, la victoria de Cristo sobre la muerte en su propio dominio, y la liberación de la humanidad esclavizada a su potencia demoníaca. Este es el misterio pascual" (1960: 161).

102 Para una perspectiva general de la teología de Balthasar, cfr. Oakes y Moss 2004.

103 Sobre la teología del sábado santo en Balthasar, cfr. Oakes 2007: 184-199; 2011: 3-24; Pitstick 2009: 131-145; D'Costa 2009: 146-171.

que en cierta manera dota de sentido a todo el Evangelio, es el lapso comprendido entre la muerte y la resurrección, entre el viernes y el domingo. Lo fundamental, para el teólogo suizo, no está simplemente en la muerte de Cristo, sino en el abandono absoluto por parte del Padre, en el olvido radical que supone el ingreso al mundo de los muertos. Es como si Cristo, a fin de redimir a los hombres de la muerte, debiese asumir sobre sí la condición de las imágenes post-mortem.

Imagen 1: *Anastasis*. Fresco de la Iglesia de San Salvador de Cora, Estambul, realizado entre 1315 y 1321. La imagen muestra a Cristo levantando a Adán y Eva de sus tumbas. Detrás de Adán, se ve a Juan Bautista, David y Salomón; detrás de Eva, a Abel.

> En el Sheol, en el Pozo, lo que reina es la oscuridad de la perfecta soledad. No tener contacto con Dios significa no tener la luz interior de la fe, de la esperanza, del amor... Si Jesús ha sufrido en la cruz el pecado del mundo hasta la última verdad de ese pecado (ser abandonado por Dios), entonces debe experimentar, en solidaridad con los pecadores que han descendido al inframundo, su (desesperanzada) separación de Dios, de otro modo no hubiese podido conocer todas las fases y condiciones de lo que significa para el hombre ser irredento pero esperar así y todo la redención. (Balthasar 1995: 395).

Imagen 2: *Descensus Christi ad inferos*. Ícono del Monasterio Ferapontov (Rusia), realizado entre 1495 y 1504. Tempera sobre madera, 312x105x4, Museo Estatal Ruso, San Petesburgo. La imagen muestra a Cristo rescantando a Adán y Eva del inframundo.

Según la tesis polémica de Balthasar, Cristo debe atravesar el umbral del olvido divino que supone la muerte para redimir a la humanidad. Desde luego, esta adopción de una naturaleza fantasmática, ni humana ni divina, es sólo momentánea, es sólo el paso previo a la definitiva restitución de las sombras a su condición real y carnal.

Imagen 3: *Christus im Limbus*, de la serie *Passio Domini nostri Jesu*, realizada por Albrecht Dürer en 1510. Grabado sobre madera, 281x396. La imagen muestra a Cristo rescatando a Juan Bautista del Limbo; detrás, Adán sostiene la cruz, acompañado a su izquierda por Eva.

Para resucitar, Cristo no sólo debe morir, sino que debe ser prácticamente olvidado por el Padre, debe asumir la condición fantasmática de la muerte hasta sus últimas consecuencias. Solo entonces, habiendo descendido hasta las capas más profundas del inframundo, puede tener sentido algo así como una resurrección redentora. Por eso la liberación de los justos que esperan la llegada del Redentor en el *sheol/hadēs*, y en particular la liberación de Adán y Eva, figuras emblemáticas de la muerte y de la caída, de la caída *en* la muerte, constituye el símbolo, harto representado en la pintura religiosa, del triunfo de la vida sobre la muerte y de Dios sobre el Diablo. Este triunfo, a decir verdad, es un triunfo sobre el fantasma.[104]

Cristo viene a transmutar la insubstancialidad de las sombras-fantasmas (habitantes de los sueños y de la muerte) en substancias a la vez corpóreas y espirituales. Como hemos dicho, el riesgo al que se enfrentaba la teología ortodoxa era la posibilidad —por cierto abominable— de una dimensión irreductible a lo Real (entendido como materia y/o espíritu o como sensible y/o inteligible). Pero tanto el reino de los sueños como el reino de la muerte se hallan en una suerte de frontera ontológica, en el límite del alcance divino, en el borde mismo del Ser. El Antiguo Testamento, como hemos visto, es más que contundente en este sentido. El *sheol/hadēs*, como más tarde el *limbus*, designa allí un dominio prácticamente abandonado u olvidado por Dios, un *interregnum* habitado por sombras y/o fantasmas que a su vez han olvidado por completo a su Creador.[105] Esta irreductibilidad de las sombras de los muertos, de los fantasmas de ultratumba, así como de las imágenes oníricas, es el punto ciego de la teología dogmática. ¿Cuál es entonces la respuesta oficial ante esta amenaza? El *descensus ad inferos*: la presencia de Cristo en el *sheol/hadēs* funciona como un antídoto contra las sombras y las imágenes. Cristo es como una antorcha que irradia su luz hasta en los rincones más oscuros del reino infraterrenal,[106] devolviéndoles substancia y realidad a las imágenes,

104 Sobre el sentido que le damos aquí al término "fantasma", cfr. el apartado 1 del cap. VI.

105 Como explica Mark. T. Finney en el notable *Resurrection, Hell and the Afetrlife. Body and Soul in Antiquity, Judaism and Early Christianity*: "Aquí, toda esperanza ha desaparecido (Sal. 143:3; cfr. Sabid. 13:10), y Dios ya no se interesa por los difuntos, quienes son olvidados para siempre (Sal. 88:10ssg; Ecles. 2:16)" (2016: 27).

106 Comentando los pasajes de Tomás de Aquino dedicados al *descensus ad inferos*, Ralph V. Turner sostiene: "Luego de su muerte en la cruz, [Cristo] condujo a los santos fuera de la oscuridad, hacia la luz del reino celestial" (1966: 188).

es decir haciéndolas desaparecer en tanto imágenes, conjurando su condición neutra e insubstancial, específica, haciéndolas ascender al perímetro de lo real-divino.

El *descensus ad inferos* implica dos operaciones o dos modalidades interdependientes de una misma operación: por un lado, una *moralización del inframundo* (Cristo utilizará preferentemente el término *gehenna*, y no *sheol/hadēs*, mucho más neutros, para referirse al sitio de castigo al que van los condenados y que puede traducirse perfectamente por "infierno");[107] por otro lado, una *judicialización de la muerte* (Cristo juzgará a los vivos y a los muertos, es decir el *sheol/hadēs* no podrá ya sustraerse al poder judicial de la divinidad; incluso las sombras y los fantasmas, precisamente a causa de su condición opaca y fantasmal, deberán soportar sobre sí el peso de la Ley).[108]

La moralización del inframundo es perceptible con absoluta claridad en el Nuevo Testamento. El dispositivo soteriológico del *descensus* requiere que el mundo de los muertos se desdoble en dos niveles, cada uno designado por un término específico: *hadēs* y *gehenna*. Explica David Bagchi:

> El Nuevo testamento usa dos palabras diferentes que en general son traducidas por 'infierno': la primera es *Hadēs*, indicando simplemente el lugar al que van los muertos para llevar una suerte de versión opaca de su vida terrenal, como sombras de sus identidades anteriores; la segunda es *Gehenna*, entendida como lugar de castigo. (2009: 230).

La identificación del *sheol/hadēs* con el infierno, es decir con un lugar de tormento y castigo, ya sugerida en la tradición hebrea del Segundo Templo, es desarrollada con vehemencia por el cristianismo.

---

107 Consigna María Cruz de Amenábar en *La muerte. Transfiguración de la vida*: "La expresión más usada por Jesús para designar el lugar donde los condenados purgan sus penas es la ´Gehenna'. Allí se puede llegar cuando se falta gravemente" (1998: 277). Sobre la distinción entre *sheol/hadēs* y *gehenna* en el cristianismo primitivo, cfr. Finney 2016: 144-157.

108 Esta judicialización de la muerte, a decir verdad, había comenzado a gestarse en la tradición hebrea, sobre todo a partir de la época del Segundo Templo (cfr., por ejemplo, Isaías 26:19; Daniel 12:1-4; Enoc 42:3-5; Baruch 30:1-5). Como afirma lacónicamente Jackson J. Campbell: "Otro tema extremadamente central en la historia del Descenso es el del Juicio" (1982: 123), y continúa: "En la primera epístola de Pedro 4:5-6 [recuérdese que estas epístolas constituyen uno de los testimonios emblemáticos del *descensus ad inferos*], el tema del Juicio es prominente: *iudicare vivos et mortuos*" (*ibid.*).

En este desarrollo, la figura de Rufino de Aquilea, el exégeta y escritor cristiano de los siglos IV-V, resulta decisiva. En efecto, Rufino escribe un comentario al *Symbolum apostolicum* en el que cambia el término *inferos* (inframundo) por *infernus* o *inferna* (infierno). De este modo, el *sheol/hadēs* en el que otrora moraban las sombras de los muertos adquiere progresivamente una clara connotación moral. A diferencia de la neutralidad e indiferencia que definía la condición post-mortem de las imágenes sombrías del *inferos*, las almas del *infernus* se encuentran ahora bajo la égida judicial del Padre.

> Un cambio consecuente en el vocabulario se produce en la obra de Rufino. Él es uno de los primeros en usar el término *inferna*, "infierno", en lugar del más antiguo *inferos*, "inframundo [*lower world*]", para la confesión de la fe por la cual muchos conocerán sobre el descenso. Esta modificación terminológica fue una contribución clave para los cambios subsecuentes de sentido y para la teología del descenso. (Connell 2001: 266).

Este desdoblamiento terminológico, además, implica una consecuente partición topológica, ya presente con toda claridad en el Nuevo Testamento; el espacio moralmente indiferenciado del *sheol/hadēs* se va a estructurar en dos recintos: uno para los justos, otro para los injustos (a este último remitirá precisamente el término *gehenna*). El inframundo, así, resulta asimilado a la estructura jerárquica del campo de acción divino: los justos habitan ahora en un nivel superior al de los injustos: "la Iglesia primitiva, reconociendo que en la Biblia hebrea todos, justos e injustos, van al Sheol, enseña que los santos del Antiguo Testamento existen en un nivel superior del Sheol del cual serán liberados por Cristo" (Finney 2016: 27).

Ahora bien, el objetivo último del *descensus ad inferos* consiste en introducir los fantasmas, las imágenes o sombras de los muertos, en la economía de la salvación, es decir, en el plan soteriológico previsto por el Padre. Explica Antonio Orbe en relación a Ireneo de Lyon:

> Lo universal de la humana salvación requería que ni el Creador ni su Hijo descuidaran "a Sus muertos"; dormidos con esperanza de Su advenimiento. Era menester, con arreglo a la Bondad y Justicia de Dios, que la economía de la Salvación, a la que era llamado el hombre desde su primer origen (Gen. 1:26), se extendiese por igual

a todos, antes y después de Cristo. Para esto había que darles opción, por igual, frente a la persona y mensaje del Salvador. He aquí la razón última del "Descensus ad inferos". Todos los hombres habían de ver al Salvador, o beneficiarse igualmente de su parusía. (1987: 499-500).[109]

Ahora, para que la economía de la salvación pueda englobar incluso —¡y sobre todo!— a los muertos es preciso que las sombras o imágenes se transmuten en carne y espíritu, es preciso que la resurrección sea en cuerpo y alma. Los Padres de los primeros siglos, por esta razón, insisten en la naturaleza carnal de Cristo y en la resurrección del hombre en su integridad. Los tratados *De resurrectione carnis* y *De carne Christi* de Tertuliano son paradigmáticos en esta perspectiva.[110] La resurrección sólo adquiere su sentido soteriológico si implica necesariamente el elemento carnal.

La muerte, según la concepción antigua claramente formulada por Platón, implica la separación del alma y el cuerpo: "¿No es, repuso Sócrates, la separación del alma y el cuerpo, de manera que el cuerpo queda solo de un lado y el alma sola de otro? ¿No es esto lo que se llama la muerte?" (*Fedón* 64c).[111] La tradición platónica y neoplatónica ha identificado a la vida post-mortem con la vida del alma y no del cuerpo. En el *hadēs*, sabemos por el Nuevo Testamento, se encuentran las almas de los difuntos esperando ser redimidas, es decir reunidas o conjugadas nuevamente con sus respectivos cuerpos.[112] En Ireneo, por ejemplo, existe un esfuerzo evidente por remarcar la solidaridad que el

---

109 Como hemos indicado en la introducción, el objetivo de la economía soteriológica del cristianismo es subsumir la totalidad de los entes bajo el régimen glorioso de la presencia: la *parousia*. De allí el peligro de los fantasmas-sombras del inframundo, cuya naturaleza, irreductible al cuerpo y al alma o a la materia y al espíritu, resulta inaferrable por los tentáculos de lo Real-presente. Por eso mismo el Anticristo, en tanto Cristo-fantasma, representa el "riesgo de la pérdida de la presencia" (De Martino 2000: 32) o, más directamente, su "derrumbe" o su "catástrofe" (cfr. De Martino 1973: 94).

110 Sobre la naturaleza humana de la carne de Cristo en Tertuliano, cfr. la nota 82.

111 Consigna Mark. T. Finney: "La muerte para los griegos, en todos los períodos, era entendida como la separación del alma y el cuerpo y es evidente en Homero, Platón y por doquier" (2016: 13).

112 Por tal razón, para redimir al hombre y salvarlo de la muerte, Cristo debe separar su alma de su cuerpo, como en el común de los mortales: "Como espíritu separado de la carne –explica Jean Galot–, él va a hacer conocer su mensaje de salvación a los 'espíritus', a las almas separadas de sus cuerpos. [...] Él ha asumido su estado para salvarlos de ese estado" (1961: 474).

alma, incluso después de la muerte, sigue manteniendo con su cuerpo. ¿Cuál es la misión salvadora de Cristo? Volver a unir el alma con el cuerpo, reparar la separación introducida por la muerte. De nuevo Orbe:

> La predicación del Hades no miraba a salvar simplemente sus almas. Venía a salvarles a ellos; en beneficio singularmente de los cuerpos que dormían en el polvo de la tierra. La respuesta de las almas al mensaje dirigido, a través de ellas, a sus respectivos cuerpos, no fue tanto de ellas, como de ellos. Continúa en efecto, entre cuerpos y almas separados, la solidaridad que los gobernaba estando unidos. Y la respuesta de las almas al Evangelio subterráneo compromete asimismo a los cuerpos respectivos. [...] Fue aquella una ocasión excepcional en la historia de la economía. (1987: 501-502).

En síntesis, para Ireneo como para la cristología dogmática, la *salus animarum* no implica por sí misma, si a ella no se añade la *salus carnis*, la redención del hombre. El hombre sin su elemento corpóreo no es hombre.[113] Incluso luego de la muerte, hemos visto, sigue existiendo una suerte de nexo tácito (o solidaridad, como dice Orbe) entre el alma y el cuerpo. En la perspectiva de Ireneo, pero también de gran parte de la cristología de los primeros siglos, diversa por cierto de la escuela de Alejandría influenciada por el platonismo, la liberación sólo es posible, no ya separando el alma del cuerpo, sino uniéndola a él: "Lejos de redimir almas, como quien las libera del cuerpo, [Cristo] las rescata, como quien las vincula al cuerpo" (Orbe 1987: 515).

---

113 En efecto, a diferencia de los alejandrinos como Filón u Orígenes, más influenciados sin duda por la cultura griega, Ireneo no desestima el elemento corpóreo. Ser imagen de Dios significa ser cuerpo y alma o, mejor aun, ser un compuesto de cuerpo, alma y espíritu. Varios pasajes de la obra de Ireneo testimonian su concepción integral del ser humano. Citamos un ejemplo: "Dios será glorificado en su criatura que por su bondad ha hecho semejante a él, y conforme a la imagen de su Hijo. Pues el hombre, y no sólo una parte del hombre, se hace semejante a Dios, por medio de las manos de Dios, esto es, por el Hijo y el Espíritu. Pues el alma y el Espíritu pueden ser partes del hombre, pero no todo el hombre; sino que el hombre perfecto es la mezcla y unión del alma que recibe al Espíritu del Padre, y mezclada con ella la carne, que ha sido creada según la imagen de Dios" (*Adversus haereses* V, 6, 1). Sobre la antropología y la teología de Ireneo, cfr. Behr 2000.

Conclusión

A lo largo de este capítulo hemos mostrado cómo el *descensus ad inferos* de Jesucristo ha funcionado, a lo largo de la teología dogmática, como un dispositivo a la vez metafísico y soteriológico. Desde un punto de vista metafísico, el descenso de Cristo al inframundo ha permitido anexar un dominio otrora abandonado u olvidado por la divinidad: el mundo de las sombras-fantasmas, es decir de los muertos. El ingreso de Cristo al *sheol/hadēs*, representado pictóricamente como un derribamiento de los portales del inframundo, ha significado la asimilación de una región allende a las polaridades tradicionales de la onto-teo-logía: la materia y el espíritu, lo sensible y lo inteligible, lo visible y lo invisible, etc. Esta dimensión liminar, o sencillamente "extra-ontológica" (cfr. Meinong 1907: 89), constituye además el *topos* específico e irreductible de las imágenes. Por eso mismo el *telos* del *descensus ad inferos* no ha sido otro que el de volver reductible, metafísica y económicamente, la irreductibilidad de las imágenes. Este movimiento de reductibilidad o de asimilación, que en los términos de la soteriología cristiana se expresa en la fórmula *resurrectio corporis et animae*, ha implicado, por un lado, un proceso de moralización del inframundo, y, por otro, una judicialización de la muerte. Ambos movimientos estratégicos suponen una inclusión de la imagen o del fantasma en el orden de lo Real (entendido por la onto-teo-logía como materia-espíritu o sensible-inteligible). Por eso hemos querido mostrar que el peligro o la mancha ciega de la teología cristiana no se encuentra en el cuerpo o en la carne, elementos perfectamente funcionales a la economía divina, sino en la imagen, en el fantasma o la sombra.

En general, la muerte ha sido pensada como la separación del alma y el cuerpo. Algunas corrientes, por ejemplo la platónica de origen órfico y pitagórico, han concebido a esa separación como una liberación del alma de las ataduras terrenales. Otras, por ejemplo la de Ireneo o Tertuliano y la cristología dogmática en un sentido amplio, como un momento transitorio hasta la conjunción definitiva del alma y el cuerpo resucitado. No obstante, creemos que en ambos casos se oblitera lo esencial: la irreductibilidad del fantasma o de la imagen que sobrevive a la muerte del cuerpo. Esto significa que no se ha pensado en toda su radicalidad a la muerte entendida como separación de cuerpo y alma, puesto que o bien se identifica a la supervivencia con el alma (tradición platónica) o bien, luego de la resurrección, con el compuesto alma-cuerpo (tradición cristiana). En ningún caso, la vida post-mortem concierne a la imagen en cuanto tal. En la tradición platónica, el alma, en su función más exelsa y elevada, es pensamiento y razón; en la tradición cristiana, el alma se conjuga finalmente con su cuerpo glorioso. Esto significa que sólo se admiten, desde un punto de vista metafísico y económico-soteriológico, los siguientes elementos: cuerpos, almas, compuestos de cuerpo y alma. El problema es que las imágenes fantasmáticas no son ni cuerpos ni almas ni compuestos y, por lo tanto, escapan a las regiones de la onto-teo-logía tradicional. La muerte, entendida como separación del cuerpo y el alma, es la ocasión de emergencia de la imagen: al separarse los dos elementos de la metafísica y de la antropología dominantes en Occidente, al producirse, como acontece ya en los sueños, una dehiscencia entre la materia y el espíritu, la imagen puede reivindicar su estatuto específico. Este fue el peligro que el dispositivo del *descensus Christi ad inferos* intentó conjurar por todos los medios. Es interesante advertir que esta conjura del fantasma, este intento por volver reductible y asimilable la condición neutra de la imagen no deja de asemejarse a las nociones de "desneutralización" o de "domesticación de lo neutro" que representan, para Maurice Blanchot, el rasgo característico de la historia de la metafísica y de la teología:

> Se podría reconocer, en toda la historia de la filosofía, un esfuerzo ya sea para aclimatar y domesticar lo "neutro" substituyéndole la ley de lo impersonal y el reino de lo universal, ya sea para rechazar lo neutro afirmando la primacía ética del Yo-Sujeto, la aspiración mística a lo Único singular. Lo neutro es así constantemente eliminado de nuestros lenguajes y de nuestras verdades. (1969: 441).

En este sentido, Marlène Zarader ha podido decir que Blanchot es el filósofo que más se ha atrevido a sondear el abismo de lo neutro, a pensar —consciente no obstante de la cuasi imposibilidad de tal pensamiento— "una nada fuera del ser, un neutro más allá del ser" (2001: 258). El fantasma, la sombra del difunto, pertenece a un dominio que no se ajusta a ninguna de las categorías de la metafísica tradicional y que, por lo tanto, se ubica —para emplear una expresión de Alexius Meinong— "más allá o fuera del Ser [*Außerseiend*]" (1907: 89). El *descesus ad inferos*, de este modo, indica uno de los dispositivos implementados por la cristología dogmática para "repatriar" a los fantasmas, por naturaleza exentos de todo lazo con la divinidad, a la tierra de lo Real. Tan peligrosa ha resultado la especificidad del fantasma que la divinidad se ha visto obligada a sacrificar a su propio hijo para conjurarla. Para recordar al fantasma y capturarlo así en la economía de su memoria, el Padre se ha visto forzado a olvidar a su Hijo. El *telos* de ese olvido y de esa conjura, por supuesto, es la des-neutralización del fantasma. Por el contrario, mantenerlo inmemorial, irreductible e inasimilable a lo real, pero asombrosamente próximo y determinante, es sin duda nuestra tarea.

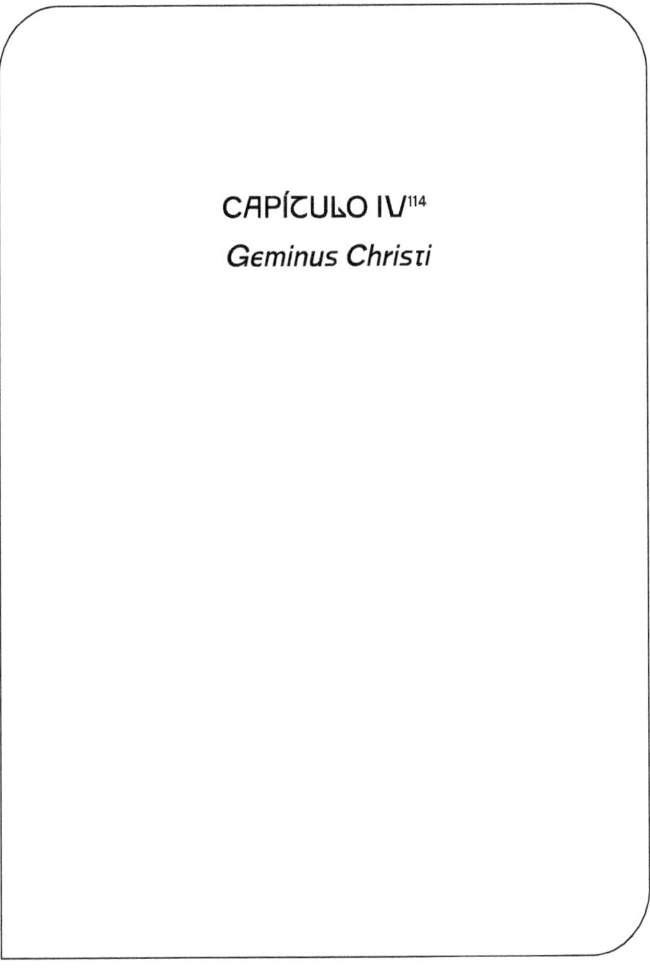

CAPÍTULO IV[114]

Geminus Christi

114 Parte de este capítulo ha sido publicado como artículo, con ligeras modificaciones, bajo el título "*Geminus Christi*. La excomunión de la placenta en los relatos del nacimiento virginal" en *Veritas. Revista de Filosofía y Teología*, nº 44, diciembre de 2019a, pp. 169-193.

Introducción

Si bien el nacimiento virginal de Jesús no es el eje fundamental de la fe cristiana, constituye sin embargo, como ha señalado Philip. W. Crannell, "una de sus piedras angulares" (1932: 362). Más allá de las innumerables discusiones que se han suscitado a lo largo de los siglos acerca de este acontecimiento,[115] lo cierto es que se estableció, casi desde el inicio mismo del cristianismo, como uno de los pilares del dogma: "La doctrina del nacimiento virginal de Cristo fue universalmente aceptada como parte de la Fe cristiana en el segundo siglo d.C." (Wilkinson 1964: 164). El propio Wilkinson, además, explica qué debe entenderse por el nacimiento virginal del Salvador: "Por la expresión *el nacimiento virginal de Cristo* entendemos la doctrina según la cual Jesucristo nació de la Virgen María sin requerir la intervención biológica normal de un ser humano masculino" (1964: 160; el subrayado es de Wilkinson).[116] Las dos referencias bíblicas más importantes en relación al nacimiento de Jesús se encuentran en los Evangelios de Mateo y Lucas.[117] En el caso de Mateo, además, se menciona el célebre pasaje de Isaías 7:11. Dada la importancia de estos versículos nos permitimos citarlos *in extenso*:

115 Para un panorama general del nacimiento virginal de Cristo, cfr. Machen 1958; Warner 1976: 35-50.

116 No debe confundirse esta doctrina, por supuesto, con la *inmaculada concepción*, la cual hace referencia al dogma católico según el cual la virgen María estuvo libre del pecado original desde el primer momento de su concepción.

117 Para un análisis de los relatos del nacimiento virginal de Cristo en los Evangelios de Mateo y Lucas, cfr. Brown 1993.

> El nacimiento de Jesucristo fue así: Estando María su madre desposada con José, antes que se juntasen, se halló que en su vientre [*en gastri*] había concebido del Espíritu Santo [*ek pneumatos hagiou*] [...] Y he aquí el ángel del Señor le apareció [a José] en un sueño, diciendo: José hijo de David, no temas recibir a María tu esposa, porque lo que en ella es engendrado, del Espíritu Santo es [*gennēthen ek pneumatos estin hagiou*]. Y dará a luz un hijo, y llamarás su nombre Jesús; porque Él salvará a su pueblo de sus pecados. Todo esto aconteció para que se cumpliese lo que fue dicho del Señor, por el profeta que dijo: He aquí una virgen [*hē parthenos*] concebirá en su vientre [*en gastri*] y dará a luz un hijo, y llamarás su nombre Emmanuel, que interpretado es: Dios con nosotros. (Mateo 1:18-23).

En el Evangelio de Lucas, el ángel Gabriel se le presenta a María y le anuncia:

> Y he aquí, concebirás en tu vientre [*en gastri*], y darás a luz un hijo, y llamarás su nombre Jesús. [...] Entonces María dijo al ángel: ¿Cómo será esto? pues no conozco varón. Y respondiendo el ángel le dijo: El Espíritu Santo vendrá sobre ti [*pneuma hagion epeleusetai epi se*], y el poder del Altísimo te cubrirá con su sombra; por lo cual también lo Santo que de ti nacerá [*to gennōmenon hagion*], será llamado el Hijo de Dios [*Huios Theou*]. (Lucas 1:31-35).

Como puede observarse, el vientre (*gaster* o *koilia*)[118] de María se convierte en el lugar simbólico en el que el Verbo se hace carne. Allí, en las profundidades del vientre, particularmente en el útero, la divinidad se une (sin confusión ni mezcla, pero sobre todo sin separación) con la humanidad,[119] el espíritu santo se une con la carne humana. La importancia simbólica del vientre de María, entendido como *locus coniunctionis*, es decir como el lugar en el que lo divino se une o conjuga con lo humano, queda demostrada pocos versículos después. En efecto, luego del anuncio del ángel Gabriel, María visita a su prima Isabel; ésta,

---

118 El término *vientre*, aquí, tiene el sentido de matriz o lugar de concepción y no el sentido negativo que lo vincula al alma apetitiva del platonismo. Sobre el problema del vientre como asiento del alma apetitiva en Platón y como lugar de pecado en el cristianismo primitivo, cfr. Prósperi 2015: 81-93, 99-118.

119 Con estas palabras nos referimos, por supuesto, al célebre *dictum* decretado en el Concilio de Calcedonia. Sobre este punto, cfr. la nota 29.

al verla, exclama las palabras que, tiempo después, pasarán a formar parte del *Avemaría*: "Bendita tú entre las mujeres, y bendito el fruto de tu vientre [*ho karpos tēs koilias sou*]" (Lucas 1:42).[120] El vientre, por cierto, en tanto *locus coniunctionis*, es digno de ser bendecido; en él y a través de él, Dios entra carnalmente en la historia humana.

Ahora bien, en este capítulo quisiéramos mostrar que los relatos del nacimiento virginal de Cristo se han constituido a partir de una obliteración decisiva. La exaltación del vientre/útero de María ha sido directamente proporcional a la supresión de la placenta. Por esta razón, a lo largo de la tradición cristiana existen innumerables referencias al vientre de la Virgen, tanto en la Biblia como en los tratados de los Padres de la Iglesia, pero muy pocas —casi ninguna, al menos que nosotros sepamos— a la placenta. La placenta del Redentor ha sido obliterada o excluida por el dogma cristológico. Dale Moody, por ejemplo, ha sostenido que el nacimiento de Jesús ha dejado de lado, en cierto sentido, el problema de la concepción: "el nacimiento de Jesús ha hecho olvidar la idea crucial de la concepción" (1953: 454); o también: "la concepción milagrosa de nuestro Señor es el punto, el *punto crucial*" (1953: 457; el subrayado es de Moody). John Wilkinson también ha indicado que el punto problemático se encuentra en la concepción: "Según su sentido teológico, la expresión [el nacimiento virginal de Cristo] mienta la concepción que precede al nacimiento más que al nacimiento mismo. El nacimiento, hasta dónde sabemos, fue normal, pero la concepción fue milagrosa" (1964: 160). El énfasis que se ha puesto en el nacimiento de Cristo, y el olvido consecuente del problema de la concepción, se explica en su sentido profundo por la dificultad ineludible que suponía abordar el problema de la placenta. Lo cual no significa que los Padres y teólogos no se hayan cuestionado acerca de la concepción milagrosa del Hijo de Dios. Muy por el contrario: cientos de textos han sido escritos sobre este problema a lo largo de la historia cristológica. Sin embargo, en casi todos los casos, las explicaciones han prescindido de la placenta. Las discusiones, en términos generales, han girado en torno a la posibilidad milagrosa de que la divinidad pudiera concebir-

120 Tertuliano hace referencia a este pasaje en *De carne Christi* para demostrar la naturaleza humana del Salvador: "Si María llevaba en su vientre a Jesús como un huésped y no como un hijo, ¿por qué Isabel habría dicho 'bendito es el fruto de tu vientre'? ¿Qué clase de fruto del vientre sería si no hubiese germinado en el vientre, si no se hubiese implantado en él, ni pertenecido a quien posee ese vientre?" (*De carne Christi* 21).

se y gestarse en un vientre humano, pero nunca se han abordado las consecuencias de tamaño acontecimiento en relación a la placenta. Esta obliteración, por cierto, no es causal y obedece a diversas razones (teológicas, políticas, culturales, etc.). En este capítulo nos proponemos ofrecer una explicación de los motivos *teológicos* que han fundamentado una cristología basada en la exaltación del vientre de la Virgen María en detrimento de la placenta.

1. El vientre y la placenta

En los Evangelios encontramos dos relatos, o más bien dos genealogías, acerca del nacimiento de Jesús. Por un lado, el linaje humano: Jesús desciende de David (*εκ spermatos David*); por el otro, el linaje divino: Jesús es concebido por el Espíritu Santo (*εκ pneumatos hagiou*). John W. Miller sostiene que el nacimiento virginal de Jesús no se encontraba originariamente en los Evangelios, sino que fue una interpolación posterior a partir del intento llevado adelante por Ignacio de Antioquía para unificar las dos grandes interpretaciones del nacimiento de Cristo: por un lado, quienes se basaban preferentemente en Pablo y consideraban a Jesús *εκ pneumatos hagiou*; por otro lado, quienes se basaban en Mateo y consideraban a Jesús *εκ spermatos David*. La epístola a los Efesios de Ignacio, en este punto, resulta decisiva: en ella el Hijo de Dios y el Hijo del hombre coinciden sin resto: "Bajo la divina dispensación Jesucristo nuestro Señor fue concebido por María de la semilla de David y del Espíritu de Dios" (citado en Miller 2008: 122). Según Miller, la teología de Ignacio puede explicarse como el intento más extremo por sintetizar o unificar estas dos interpretaciones del nacimiento de Cristo, es decir por mostrar que el Salvador "desciende por un lado de la semilla de David y por el otro del Espíritu Santo" (2008: 122).[121]

No nos interesa analizar aquí la validez o invalidez de la hipótesis de Miller, pero sí rescatar dos cuestiones esenciales: 1) el nacimiento

121 Según la hipótesis de Miller, las epístolas de Ignacio habrían servido como fuente de inspiración de los relatos acerca del nacimiento virginal de los Evangelios y no a la inversa: "El punto de partida de la teología de Ignacio no fueron los relatos del nacimiento virginal de Cristo de los Evangelios, sino que la teología de Ignacio fue el punto de partida de los relatos del Evangelio" (2008: 122).

virginal es el acontecimiento en el que lo divino (*εκ pneumatos hagiou*) se une o entra en comunión con lo humano (*εκ spermatos David*); 2) el vientre de María es el *locus* en el que tal comunión se lleva a cabo.

El dispositivo del nacimiento virginal, en este sentido, tiene como objetivo prioritario asegurar la conjunción de lo divino y lo humano. Philip Crannell, por ejemplo, en su artículo "The Supernatural Birth of (the) Christ", sostiene: "el nacimiento virginal proporciona una unión suficientemente completa y una identificación de lo divino y lo humano. Es la explicación más fácil y comprensible de la llegada al mundo del Hijo" (1932: 361).[122] Interesa notar, como adelantamos, que ambos registros, humano y divino, encuentran su ocasión de comunión o convergencia en el vientre de María. El devenir carne del Verbo se produce en el vientre. Pero en tanto pertenece a María, el vientre corresponde siempre a la parte humana. En Tertuliano, por ejemplo, un autor preocupado por demostrar la realidad humana de la carne de Cristo, el vientre o matriz (*volva*) es sinónimo de humanidad, es lo que prueba, contra Marción, Valentino y los docetistas en general, que Cristo asumió una naturaleza carnal.

> Si el Espíritu de Dios [*dei spiritus*] descendió en el vientre [*descendit in vulvam*] sin la intención de participar en la carne del vientre [*de vulva carnem*], ¿por qué descendió en el vientre? Porque podría haber sido hecho de carne espiritual fuera del útero con más facilidad que dentro de él. No había ningún propósito para dirigirse a un lugar del cual no se tomaría nada. Pero no fue casual que descendiera en el vientre. Por lo tanto, recibió algo de él. (*De carne Christi* 19.5).

El caso de Tertuliano es interesante porque, como veremos en breve, hace referencia al cordón umbilical pero, en vez de conferirle a la placenta un estatus independiente e irreductible a la madre y al hijo, la identifica con los restos del vientre de María.[123] En primer lugar, Ter-

122 También Allan Hoben indica que el nacimiento virginal permitió conjugar la divinidad y la humanidad de Cristo en una única persona: "Sobre las bases del nacimiento virginal los Padres pudieron probar tanto la divinidad cuanto la humanidad de Jesús, así como su falta de pecado, su función mediadora y la representación de una nueva raza en él, el nuevo Adán. Esto es verdad en Metodio, Lactancio, Arquelao, Malquión, Novaciano, Hipólito y en cierto sentido en todos los Padres a partir de Ignacio" (1908: 185).

123 Muchos siglos después, Friedrich Hegel realizará la misma maniobra que Tertuliano y que gran parte de la onto-teo-logía de Occidente: el *genio* del niño en el vientre materno será identifica-

tuliano cita algunos salmos de David y especifica, a partir de ellos, la importancia del útero de la Virgen para la gestación del Salvador. Uno de los salmos reza: "Porque eres tú quien me ha arrancado del útero de mi madre [*avulsisti me ex utero matris meae*]" (*De carne Christi* 20.4). Luego de lo cual argumenta:

> ¿Qué cosa se puede arrancar sino lo que se adhiere [*quod inhaeret*], lo que está plantado en profundidad [*quod infixum*], lo que está estrechamente ligado [*quod innexum*] a la cosa de la cual, al arrancarlo, se lo aparta? Si no estaba adherido al útero materno [*adhaesit utero*], ¿cómo puede haber sido arrancado? [...] ¿De qué modo, además, podía adherir, si, en el momento de salir del útero, no hubiese estado aún ligado a su matriz de origen a través del cordón umbilical [*nervum umbilicarem*], que era como la raíz que lo vinculaba al vientre [*adnexus origini vulvae*]? Cuando un cuerpo está unido a otro cuerpo, a él extraño [*quid extraneum extraneo*], la unión [*adglutinatur*] es tan íntima que los dos cuerpos forman, por así decir, una misma carne y las mismas vísceras [*concarnatur et conviscceratur*]: a tal punto que, cuando un cuerpo es arrancado, lleva con sí los restos [*sequelam*] del cuerpo al cual estaba unido, que son como una prolongación de la unidad interrumpida [*abruptae unitatis*], y un vínculo de su mutua relación. (*De carne Christi* 20.5).

Es preciso prestar atención a los términos empleados por Tertuliano: el feto del Redentor se encuentra adherido (*inhaesum*), implantado (*infixum*) y ligado (*innexum*) al útero de María. Todas estas cualidades, inherentes a toda gestación humana, se cifran en última instancia en la acción de aglutinar o unir (*adglutinare* o simplemente *glutinare*). Descubrimos entonces que el objetivo del nacimiento virginal es el de aglutinar lo divino y lo humano, es decir producir una *glutinatio*, una unión o sutura entre ambos registros.[124] Tertuliano considera que el cordón umbilical

do, no ya con la placenta, sino con la madre. En efecto, en la *Enzyklopädie*, Hegel consigna: "La madre es el *genio* del niño ya que con esta palabra se suele entender la totalidad del espíritu afectado de mismidad en tanto ella existe *para sí* y constituye la sustancialidad subjetiva del otro que está puesto como individuo sólo de manera exterior; este último tiene solamente un ser-para-sí formal" (Hegel 1986, § 405: 125). Peter Sloterdijk hace referencia a este pasaje de Hegel y señala la identificación hegeliana entre genio y madre (cfr. Sloterdijk 1998: 423).

124 El verbo latino *glutinare*, en efecto, posee un sentido vinculado a la medicina según el cual designa la cicatrización o el sellado de una herida. Celso, por ejemplo, en *De medicina* 7.4, utiliza la expresión *cicatricibus glutinandis*.

(*nervum umbilicaris*) es una prueba de la íntima unión (*glutinatio*) que mantiene el feto con la madre. El cordón es como una raíz que conecta al feto con el vientre de la madre. A pesar de la asombrosa y precisa descripción de Tertuliano, la placenta queda relegada a un trasfondo opaco. Sólo se dice de ella que es un resto (*sequela*) de la madre, una suerte de desprendimiento del útero. Creemos que esta identificación de la placenta con la madre, esta reducción de la placenta al útero materno, no responde meramente al poco conocimiento ginecológico y biológico que existía en la época. Nuestra tesis es que por detrás de esta razón obvia se ocultaba un peligro mucho mayor y eminentemente teológico.[125] A diferencia del útero y del vientre, que representaban la condición mediadora de Cristo, es decir el *locus* en el cual se efectuaba la unión de lo divino y lo humano, del Verbo y la carne, del arquetipo y la copia (Cristo como *eikōn* y *homoousios*, como *imagen consubstancial* al Padre), la placenta representaba una instancia intermedia pero irreductible a ambos términos. Ni humana ni divina, ni materna ni completamente fetal, la placenta ponía en cuestión el dogma de la encarnación y, más allá, la teología cristiana en su totalidad. Si el útero hacía posible el trabajo aglutinante de sutura efectuado por Cristo, la

125 En este sentido, nos parece insuficiente la admirable propuesta de León Rozitchner –sobre todo de su última época– según la cual se trataría de recuperar, frente al primado patriarcal del *logos* metafísico, el *mater*-ialismo ensoñado de la Madre originaria. Creemos que Rozitchner acierta al identificar la operación esencial de la metafísica con la obliteración del ensueño, pero luego, al identificar al ensueño con la madre, lo sigue pensando dentro de la lógica metafísica. Por eso el *mater*ialismo ensoñado encuentra en el útero, y no en la placenta, su lugar originario: "Aceptan que nacemos entre heces y orinas, pero no quieren saber nada que es desde el útero gestador de donde nace el pensamiento, y aceptar entonces que la experiencia primera con la madre es el suelo nutricio sobre cuyo fondo el pensar se engendra" (2011: 48). De todas formas, Rozitchner ha sido sensible a la función estratégica del dispositivo cristológico: "Cristo es el caballo de Troya que conquistó con sus astucias el fuerte haciendo tronar el escarmiento y penetró hasta ocupar el útero materno imponiendo con su triunfo al dios patriarcal en el trono. Entonces el Dios externo, infinitamente distante, se transformó en lo más interno: quedamos sitiados a dos puntas, sin salida. Ya no hay más lengua materna originaria: la lengua patriarcal, que es segunda, se convirtió en primera" (2011: 56). Una tesis similar es también desarrollada por Rozitchner en los escritos póstumos recopilados bajo el título *Cuestiones cristianas* (2013). En nuestro caso, la operación específica del dispositivo cristológico, en su aspecto dogmático, es decir suturador, icónico, concierne a la obliteración de la placenta y no ya del útero. No es entonces en la Madre, ni siquiera en la Madre anterior a la Virgen, en la Madre originaria, que se debe buscar al fantasma; es en la placenta, en lo que permanece irreductible tanto al Padre cuanto a la Madre, tanto al *idea*lismo cuanto al *mater*ialismo. Sin embargo, más allá de esta obervación crítica, los análisis de Rozitchner siguen siendo de la mayor importancia.

placenta, en cambio, realizaba un movimiento contrario de dehiscencia y de apertura de ambos registros metafísicos. Al útero como *locus coniunctionis* se le opone la placenta como *locus disiunctionis*. En tanto irreductible a María y al Espíritu Santo, la condición de la placenta es eminentemente neutra (*ne-uter*: ni/ni). No pertenece a lo específicamente humano porque todos los mamíferos (salvo los marsupiales) producen placentas; tampoco a lo divino, porque su realidad no pertenece exclusivamente al dominio puro y etéreo de la espiritualidad. El óvulo es propiedad de la madre, de María; el "espermatozoide", del espíritu santo, de la divinidad. Philip Crannell, basándose en las Escrituras, sostiene que el Espíritu Santo aportó la parte masculina, es decir el esperma, mientras que María la parte femenina, el óvulo:

> Debemos entender que el *nacimiento virginal* supone que el ser terrenal de nuestro Señor fue el producto de una intervención directa de la divinidad realizando la función, y mucho más que la función, del elemento masculino usual. Esta es la enseñanza indudable de las Escrituras. (1932: 349).

Pero si esto es así, la placenta debería haber poseído una naturaleza divina, eminentemente espiritual, puesto que son los genes masculinos los que la forman.[126] Se corría entonces el riesgo de que otro dios, menor quizás y definitivamente inhumano, compitiera con el Salvador. La concepción antigua de la placenta, en efecto, la consideraba una suerte de doble o *alter ego* del feto (una sombra, un fantasma, un espíritu o un demonio). Por eso mismo es preciso examinar rápidamente esta concepción pagana para comprender el peligro que representaba la placenta al interior de la cristología incipiente. A eso nos dedicaremos en el próximo apartado.

2. *Geminus Christi*

En diversas culturas de la Antigüedad, la placenta era venerada como un segundo yo o un doble de la persona. Foster de Witt, en un notable ensayo, sostiene que en diversas sociedades primitivas "la placenta era reconocida como un segundo niño, el doble" (1959: 235).

126 Sobre este punto, cfr. el apartado 3 de este capítulo.

Esta concepción animista afirmaba, en efecto, que la placenta era una suerte de gemelo de la persona y que la relación entre ambos habitantes intrauterinos no resultaba interrumpida con el corte del cordón umbilical sino que se prolongaba durante toda la vida. Como explica J. R. Davidson: "El factor operante en estas creencias era la concepción de que la placenta seguía unida durante toda la vida al niño con el cual había compartido el vientre materno" (1985: 75). Por tal razón, se la enterraba con sumo cuidado en un lugar específico para garantizar que no fuese comida por bestias salvajes. Los testimonios recogidos por Lucien Lévy-Bruhl en *Le surnaturel et la nature dans la mentalité primitive* resultan, en esta perspectiva, esclarecedores. El corte del cordón y el entierro de la placenta, correlativos al nacimiento del niño o niña, implicaba el tránsito a la vida de este último y el tránsito a la muerte de la placenta. Sin embargo, la placenta, lejos de desaparecer, subsistía como un espíritu o un fantasma, es decir como la sombra de un difunto.

> Llega a este mundo con el recién nacido, del que es una suerte de gemelo. Pero hay más. Pasa pronto al mundo donde viven los muertos; en otros términos, deviene rápidamente un "espíritu". Bajo esta forma, acompaña y protege, hasta el fin de sus días, al niño que continúa viviendo sobre la tierra. Además, se identifica, sin confundirse, con él. (Lévy-Bruhl 1931: 250).

En la medida en que el cordón y la placenta nacen junto con el niño o la niña, aunque sólo para morir y continuar viviendo como espíritus o fantasmas, explica Lévy-Bruhl, "se debe cuidar de su disposición, preocuparse por su bienestar, aportarles a veces ofrendas, etc." (1931: 252). Esta concepción antigua de la placenta como doble o *alter ego* fantasmático de la persona viviente posee un nexo indudable con la noción de *psychē* o *eidōlon* que, según Erwin Rohde, caracterizaba al mundo homérico. En ambos casos, designa una suerte de *Doppelgänger* —subsistente más que existente— del hombre vivo. En ambos casos, además, los sueños representan la ocasión idónea para su encuentro y su comunión.[127]

127 Sobre la noción de *psychē* en el mundo homérico, entendida como doble o segundo yo de la persona, cfr. el apartado 1.1 del cap. III.

Dentro de esta concepción animista que las culturas primitivas tenían de la placenta, el caso de Egipto ocupa un lugar destacado. Como señala E. Croft Long: "Los egipcios antiguos creían en la dualidad de almas, una de las cuales habitaba en el individuo y la otra en la placenta" (1963: 239). En el Antiguo Egipto se creía que la placenta era la encarnación del alma externa en contraposición al alma corpórea, y que además contenía una parte del alma del niño, la cual sólo se liberaba si era tratada bien. El punto más alto de esta creencia concernía a la placenta del Faraón: "la placenta real —explica Foster de Witt— era transportada como un símbolo ante el Faraón, práctica que continuó hasta el tiempo de los Tolomeos (aprox. 325-45 a.C.)" (1959: 361). Resulta ilustrativo, en este sentido, el reverso de la famosa paleta de Narmer descubierta en 1898 por James Quibell y Green en el templo de Horus de Hieracómpolis (Nejen), actualmente depositada en el Museo Egipcio de El Cairo.

Imagen 4: Detalle del reverso de la Paleta de Narmer, 61cm x 12cm, c. 3050 a.C., dinastía I, enquisto verde, Museo de El Cairo, Egipto.

C. G. Seligmann y Margaret A. Murray han demostrado que el estandarte llevado por el cuarto hombre contando de la derecha representa la placenta real: "el estandarte sobre la paleta y el cetro de Narmer representa la placenta" (1911: 171). Tanto por la morfología como por el color y el tamaño, es más que factible que el objeto transportado por el hombre imberbe –los otros tres, cuyos estandartes son animales, tienen barba– es una placenta con su cordón umbilical. Esta procesión, que para nosotros puede resultar sorprendente, se explicaba perfectamente en función de las creencias del Antiguo Egipto: "en ciertas ocasiones –sostienen Murray y Seligmann– el cordón umbilical, representando la placenta, era transportado por un alto oficial, y también la placenta era considerada un gemelo del rey" (1911: 169).

Ahora bien, interesa notar, como ha mostrado Foster de Witt, que "en el Antiguo Testamento perdura la concepción animista de la placenta entendida como recipiente del alma del rey" (1959: 361). Y si bien es cierto que en todo el Antiguo Testamento encontramos una sola referencia directa a la placenta, cuando una madre se come los desechos del parto en tiempo de asedio (Deuteronomio 28:57), existe no obstante una referencia indirecta en 1 Samuel 25:29, tal como han mostrado Sir James Frazer y Margaret Murray. Se trata de las palabras que le dirige Abigail a David: "Bien que alguien se haya levantado a perseguirte y atentar contra tu vida, con todo, el alma de mi señor será ligada en el fajo de los que viven con Jehová tu Dios, y Él arrojará el alma de tus enemigos como de en medio de la palma de una honda". Según explica Frazer en el segundo volumen de su discutido *Folklore in the Old Testament*, las palabras pronunciadas por Abigail hacen referencia indirectamente a la creencia según la cual las almas de los vivos podían ser amarradas por seguridad en un fajo o haz de hojas, y que, por el contrario, cuando se trataba de las almas de los enemigos, el fajo podía ser desatado y las almas dispersadas en el viento. Estas costumbres de los pueblos primitivos, al igual que la adivinación, la necromancia o la idolatría, eran duramente condenadas por la religión hebrea. Sin embargo, justamente por eso, Frazer afirma que no era para nada desconocida por los autores veterotestamentarios:

> Los hebreos aparentemente retenían desde tiempos antiguos la concepción del alma como algo separable que puede ser extraído del cuerpo del ser humano durante su vida, ya sea a través del arte maligno de las brujas, ya sea por un acto voluntario de la propia persona, a fin de depositarla por mayor o menor tiempo en un lugar seguro. (1919, vol. II: 513).

Margaret Murray, por su parte, ha demostrado con gran contundencia que el "fajo de vida" de 1 Samuel 25:29 hace referencia a la costumbre egipcia de envolver la placenta real en un atado sagrado que resultaba determinante para la salud y el destino del rey.[128] Si esto es así, si el culto a la placenta, frecuente en diversas culturas de la Antigüedad, no era desconocido por los hebreos, es más que factible que tampoco haya sido desconocido por los autores neotestamentarios y por los Padres apologéticos.[129] Comenzamos a comprender así el peligro que se escondía en la figura de la placenta en relación a Cristo, sobre todo si se tiene en cuenta la influencia egipcia. En efecto, como ha mostrado Michael Rice, la placenta no era sólo un doble o un *alter ego* del Faraón, sino que además el Faraón ocupaba el mismo lugar mediador entre los dioses y los hombres que Cristo.

> En tanto gemelo, [la placenta] coexistía eternamente con el rey de tal manera que el rey mismo era, en el instante de su nacimiento, dos entidades indivisibles [...] El rey era el nexo entre el mundo de los dioses y el mundo de los hombres, existiendo igualmente y eternamente en ambos. Todos sus títulos eran duales; él era, en este sentido, su propio gemelo. (Rice 2004: 108-109).

Reconocer la placenta de Cristo, a la luz de estas costumbres paganas, hubiese significado admitir que el Salvador tenía un gemelo o un doble, una suerte de *alter ego* fantasmático.[130] A diferencia del vientre o

---

128 Sobre la relación del pasaje de 1 Samuel 25:29 y la concepción egipcia de la placenta real, cfr. Murray 1930: 65-73. Sobre el culto egipcio de la placenta, cfr. Rice 2004: 108-110.

129 Como se sabe, la influencia de la religión egipcia sobre el cristianismo está más allá de toda duda. Sobre este punto, cfr. Osman 2005; Bargeman 2005. Esta última autora, además, indica con vehemencia la importancia de la religión egipcia en el catolicismo romano: "Si bien todas las formas del cristianismo evidencian fuertes paralelos con los rituales del Antiguo Egipto, quizás los mayores ejemplos pueden ser discernidos en el catolicismo romano" (2005: 1).

130 Es interesante señalar que la teología política del cristianismo ha utilizado la expresión *gemina persona* para referirse a las dos naturalezas de la segunda hipóstasis y, como un reflejo de ellas, a la condición también dual del rey o monarca. Ernst Kantorowicz, por ejemplo, retomando una fuerte tradición medieval, se refiere al *Christus* y al rey terrenal, al *vicarius Christi*, como un "ser gemelo o mellizo [*twinned being*]" o como una "personalidad melliza [*twin personality*]": "Él, el ungido por gracia [es decir el rey], reproducía como una *gemina persona* la doble naturaleza de Cristo. Es la idea medieval de una realeza centrada en Cristo llevada a un extremo no tan fácil de encontrar en el Occidente. El rey es un ser mellizo [*a twinned being*], humano y divino, al igual que el Dios-hombre, aunque el rey posee una doble naturaleza y es gemelo por gracia y en el tiempo, y no por naturaleza y (después del Ascenso) en la eternidad: el rey terrenal no es, sino que *deviene* una personalidad melliza a través de

del útero, la placenta poseía una carga indudablemente peligrosa para los pilares cristológicos. Por eso el nacimiento virginal de Cristo exalta el vientre de María a la vez que, en un mismo movimiento, prescinde de la placenta. Y cuando es mencionada, como en el caso de Tertuliano, se le quita todo rasgo semi o seudo-divino, reduciéndola a un mero resto (*sequela*) humano. La posibilidad de introducir una dualidad en Cristo, un gemelo o doble, era ciertamente aberrante. La tradición cristológica, sin embargo, conoce este *alter ego* del Redentor: su nombre es *antichristos*.[131] El vientre es a Cristo lo que la placenta es al Anticristo. De tal modo que, si el vientre funciona como *locus coniunctionis*, la placenta lo hace como *locus disiunctionis*. Cristo, en tanto mediador, es el *sym-bolon*, quien mantiene acoplados o aglutinados el mundo divino y el mundo humano; el Anticristo, en cambio, es el *dia-bolon*, quien separa los reinos, al modo de una dehiscencia, sin identificarse con ninguno de ellos.[132] El lugar que resta, una vez abiertas las paredes

---

su unción y consagración. La expresión misma, *gemina persona*, no representa una metáfora poética, sino que es un término técnico derivado de y relacionado con las definiciones cristológicas" (1957: 49). No obstante, Kantorowicz advierte rápidamente el peligro de postular *dos* personas, peligro que la propia teología, so pena de incurrir en la herejía nestoriana o adopcionista, se había encargado oportunamente de conjurar: "De acuerdo al dogma ortodoxo, Cristo es *una persona, duae naturae*. "Persona gemela", por lo tanto, era una expresión que debía evitarse por ser dogmáticamente peligrosa; era tan mala como "dos personas", ya que dejaba abierta la posibilidad de una interpretación nestoriana o adopcionista" (1957: 49). Por eso mismo, a causa de este riesgo evidente, las discusiones se mantenían dentro de los parámetros metafísicos aceptados por la onto-teo-logía: humanidad y divinidad, materia y espíritu, cuerpo y alma, etc. La confusión de estos términos era ciertamente peligrosa, pero el mayor riesgo, en tanto se sustraía a los parámetros admitidos por la teología dogmática, era la posibilidad de un doble fantasmático –es decir, ni humano ni divino, ni material ni espiritual– de Cristo. La noción de *gemelo* que surgía de las creencias del paganismo antiguo en relación a la placenta remitía precisamente a este doble extraño y extranjero, demoníaco e irreductible, de la persona nacida; en este caso, de Cristo.

131 De más está decir que nuestra interpretación de la figura del Anticristo, no ya entendido como el rival maligno o el *otro* de Cristo, sino como su otro *lado*, es decir como el mismo Cristo *qua phantasma*, difiere en puntos esenciales del dogma cristológico. Para nosotros, el Anticristo no designa una figura humana, tal como se deduce de las Escrituras, sino una entidad eminentemente neutra: *ni* humana *ni* divina: una imagen, un fantasma. Sobre el Anticristo como Cristo-fantasma, cfr. el cap. VI.

132 Para un panorama general de la etimología y el significado de los términos *symbolon* y *diabolon*, cfr. las entradas σύμβολον y διάβολος respectivamente en el *Liddell-Scott Greek Lexicon* [en línea: http://www.perseus.tufts.edu/hopper/resolveform?redirect=true]. Para más detalles sobre el término *symbolon*, cfr. Alleau 1958; sobre *diabolon*, cfr. Wray y Mobley 2005: 24-25; Forsyth 1987: 4. En *Die Aktualität des Schönen. Kunst als Spiel, Symbol und Fest*, Hans-Georg Gadamer explica el sentido que tenía el término *symbolon* en la Grecia antigua: "¿Qué es el símbolo? En principio, es una palabra técnica de la lengua griega y significa 'tablilla

cuya contigüidad sin fisura asegura —o pretende asegurar— la unión de la naturaleza divina con la naturaleza humana, el lugar irreductible a cualquiera de las dos naturalezas, tanto a la divinidad del Espíritu Santo (función espermática) cuanto a la humanidad de la Virgen Madre (función ovular), es la placenta.

3. ¿Trasplante, cáncer o parásito?

Por curioso que parezca, si consideramos el nacimiento virginal de Cristo desde una perspectiva biológica actual, descubrimos que el riesgo que representa la placenta para la teología es igualmente —o acaso aun más— considerable. No deja de ser llamativo, además, que la placenta sea el órgano encargado de mediar entre el feto y la madre. En este sentido, Y. W. Loke ha podido sostener, en un texto notable, que "ningún otro órgano en el cuerpo es capaz de desarrollar este tipo de función dual" (2013: 7); o también, para citar a Michael Power, que la placenta funciona "como el órgano central de un sistema bidireccional" (2005: 29).[133] La placenta extrae nutrientes y oxígeno de la sangre materna y la envía al feto, a la vez que transporta desechos y dióxido de

de recuerdo' [*Erinnerungsscherbe*]. El anfitrión le regalaba a su huésped la llamada *tessera hospitalis*; rompía una tablilla en dos, conservando una mitad para sí y regalándole la otra al huésped para que, si al cabo de treinta o cincuenta años vuelve a la casa un descendiente de ese huésped, pueden reconocerse mutuamente juntando los dos pedazos" (2000: 41).

Por otro lado, en el último volumen de *La comunidad de los espectros*, un libro que girará durante mucho tiempo sobre nuestras cabezas, Fabián Ludueña Romandini ha sentado las bases de una para-ontología disyunta que se vincula para nosotros con la noción de *dia-bolos* y se opone consecuentemente a la noción (ontológica) de *sym-bolos*. No es para nada casual, en este sentido, que la Disyuntología de Ludueña no se interese por el *to on* sino por el *dia-on*: "Desde el punto de vista de la historia de la ontología, si esta se ha concentrado sobre el *to on* que habremos de traducir (conscientes de las reservas del caso) por el Ser, en cambio, el final epocal de la onto-teo-logía impone la tarea suprema de la Disyuntología que se ocupa no ya del *to on* sino que desarrolla su objeto más propio en el *dia-on*, vale decir, en el Ser disyunto. Nuestra filosofía, en consecuencia, se postula como una para-ontología del *dia-on*, el Ser diviso por antonomasia que, sin construir una proposición del fundamento, actúa como la división trascendental que hace posible todo cuanto en la pluralidad de mundos existe o subsiste" (2021: 27). Además de este T*ratado de ucronía post-metafísica*, cfr. también Ludueña Romandini 2016: 263-271.

133 No es casual, en este sentido, que Jacques Lacan considere, en la sesión del 6 de marzo del famoso seminario X sobre la angustia, que la placenta (y el seno materno) son "elementos que podemos calificar de amboceptores" (2006: 181). En efecto, continúa Lacan, "¿de qué lado está el seno? ¿del lado del que chupa, o del lado del que es chupado?" (*ibid.*). La referencia a la placenta le sirve a Lacan para mostrar el carácter amboceptor del objeto a, el cual, como

carbono en sentido contrario. Pero el punto más interesante es que la placenta es de algún modo ajena tanto al feto, con el cual comparte sin embargo la misma carga genética, cuanto a la madre, a la cual se adhiere hasta penetrar en sus vasos sanguíneos. En este sentido, "este órgano intrigante y misterioso" (cfr. Parolini 2016: ix) es externo e irreductible a las regiones ontológicas de la cristología, tanto a la divina-humana (feto) cuanto a la meramente humana (madre): "la placenta pasa toda su vida fuera del bebé pero dentro de otro individuo, la madre, a cuyo útero está íntimamente ligada" (Loke 2013: 5). La placenta funciona así como una membrana bidireccional: por un lado, se adhiere a la pared del útero materno conocida como *desidua*; por otro, se conecta con el feto a través del cordón umbilical.[134] Según Loke, la placenta ocupa una suerte de tierra de nadie entre la madre y el feto:

> ...el bebé no está adherido a la pared uterina, a pesar de ocupar mucho espacio dentro del útero. [...] Es la placenta la que conecta al bebé con la madre en el lugar de la implantación [...] La placenta se ubica entremedio [*in between*]. La naturaleza es sabia al disponer a la placenta fuera del bebé. En el útero, la placenta ocupa una posición a medio camino entre el bebé y la madre [*midway between the baby and mother*], en una suerte de tierra de nadie [*no-man's land*]. (2013: 6).

Una vez que el espermatozoide fecunda al óvulo se forma el blastocito, el cual se divide a su vez en dos conjuntos de células: embrionales y extra-embrionales. Las células embrionales, agrupadas en el centro,

---

se sabe, se produce por efecto de un corte. Sobre la concepción lacaniana de la placenta, cfr. también la sesión del 15 de Mayo de 1963 del seminario X.

134 Gilbert Simondon, en sus investigaciones sobre el proceso de individuación, desarrolla una ontología biológica de la membrana que bien puede aplicarse a la función de la placenta: "La membrana viviente, anatómicamente diferenciada o solamente funcional cuando ninguna formación particular materializa su límite, se caracteriza como lo que separa una región de interioridad de una región de exterioridad: la membrana es polarizada, dejando pasar tal cuerpo en el sentido centrípeto o centrífugo, oponiéndose al pasaje de tal otro" (2005: 225). La función de la membrana consiste en separar, y a la vez conectar, elementos del interior con elementos del exterior. La membrana, además, a la vez que permite el mantenimiento de una región de interioridad, es decir la permanencia, siempre inestable, de una zona interna, resulta regenerada por esa misma interioridad: "Se podría decir que lo viviente vive en el límite de sí mismo, sobre su límite: es por relación a este límite que hay una dirección hacia adentro y una dirección hacia afuera" (2005: 225-226). Interesa señalar que, si bien articula un adentro y un afuera, la membrana permanece irreductible a ambos dominios.

se convertirán en el feto propiamente dicho; las extra-embrionales formarán la placenta. El primer paso de este segundo grupo de células consiste en formar una capa o película conocida como trofoblasto a fin de rodear el núcleo central donde se constituirá el embrión. Es interesante notar que aproximadamente el ochenta por ciento de las células formadas son extra-embrionales, lo cual demuestra que la creación de la placenta es aun más fundamental que la del embrión. A partir de esta separación celular, la placenta prosigue y organiza su propio programa de desarrollo, con total independencia del embrión (cfr. Loke 2013: 9). Las células embrionales y las extra-embrionales, a pesar de provenir del mismo óvulo fecundado, poseen características y funciones diferentes.

Como hemos visto, tanto el espermatozoide como el óvulo son necesarios para la formación de la placenta y del embrión. Por tal razón, el fenómeno conocido como partenogénesis, es decir la forma de reproducción basada en el desarrollo de células sexuales femeninas no fecundadas, es imposible en los mamíferos. No deja de ser curioso que Loke mencione como un ejemplo de partenogénesis el nacimiento virginal de Cristo (al cual denomina, erróneamente, inmaculada concepción):

> El ejemplo citado con más frecuencia como la excepción a la regla es la inmaculada concepción de la Virgen María, porque ella misma confesó, "¿cómo puede ser si no he estado con ningún hombre?". Además, Jesús es varón y resulta difícil explicar cómo podría haber surgido de una concepción partenogenética ya que los óvulos sólo tienen el cromosoma X femenino. (2013: 10).

Sin embargo, John Wilkinson sostiene que el nacimiento virginal debe ser disociado "por completo del fenómeno considerado como partenogénesis" (1964: 160). ¿Por qué? Philip Crannell, en un pasaje ya citado, lo explica a la perfección: "nuestro Señor fue el producto de una intervención directa de la divinidad realizando la función, y mucho más que la función, del elemento masculino usual" (1932: 349). De tal manera que el elemento masculino fue aportado por el Espíritu Santo. Pero si esto es así, la placenta habría debido poseer una naturaleza divina, eminentemente espiritual, puesto que su composición genética proviene del aporte masculino. La realidad carnal —por no decir sórdida— de la placenta, sin embargo, demuestra su materialidad. ¿Dónde ubicar entonces a este órgano enigmático? ¿Bajo qué categoría teológica subsumirlo?

¿Qué región de la onto-teo-logía le haría justicia? El dominio humano no, porque la placenta no posee conciencia ni razón (aspectos distintivos, para la tradición metafísica, de lo humano) y porque también los mamíferos, menos los marsupiales, requieren de la placenta; el dominio divino tampoco, porque su naturaleza no posee la inmaterialidad del espíritu, y si la posee, como en el caso del doble o el yo invisible de las culturas antiguas, está más vinculada a lo que podríamos llamar una "baja divinidad" o un "animismo menor" que a la trascendencia intangible del Dios bíblico. Como indica Loke, la placenta subsiste en una *no man's land* que no sólo es la tierra de nadie, sino también —y de manera fundamental— la tierra de *no-man*, de lo no-humano. Esta topología an-humana, sin embargo, no debe ser confundida con el Dios-Padre de las Escrituras. Así como es una *no man's land*, es también una *no God's land*. Ni humana ni divina, la placenta es la cifra del mundo de las imágenes. De allí su vínculo con los sueños y la muerte. Como la *psychē*, el *eidōlon* o el *phantasma* de los tiempos homéricos, la placenta es el *locus* específico en el que proliferan las imágenes, irreductibles a las grandes polaridades de la onto-teo-logía: lo sensible y lo inteligible, la materia y el espíritu, lo visible y lo invisible, etc.

Pero, ¿qué es, después de todo, la placenta? "La placenta humana es muchas cosas diferentes en un solo órgano que desafía la clasificación biológica convencional. ¿Es un trasplante, un cáncer, un parásito? Tiene características de todas estas cosas" (Loke 2013: 223). La placenta es el abismo entre Dios y el hombre, entre la carne y el espíritu (en su sentido bíblico): el pliegue intermedio, pero irreductible, entre el Espíritu Santo y María; en verdad es la dehiscencia al interior del pliegue. Si en Cristo, en el embrión, la divinidad (espiritual) del Padre se une con la humanidad (carnal) de la madre, en la placenta se desunen, y lo que resta en ese espacio an-antrópico y a-teológico es la imagen, el fantasma: *ho antichristos*.[135] ¿Por qué el Anticristo es el nombre "propio" de la placenta? Porque no es lo *otro* de Cristo —sabemos, de hecho, que

---

135 Fabián Ludueña Romandini, en su lúcido *Más allá del principio antrópico. Hacia una filosofía del* outside, ha señalado la necesidad de llevar adelante "una crítica radical del principio antrópico" (2012: 10) en sus dos modalidades: fuerte y débil. Sólo a partir de esta "refutación *more geometrico* del principio antrópico-finalista que rige el pensamiento sobre el cosmos, la vida y la temporalidad", asegura el filósofo argentino, será posible encontrar el camino "hacia una filosofía del Afuera, de la muerte y del espectro" (2012: 65). La noción de placenta, como hemos visto, está emparentada con estros tres conceptos.

la relación entre la placenta y el feto es esencial– sino su otro *lado*;[136] no es el antagonista radical y maligno sino su otro yo o, mejor aun, el otro lado del yo, el otro lado que ya no es un yo. Es un trasplante, un cáncer y un parásito.

4. Plegaria para un órgano dormido

El individualismo burgués de la época moderna, según la tesis de Peter Sloterdijk, es el resultado ineluctable de una "desvalorización radical de la placenta" (1998: 386). Y si bien a lo largo de la historia existen varios momentos de "nihilismo placentario [*plazentaler Nihilismus*]" (1998: 391), es recién en el siglo XVIII que el destierro de la placenta del imaginario social alcanza su punto crítico: "Sería fácil demostrar que el individualismo moderno sólo pudo entrar en su fase álgida cuando en la segunda mitad del siglo XVIII comenzó la general excomunión clínica y cultural de la placenta" (1998: 388). Además de esta excomunión moderna de la placenta, Sloterdijk señala que la medicina helenista impulsó también, aunque en menor medida, un desencanto del fenómeno placentario.

Para referirse a la placenta y al embrión sin caer en los presupuestos propios de la tradición occidental, Sloterdijk utiliza los términos "con" y "también" respectivamente: "al órgano con el que el presujeto flota en su cueva comunicándose [...] le llamaremos el 'con' [*das Mit*]" (1998: 360); al feto, por su parte, "debería llamársele el 'también' [*das Auch*], ya que esa identidad fetal sólo se produce por la vuelta del *con*, que es-ahí, al aquí, que es 'también-aquí' [*auch-hier*]" (1998: 360). La excomunión clínica y cultural de la placenta propia del mundo burgués, ya anunciada

136 Cuando decimos que el Anticristo no es lo *otro* de Cristo, sino su otro *lado*, tenemos presente un pasaje de *Le visible et l'invisible* en el que Merleau-Ponty explica la relación entre el cuerpo y el espíritu. Luego de afirmar que "hay un cuerpo del espíritu, y un espíritu del cuerpo y un quiasmo entre ellos" (1964: 307), Merleau-Ponty sostiene: "El 'otro lado' quiere decir que el cuerpo, en tanto que tiene este otro lado, no es descriptible en términos objetivos, en términos de sí, que este otro lado es verdaderamente el otro lado del cuerpo, desborda en él (*Ueberschreiten*), se solapa sobre él, está oculto en él, y al mismo tiempo tiene necesidad de él, se termina en él, se ancla en él" (1964: 307). De la misma manera, el Anticristo no designa lo *otro* absoluto de Cristo, sino una suerte de solapamiento o desborde del *mismo* Cristo. Cristo y Anticristo, así, son como el reverso y el derecho de la segunda *hypostasis*: dos polos psíquicos, en suma.

en cierto sentido por la medicina helenista, implica un olvido de este espacio bipolar intrauterino conformado por la estructura *con-también*. Lo que Sloterdijk no dice, pero que nosotros creemos decisivo, es que el nacimiento del Redentor representa un caso paradigmático de este proceso de desvalorización radical de la placenta. El nacimiento virginal de Cristo es el dispositivo elaborado por la teología cristiana para conjurar la placenta y, con ella, toda forma de dualidad o polaridad anímica. Por eso mismo, la *ekklesia*, entendida como comunidad de fieles, se construyó a partir del nexo (de la *glutinatio*) entre lo divino y lo humano propiciado por Cristo en el vientre de María. Esta comunidad eclesiástica, para constituirse, se vio forzada a suprimir la placenta, el doble o el gemelo inasimilable, la sombra irreductible: el Anticristo. ¿Por qué inasimilable e irreductible? Porque no es ni persona ni sujeto, ni substancia ni objeto y, por ende, no pertenece al dominio de la presencia: "Por lo que se refiere al con, según su cualidad de presente, no es ni persona ni sujeto, sino un ello viviente y vivificante, que se mantiene ahí-en-la-proximidad" (Sloterdijk 1998: 360).

No deja de ser llamativo que conservemos, pese a todo, el estigma o la cicatriz de esa convivencia o comunidad prenatal: el ombligo. Por eso Sloterdijk puede afirmar que para pensar la placenta y restituirle sus derechos obliterados, debemos "primero descifrar el jeroglífico del ombligo [*die Hieroglyphe den Nabel*]" (1998: 395). El corte del cordón es, en este sentido, el acontecimiento fundamental que marca la entrada del sujeto en lo simbólico, es decir la entrada *en* el sujeto. El corte del cordón, en la Modernidad, lejos de simbolizar, como en las culturas primitivas, la muerte de la placenta y su consecuente vida post-mortem, marca la condición autosuficiente y hermética del sujeto burgués normal. Sin embargo, el ombligo nos recuerda que en un tiempo nuestra vida dependió literalmente de un otro, de un "órgano-ángel [*Organ-Engel*]" (Sloterdijk 1998: 362), una "sombra nutricia y hermano anónimo" (1998: 360); nos recuerda, en suma, que no existiríamos si no hubiese sido por "ese misérrimo fantasma de la ópera de las entrañas" (1998: 362).

No sorprenderá que los Evangelios hagan referencia a la circuncisión de Cristo, al corte del prepucio, pero no al corte del cordón.[137] A diferencia del *praeputium*, que representa la Ley judía, el símbolo

137 Sobre la circuncisión de Cristo, cfr. Jacobs 2012. Sobre la circuncisión en la cultura hebrea, cfr. Glick 2005.

de la alianza, es decir de la unión de Dios y los hombres, el *umbilicus* representa la condición incompleta o la apertura que ninguna persona, ni humana ni divina, puede suturar. El *umbilicus*, de algún modo, es la marca de la imposibilidad de lo divino y lo humano.[138] No es casual que Luce Irigaray contraponga el cordón umbilical a la figura del falo: "¿El falo erigiéndose en el lugar que antes ocupaba el cordón umbilical?" (1994: 37).[139] Y también: "Y cuando se le da apellido a la criatura, éste ya viene a ocupar el lugar de la señal más irreductible del nacimiento, el ombligo. El apellido e incluso ya el nombre de pila siempre se hallan desfasados respecto al más irreductible rastro de identidad: la cicatriz del corte del cordón" (Irigaray 1994: 37). En el caso de Cristo, es sintomático que el nombre Jesús le es consignado, no con el corte del cordón, sino con la circuncisión. En este sentido, la circuncisión viene a clausurar u obliterar el corte del cordón: "En el lugar que ocupaba el cordón, aparecería el pene que une, da vida, abreva, alimenta y recentra al cuerpo recordando, en la eyaculación y la detumescencia, la efusión y la cicatriz original que marcan el paso de la vida intrauterina al nacimiento, para el hombre y para la mujer" (Irigaray 1994: 40).

El *umbilicus* es la llaga que se abre entre lo divino y lo humano, entre lo invisible y lo visible o entre el espíritu y la materia. La cristología, desde su inicio, supone una *alienación fundamental* (trans-alienación): en el vientre de María, el feto del Salvador dependió de un *alius* extraño y extranjero, un elemento inasimilable en la economía de la salvación. El doble de Cristo, el otro de Cristo, el otro lado de Cristo, el *alius Christus*, el alien, el Cristo extranjero: nombres todos del anti-Cristo. No obstante, se trata de una alienación diversa de la hegeliana (o marxista). No es que el uno devenga dos ni que el uno y el dos se reconcilien en el tres. Más bien habría que decir que feto, madre y placenta constituyen una suerte de "tridialéctica" o de "dialéctica tripolar" (cfr. Lupasco 1951).[140] El feto y la madre desempeñan la función antagónica de la dialéctica, los términos *A* y no-*A*, mientras que la placenta, irreductible a ambos

138 Consigna Sloterdijk: "El ombligo está en el lado delantero del ser humano como un monumento en recuerdo de lo impensable; recuerda aquello de lo cual nadie se acuerda. Es el signo puro de lo que para la conciencia queda al otro lado de lo cognoscible" (1998: 455). De la misma manera, lo que queda al otro lado de Cristo es el Anticristo.

139 Sobre la relación entre el falo, el ombligo y la muerte desde una perspectiva feminista, cfr. Bronfen 1992: 145-158.

140 Sobre la tridialéctica y la lógica del tercero excluido, cfr. Prósperi 2019: 79-83.

polos, tanto al actual (A) como al potencial (no-A), constituye un *tertium* más allá del Ser, que nosotros identificamos con el dominio neutro de las imágenes fantasmáticas (*hoi antichristoi*). A la economía soteriológica del dogma, propio de la dialéctica *tout court*, se le opone así la "economía placentaria" (cfr. Irigaray 1993: 37-44),[141] propia de la tridialéctica.

La preeminencia ontológica del prepucio, presente en los relatos de la natividad de Jesús, hunde sus raíces en la cultura hebrea. No es casual que en el Antiguo Egipto la placenta gozara de mayor jerarquía que el prepucio y que el corte del cordón fuese considerado más determinante para la vida del individuo que la circuncisión: "Ninguna otra parte de la anatomía real parece haber gozado del mismo cuidado y reverencia que la placenta. Ni siquiera al prepucio real le fue acordado un honor comparable. Además, la circuncisión no parece haber sido una práctica frecuente en los tiempos antiguos" (Rice 2004: 108).

5. *Praeputium et umbilicus*: los dos cortes de la carne

A pesar de que el prepucio y el ombligo/cordón umbilical,[142] en su sentido teológico, difieren por naturaleza, durante varios siglos fueron confundidos con frecuencia y adorados como reliquias del Redentor. En un apartado de los *Annales ecclésiastiques du Diocese de Chaalons en Champagne* titulado "De la verité du S. Nombril adoré à Notre-Dame à Chaalons", Charles Rapine, guardián de los recoletos de París, realiza una defensa de este "fragmento de carne sagrada" (1636: 392) puesto que, al igual que "el sacro-santo prepucio" (1636: 401), ha pertenecido a la carne de Cristo:

141 Sobre la noción de *economía placentaria* en Irigaray, cfr. Bollinger 2007: 325-352.

142 El escritor Jacques Albin Simon Collin de Plancy, en el segundo volumen de su *Dictionnaire critique des reliques et des images miraculeuses*, consigna que el santo ombligo de Cristo se contaba entre las reliquias más adoradas durante la Edad Media. Además, no deja de aclarar que con frecuencia el ombligo y el cordón umbilical pasaban por lo mismo: "Se adora en Roma el ombligo, o quizás el cordón umbilical de Jesucristo, dividido en dos partes; la más considerable se encuentra en Saint-Jean-de-Latran; la otra en Sainte-Marie-du-Peuple" (De Plancy 1821: 45). El ombligo *o quizás* el cordón umbilical: esta ambigüedad fue habitual, como dijimos, durante toda la Edad Media. Ambos fragmentos de carne, en efecto, remiten a la placenta: uno, el cordón, como vía de conexión; el otro, el ombligo, como estigma y signo póstumo.

> Para no hablar más que del Santo Ombligo [*Saint Umbilic*], es una verdad indudable que [Cristo] ha nacido con esta substancia de carne, al igual que el resto de los niños de Adán. Pues él ha nacido con todas las partes que son necesarias para el niño [...] Ahora bien, esta substancia es de necesidad para los niños, para alimentarse durante el tiempo que transcurren en el vientre de su madre, puesto que es como su boca, por la cual toman el alimento, y a través de ella obtienen los nutrientes que le son necesarios. Y como Jesucristo es semejante al resto de sus hermanos en lo que concierne a su humanidad [...] es necesario admitir que ha nacido con una carne como todos los demás. (Rapine 1636: 394).

Rapine concede que Cristo ha necesitado, para nutrirse en el vientre de María, de una placenta (llamada meramente *substance*), como cualquier feto (al menos humano). Y concede además que, en tanto la carne del cordón umbilical estaba "unida personalmente al verbo divino, y vivía de esta vida divina [...], esta carne es la propia carne de Dios" (1636: 395). Es precisamente esta pertenencia a la carne santa y sin pecado de Cristo lo que vuelve al ombligo, lo mismo que al prepucio, digno de honra. Es más, en opinión de Rapine, el santo ombligo o *umbilicus Domini* goza de una importancia incluso mayor que el prepucio puesto que es el único remanente, la única reliquia, que poseen los hombres del tiempo que pasó Jesús en el vientre de María: "El S. Ombligo debe ser venerado como el único recuerdo que nos resta de los adorables misterios que Dios ha efectuado durante los nueve meses en el vientre virginal de Nuestra-Dama, luego del misterio inefable de la Encarnación" (1636: 424). Pero más allá de esta suerte de apología del *umbilicus Christi*, la especificidad de la placenta permanece en las sombras. El estatuto del santo ombligo no se explica por su remisión a la placenta sino por su unión con el feto divino. Es la divinidad de Cristo lo que vuelve divino al ombligo, y consecuentemente al cordón, y no a la inversa. Por otra parte, la placenta es rápidamente reducida al vector humano de la encarnación. En tanto el Verbo se ha hecho carne, y carne humana, debe experimentar un nacimiento exactamente igual al de cualquier ser humano. Es la maniobra que ya veíamos en Tertuliano: la placenta es asimilada sin resto al componente humano de Cristo. El otro punto importante es que la adoración del Santo

Ombligo coincidía con el día de la circuncisión de Cristo, momento en que recibe el nombre de Jesús:

> Jesucristo, en este día de la sangrienta Circuncisión, recibió del Cielo este adorable nombre de Jesús, y para asegurar que él es nuestro Salvador da al mundo tres substancias de su carne sagrada, a saber, su sangre, que el cuchillo de piedra hizo derramar, su prepucio, que le fue cortado para respetar el precepto de la Circuncisión, y su cordón precioso. (Rapine 1636: 393).

Esta superposición del prepucio y el cordón, sin embargo, no es casual.[143] En su sentido teológico profundo, el objetivo del dispositivo de la circuncisión, representando "la alianza entre el hombre y Dios" (Seth 2013: 9), es la eliminación de todo rasgo pagano concerniente al ombligo y, más allá, a la placenta. Si muchas veces el ombligo o el cordón eran confundidos con el prepucio es porque el dispositivo de la Ley, efectivizado en el rito patriarcal de la circuncisión, debía neutralizar el peligro que ocultaba el rito pagano de la placenta, prolongado sobre todo por los estratos populares de la cristiandad. Dos cortes que difieren por naturaleza: uno, el del prepucio, perpetúa la alianza entre Abraham y Yahvé; el otro, el del cordón, introduce un *tertium* ni divino ni humano, la placenta, inasimilable por la economía de la encarnación. El corte del prepucio, paradójicamente, funciona como estrategia conjuntiva, como *ritus coniunctionis*; el corte del cordón, por el contrario, como estrategia disyuntiva, como *ritus disiunctionis*.

Conclusión

El nacimiento virginal de Cristo se ha constituido en su forma dogmática a partir de la obliteración de la placenta. El vientre, y más

143 Poco después de mencionar el *saint nombril*, Collin De Plancy sostiene que se adoraba también el *saint prépuce* del Salvador en diversos lugares de Europa. Uno de ellos era precisamente Notre-Dame en Vaux. Interesa notar que en el tercer volumen de su *Dictionnaire*, De Plancy siente la necesidad de rectificarse y de aclarar que la reliquia conservada en Notre-Dame à Chaalons, a la que en el volumen previo había llamado erróneamente el santo prepucio (*saint prépuce*) es en verdad el santo ombligo (*saint nombril*): "Hemos dicho que en otro tiempo se poseía en Châlons el prepucio de Jesucristo; es un error fundado en el hecho de que en este país se le da ordinariamente el nombre de santo prepucio a esta reliquia, que no era sino el ombligo, y que el obispo Noailles hizo desaparecer" (De Plancy 1822: 230).

concretamente el útero de María, en este sentido, ha sido el *locus* simbólico de la encarnación, es decir el lugar en el que lo divino, el Espíritu Santo, ha podido unirse o aglutinarse con lo humano. Para poder salvaguardar esta *coniunctio* o *glutinatio*, sin embargo, la cristología se vio obligada a excomulgar la placenta de los relatos sobre el nacimiento del Salvador. Las menciones a ella son ciertamente exiguas e indirectas si se las compara con las que se refieren al vientre de la Virgen. Hemos mostrado que la razón profunda de esta exclusión no es casual, sino que obedece a motivos eminentemente teológicos y a concepciones antiguas vinculadas a lo sagrado y sobrenatural. Como hemos indicado, las culturas primitivas consideraban a la placenta un doble o un gemelo de la persona, razón por la cual se la veneraba y temía. Lejos de ser desechada en el momento del nacimiento, la placenta era enterrada en un lugar apropiado, a veces colgada de un árbol, para que el doble fantasmático o el alma invisible acompañase y cuidase al recién nacido durante toda su vida. El nacimiento del niño o niña, así, implicaba la muerte de la placenta pero, por eso mismo, el inicio de su vida post-mortem, de su subsistencia fantasmática.

Se advertirá el peligro que representaba una concepción semejante para la cristología dogmática. Enfatizar el rol de la placenta, por otro lado necesario para la consecución de un nacimiento exitoso, a la luz de estas creencias paganas, conocidas además por los hebreos y los autores neotestamentarios, abría la puerta a la posibilidad de que el Redentor poseyese un doble o un gemelo, un otro extraño e irreductible. Ante este riesgo, la maniobra implementada por la teología consistió en reducir la placenta a su costado humano, identificándola simplemente con un resto o secuela del vientre de la Virgen. De ocupar un lugar intermedio entre la trascendencia divina y la inmanencia humana, la placenta fue desplazada al polo material de los desechos postparto.

Nosotros, por el contrario, hemos querido avanzar en este camino obturado por la cristología dogmática. Así como el vientre es el símbolo de la *coniunctio* metafísica, la placenta lo es de la *disiunctio*. Hemos identificado, además, a este otro de Cristo o, más bien, a este otro *lado* de Cristo, a este gemelo o doble, con el Anticristo. De tal manera que el Anticristo no designa para nosotros el rival humano y el mero antagonista del Salvador sino su costado fantasmático, su doble que es el mismo Cristo, pero el mismo en tanto *otro*. Siendo irreductible tanto al feto cuanto a la madre, la placenta, entendida como Anticristo, es ajena a la materia y al espíritu, a lo divino y a lo humano. En este sentido, no designa meramente el órgano indispensable para la vida del feto sino la cifra o el símbolo del reino de las imágenes. ¿Por qué? Porque las imágenes, y consecuentemente la imaginación, han ocupado el lugar intermedio entre las grandes polaridades de la onto-teo-logía: lo sensible y lo inteligible, la materia y el espíritu, el alma y el cuerpo, etc. Pero mientras que Cristo, en tanto *eikōn Theou*, ha funcionado como mediador, como *locus coniunctionis*, es decir como puente entre Dios y los hombres, el Anticristo, en tanto *phantasma Theou*, ha funcionado como *locus disiunctionis*, es decir como dehiscencia y disyunción.[144] La placenta, por eso mismo, no designa ni el reino humano ni el reino divino, sino el espacio neutro que se abre entremedio.

La historia de la pintura, como se sabe, está repleta de alusiones al nacimiento virginal de Cristo. El motivo *Madonna con niño*, en este sentido, es harto frecuente y constituye una de las imágenes más famosas de la cristiandad. La mayor parte de estas obras destacan la relación madre-hijo y la consecuente humanidad del Redentor. Frente a esta tradición canónica, quisiéramos mencionar, como corolario del recorrido de este capítulo, la obra *One Fesh* (1985) de la artista inglesa Helen Chadwick (Imagen 5).[145] Esta obra —que, según aclara Leila McKellar, efectúa una verdadera "disrupción de las categorías binarias" (2007: 204)— se basa en la iconografía religiosa tradicional, pero sólo para subvertirla por completo. En efecto, en primer lugar, no se trata de un niño sino de una niña; en segundo lugar, la mano derecha de la madre está apuntando a los genitales de la recién nacida; en tercer lugar, la mano izquierda sostiene unas tijeras con las que se dispone a cortar el cordón umbilical; en cuarto y último lugar, por encima de la madre (y de la niña) flota, a la manera de un halo o aura, la placenta. Según explica McKellar: "La subversión de Chadwick se vuelve evidente en el halo dorado sobre las figuras, que a una inspección más minuciosa revela ser una placenta" (2007: 203).

144 En tanto *phantasma*, el Anticristo niega tanto al Padre (*archetypos*) como al Hijo (*eikōn*). Por eso Juan, en su primera epístola, puede afirmar: "¿Quién es mentiroso, sino el que niega que Jesús es el Cristo? Éste es el anticristo [*ho antichristos*], que niega al Padre y al Hijo" (1 Juan 2:22).

145 Para un análisis de esta obra, cfr. McKellar 2007: 202-212; Herles 1997.

Madre, niña y placenta constituyen una suerte de "trinidad biológica" (Chadwick, citado en Herles 1997).[146]

Imagen 5: Helen Chadwick, *One Flesh*, 1985, fotocopias, 160 × 107 cm, Victoria and Albert Museum.

146 La tradición cristiana ha conocido una Trinidad diabólica o maléfica, casi desde sus mismos inicios. Sobre este asunto, cfr. Orbe 1968: 726-761. En este artículo fascinante, Orbe explica que, además de la Santa Trinidad, los Padres del cristianismo primitivo estaban familiarizados con una "tríada constituída por el Maligno, su hijo (el Anticristo) y su espíritu" (1968:

Lo que nos interesa de esta obra, en función del tema que hemos desarrollado en este capítulo, es el lugar determinante que ocupa la placenta en relación al imaginario vinculado al nacimiento virginal. Chadwick muestra la condición irreductible de la placenta: externa al feto o a la niña y externa también a la madre. El corte del cordón, y no la circuncisión, marca aquí el desdoblamiento de la vida neonatal: por un lado, la niña propiamente dicha (Cristo en el caso de la teología dogmática); por el otro, el gemelo o el *alter ego* representado por la placenta. Pero si bien la cristología dogmática se ha encargado de eliminar casi por completo la importancia de la placenta (o al menos de reducirla a su dimensión humana, demasiado humana), la obra de Chadwick la restituye a su lugar esencial. Ahora, desde su altura a-humana y a-teológica, la placenta nos dice que la niña no es una subjetividad autónoma y absolutamente hermética, sino "una subjetividad dividida o desdoblada" (McKellar 2007: 207). La placenta instaura un espacio intermedio e irreductible entre las polaridades binarias de la metafísica (y en ese sentido se identifica con el dominio de las imágenes, más precisamente con los *phantasmata*) que es el *locus* específico del Anticristo, tal como nosotros lo entendemos: "Como el órgano que conduce nutrientes de la madre al niño, la placenta [es decir, el Anticristo] existe en el límite donde uno termina y el otro comienza" (McKellar 2007: 205-206). Alienación originaria, trans-alienación: Cristo, como *imago Dei* y a la vez como *exemplum hominis*, es decir como mediador y nexo conjuntivo, ha convivido desde el inicio con un otro, más próximo que el mismísimo Padre, el Anticristo, *phantasma Dei* y a la vez *phantasma hominis*, un *alius* que sin duda es un *alien*, un Cristo-*alien* que los hombres, a partir de la Modernidad burguesa, parecen haber olvidado

752). Además, esta tríada diabólica se correspondía, en un autor como Orígenes por ejemplo, pero también para los gnósticos, con los tres componentes del hombre: cuerpo, alma y espíritu. Por eso el bautismo implicaba la liberación, en el Nombre del Padre, del Hijo y del Espíritu Santo, de la trinidad diabólica: "El Padre actúa en su Nombre sobre el cuerpo (y hombre hílico del individuo gnósticamente bautizado). El Hijo con el suyo, sobre el hombre psíquico (del neófito). El Espíritu Santo mediante el suyo sobre el pneumático. Los tres elementos humanos se libran de la 'tríada de corrupción'. El Padre le arranca del Maligno, sensible en el hombre hílico. El Hijo, del 'adversario' (*antikeimenos*) hijo del Maligno, sensible en el hombre psíquico. El Espíritu, del espíritu impuro, radicado en el hombre pneumático" (1968: 754). Como puede verse, las figuras de Cristo, hijo de Dios, y del Anticristo, hijo del Maligno (del Diablo), conciernen específicamente al elemento psíquico del ser humano. Como bien notó Jung, según explicamos en la introducción, Cristo y Anticristo son fuerzas o principios psíquicos.

pero que vuelven a recordar, sin embargo, cada vez que se miran el ombligo. Esta expresión, "mirarse el ombligo", que en su uso coloquial significa la conciencia egoísta de pensar sólo en uno mismo, mienta, en su sentido teológico profundo, la extroversión del yo, la conciencia de que el yo está necesariamente fracturado, escindido y desdoblado en un otro fantasmático y espectral. En el caso de Cristo, este otro se llama Anticristo: el doble o gemelo placentario.

CAPÍTULO V

Textor Dei, textor hominum

Introducción

La historia de la metafísica occidental, según una antigua tradición rabínica (o cabalista, con más propiedad)[147] pero también cristiana e incluso, a partir del siglo XVI, científica en su sentido naciente, es una historia del Libro.[148] Historia del Libro que supone, en consonancia con su naturaleza (es decir con su proveniencia) meta-física, *dos* libros o dos tomos de un mismo y único, ubicuo, Volumen: el Libro de la Revelación y el Libro de la naturaleza, el códice sagrado y el códice profano, la Biblia y el Mundo: *liber scripturae* y *liber naturae*.[149]

Sería un error considerar la figura del Libro como una simple metáfora de lo Real, como una imagen, privilegiada tal vez pero decididamente fortuita, de la que se habrían servido los hombres para representarse el mundo y lo que está más allá del mundo; en suma, para dominarlo.[150]

---

147 Uno de los pensadores contemporáneos que más ha retomado esta tradición es sin dudas Jacques Derrida. Sobre la influencia del pensamiento rabínico y cabalista en Derrida, cfr. Idel 2003: 133-156. En dicho ensayo, Idel sostiene, en efecto, que una de las fuentes de inspiración del filósofo franco-argelino "se encuentra en los textos cabalísticos" (2003: 134). Dos puntos, según Idel, resultan esenciales en este sentido: "El primero consiste en la afirmación de que no hay nada fuera del texto. El segundo concierne a la yuxtaposición de un modo de pensamiento fundado en el texto y heredado de fuentes judías con un abordaje filosófico, es decir logocéntrico, que es de origen griego" (2003: 134).

148 Sobre la concepción cabalista del Libro, cfr. Scholem 1998: 35-94; Idel 2002; 1989: 29-81.

149 Para un panorama general de estos dos libros, cfr. Curtius 1983: 302-347.

150 Hans Blumenberg, por el contrario, ha interpretado la figura del Libro como una metáfora de la legibilidad del mundo: "En estas metáforas –dice Blumenberg– no se trata de verdades últimas, de ontología o historias del ser o de metafísica. En ellas nos encontraremos con lo interpretable [...] Ninguna experiencia se mueve nunca en un espacio de completa indeterminación, así como tampoco en la mera reproducción lineal de los nexos causales de sus ob-

Sería un error interpretarla como un mero símbolo —aunque el concepto de *symbolon* no deja de mantener una relación esencial con el Libro cristiano[151]—, uno más entre los innumerables que han gozado alternativamente de mayor o menor fortuna a lo largo de los siglos. *El Libro es el Ser*: admitámoslo al menos de manera provisoria; admitámoslo incluso desde una perspectiva teológica. El mundo es la escritura de Dios, en sus dos tomos: libro pneumático, metafísico; libro somático, físico; espíritu y naturaleza. Reconozcámosle, además —o en consecuencia—, su pretensión de totalidad, su exigencia ontológica, su demanda de Ser, de ser el Ser, la totalidad del Ser, de albergar en sus páginas virtuales y reales lo Absoluto, en sus dos movimientos: despliegue y repliegue, desenvoltura y envoltura, desarrollo y enrollamiento.

En este capítulo quisiéramos mostrar que Cristo ha representado, a lo largo de la teología dogmática, la figura del *textor*, el tejedor o el escritor, por antonomasia. Esto significa que los dos grandes Libros de la tradición occidental, el libro de la Revelación y el libro de la Naturaleza o el libro del Espíritu y el libro de la Carne, coexisten en Cristo, el tercer libro, último y absoluto, el Libro de la Cruz: *Liber crucis*.[152] En este sentido, el acontecimiento de la encarnación, del devenir-hombre de Dios, designa la cifra misma del Libro. Sin embargo, el tejido realizado

---

jetos. Con esta determinada indeterminación tiene que ver la metafórica de la experimentabilidad del mundo, para la cual está el paradigma de la 'legibilidad'" (1984: 10). En este capítulo, sin embargo, sí se tratará de ontología, de historia del ser y de metafísica; no, claro, en lo que estos tópicos tienen de dogmático, sino en lo que tienen de absolutamente disruptivo. Más que el libro, veremos, nos interesarán sus rasgaduras y sus agujeros.

151 Sobre la noción de *sym-bolon* (Cristo) y su contraposición a *dia-bolon* (Anticristo), cfr. la nota 132. En relación a esta contraposición entre *sym-bolon* y *dia-bolon* quisiéramos mencionar un notable artículo de Mónica B. Cragnolini titulado "Nietzsche – Huidobro – Aschenbach: azores fulminados por la altura", en el cual no sólo se señala la dehiscencia o separación específica de lo diabólico sino que se sugiere también su relación intrínseca con el tejido y el texto (temas centrales de este capítulo): "Si el *sym-bolo* era la unión de las dos partes de la moneda a partir de las cuales se re-conocían los portadores de las mismas (y desde allí podían tejer una historia), el *dia-bolos* ha de ser justamente el camino inverso: la separación después de la unión, la ruptura de la significación, la historia des-tejida, la falta de re-conocimiento, el des-conocimiento, la falta del sentido, la locura, la pérdida de la identidad" (1996: 195). Como veremos en las páginas que siguen, esta dialéctica –o, mejor aun, trans-dialéctica– entre una operación de tejido y una de des-tejido, actualizadas en las figuras de Cristo y del Anticristo respectivamente, constituyen de algún modo el eje de este capítulo. De allí la magnitud y la pertinencia de este pasaje de Cragnolini.

152 Sobre el Libro de la Cruz o sobre Cristo como el tercer libro que aúna los otros dos, cfr. Tanzella-Nitti 2005: 235-248. Sobre los libros y los lectores cristianos en los primeros siglos, cfr. Gamble 1995.

por Cristo, el Ser en cuanto realidad histórica, la historia metafísica en cuanto tal, no es absolutamente homogéneo y continuo. La trama del texto exhibe huecos y hendiduras. Junto a la operación de sutura efectuada por Cristo, es preciso distinguir también, como en filigrana, las fallas del tejido (en su doble sentido: como soporte y como cadena de signos), las rasgaduras que acechan al interior, que ya es un afuera, del libro. Y si Cristo designa la figura del costurero o el tejedor,[153] el plano virtual que se actualiza en cada puntada histórica, el Anticristo representa la figura del rasgador o el perforador, el plano también virtual que se insinúa en las dehiscencias del *textus*.

1. *Textus Christi*

El tejido de la historia de la metafísica encuentra en Cristo su cifra y su fundamento. Lo cual no significa que esa historia, en cuanto tal, comience con el cristianismo. En efecto, como bien han indicado Friedrich Nietzsche y Martin Heidegger, la metafísica comienza (simbólicamente, por lo pronto) con Platón, quien divide lo Real en las dos regiones de lo suprasensible y lo sensible (en la terminología de Nietzsche: el mundo verdadero y el mundo aparente). Sin embargo, es recién con el cristianismo, y en particular con la encarnación, que el reino divino o invisible se une, sin confundirse ni mezclarse pero sobre todo sin separarse, con el reino humano. Esta sutura del espíritu y la naturaleza, ya preanunciada de algún modo en el estoicismo, asume su sentido teológico definitivo con el devenir humano del Dios cristiano. A partir de ahora, la costura de lo sobrenatural y lo natural no pertenecerá sólo a las abstractas especulaciones de la filosofía pagana, sino a los mismos pilares de la teología dogmática. En Cristo, el Libro de las cosas invisibles y el Libro de las cosas visibles encuentran la ocasión de su convergencia. Como sostiene Tanzella-Nitti: "El Verbo divino es la garantía del origen y

153 Se objetará que la operación de costura no es idéntica a la operación de tejido: coser no es tejer. En efecto, el zurcido supone la unión o coligación de dos bordes; el tejido, en cambio, un entrelazamiento de dos hilos. Sin embargo, ambas operaciones, en la medida en que aseguran y sostienen la presencia, cada una a su modo, convergen en la figura de Cristo. Tanto el zurcido como el tejido son técnicas presentificadoras y, en consecuencia, inherentes a la condición icónica de la segunda hipóstasis. Cristo es, por eso mismo, tanto el gran zurcidor cuanto el gran tejedor de la historia onto-teo-lógica del Occidente. Sirva esta aclaración para la totalidad de este libro.

de la coherencia de ambos libros" (2001: 86). Pablo, por cierto, había sostenido que por Cristo "fueron creadas todas las cosas, las que hay en el cielo y las que hay en la tierra, visibles e invisibles [*ta horata kai ta aorata*]" (Col. 1:15-16). Dios crea el mundo, es decir lo escribe y lo inscribe, lo teje, a través del Verbo encarnado. Pero justamente por eso, en tanto *eikōn physikē*, el Hijo es el encargado de consumar la operación textil de la divinidad. Cristo es el mediador, y en cuanto tal, cose o zurce al Creador con las creaturas, al Padre con el mundo. Desde Agustín de Hipona a Escoto Eriúgena, desde Máximo el Confesor a Hugo de San Víctor, desde Gregorio de Nisa a Buenaventura, desde Galileo Galilei a la encíclica *Fide et ratio* de Juan Pablo II, lo Real es interpretado como un Libro doble, *liber naturae* y *liber scripturae*, o como los dos lados de un mismo volumen o pergamino cuyo punto de contacto es por supuesto Cristo.

Estos dos libros de la tradición occidental terminan convergiendo en la curiosa expresión *Theologia naturalis*.[154] No es casual que este sea el título del célebre escrito de Raimundo de Sabunde, conocido en diferentes lugares como *Liber Naturae sive Creaturarum* (Paris), *Scientia Libri creaturarum seu Naturae et de Homine* (Toulouse), *Liber Creaturarum sive de Homine* (Clermond-Ferrand), etc., en el cual se asevera que a través del libro de la naturaleza podemos comprender sin error lo que se encuentra contenido en el libro de las Escrituras.[155]

---

154 Sobre la *Theologia naturalis* en la revolución científica y el Iluminismo, cfr. Brooke 2014: 261-306.

155 Blumenberg explica que "Raimundo había ampliado la metáfora al punto que en el libro de la totalidad de las creaturas ("liber universitatis creaturarum") toda creatura constituye una letra" (1984: 56). Esta idea, sin duda, remite a una concepción cabalista de la escritura. Por otro lado, la concepción según la cual la lectura del libro de la naturaleza permite obtener un conocimiento legítimo fundado en la matemática encuentra su formulación ejemplar en el célebre pasaje de Galileo: "La filosofía está escrita en ese libro enorme que tenemos continuamente abierto delante de nuestros ojos (me refiero al universo), pero que no puede entenderse si no aprendemos primero a comprender la lengua y a conocer los caracteres con que se ha escrito. Está escrito en lengua matemática, y los caracteres son triángulos, círculos y otras figuras geométricas sin los cuales es humanamente imposible entender una palabra; sin ellos se deambula en vano por un laberinto oscuro" (*Il Saggiatore*, cap. VI). Galileo, además, deja también en claro que el desciframiento del Libro de la naturaleza, escrito en lenguaje matemático, no se contradice con el texto bíblico; más bien lo corrobora por otros medios. Sobre este punto, cfr. particularmente la carta de 1615 dirigida a madama Cristina di Lorena, *granduchessa* de Toscana, en la cual el sabio italiano llega a afirmar que los dos Libros proceden del Verbo encarnado: "porque procediendo ambas del Verbo divino la Escritura sagrada y la naturaleza, aquélla como dictada por el Espíritu Santo, y ésta como fidelísima ejecutora de

Pero para que esta convergencia entre Creador y creación haya sido posible, fue necesario un lento proceso de zurcido onto-teo-lógico; fue preciso, en suma, una operación hipostática meticulosa. No vale la pena repetir que el dispositivo hipostático es, antes que nada, una máquina de costura. El peligro a conjurar, como hemos visto a lo largo de este texto y especialmente en el primer capítulo, es la dehiscencia al interior de la segunda hipóstasis. La *Theologia naturalis* de Raimundo no hace más que secularizar el *Liber crucis* o el *Liber Christi* que los teólogos, desde hacía siglos, habían sacado a la luz: "Entra en escena un tercer libro, el *Libro de la Cruz*. Cristo mismo, su encarnación y redención, es comparado a un gran libro, necesario para comprender los otros dos" (Tanzella-Nitti 2001: 87). Esta concepción del cosmos como un tejido y del rol preponderante de Cristo entendido como foco de convergencia y eje aglutinante de lo Real va a encontrar una de sus formulaciones más interesantes —y polémicas— en el pensamiento de un teólogo, paleontólogo y filósofo del siglo XX: Pierre Teilhard de Chardin. En el próximo apartado nos limitaremos a señalar aquellos puntos de su filosofía que resultan pertinentes para el planteo de este capítulo.

1.1. *L'étoffe de l'univers*

Como suele suceder a menudo, quienes permanecen un poco al margen de las instituciones dominantes son los que logran captar con mayor profundidad las consecuencias extremas de un determinado momento histórico. Tal es el caso de ese gran teólogo que fue Teilhard de Chardin.[156] Este discutido pensador jesuita, en conflicto constante con la Santa Sede, habrá de sacar, como Alexandre Kojève respecto

las órdenes de Dios" (1953: *Lettera* XIV). Sobre Galileo y la naturaleza como libro en relación a las sagradas Escrituras, cfr. Brooke 2014: 103-107. Sobre la relación esencial entre la física matemática impulsada por la revolución científica y la teología cristiana, más particularmente el dogma de la encarnación, cfr. Kojève 2012. En efecto, en este ensayo titulado "L'origine chrétienne de la science moderne", Kojève sostiene: "Si entonces el cristianismo es responsable de la ciencia moderna, es el dogma cristiano de la encarnación quien lleva la responsabilidad exclusiva. [...] Por cierto, ¿qué es la encarnación, sino la posibilidad para el Dios eterno de estar realmente presente en el mundo temporal donde nosotros mismos vivimos, sin perder sin embargo su absoluta perfección?" (2012: 6). Sobre el trasfondo teológico-político de la ciencia moderna, cfr. Beresñak 2017.

156 Sobre la importancia de Teilhard de Chardin en la teología y el pensamiento contemporáneos, cfr. Towers 1959: 126-129.

a Hegel, las consecuencias extremas de la doctrina cristiana y de la figura de Jesús en particular. En principio, la realidad universal, para Teilhard, no es sino una totalidad espacio-temporal, un tejido de espacio-tiempo: "El tiempo y el espacio se reúnen orgánicamente para tejer, los dos juntos, la tela del Universo [*l'Étoffe de l'Univers*]" (1956: 241).[157] Esta tela cósmica o, más bien, esta concepción textil del cosmos posee una dinámica organicista y evolutiva.[158] El Universo, concrescente y dinámico como en la metafísica procesual de Alfred N. Whitehead, es una totalidad que se desarrolla progresivamente y en la que cada elemento que lo compone "está positivamente tejido con todos los otros [...]. Imposible realizar un corte en esta red, aislar una pieza, sin que se deshilache y se deshaga por todos sus bordes" (1956: 38). La realidad, en esta suerte de organicismo místico, es profundamente homogénea. No porque no existan diferencias en el seno del Todo, sino porque la malla del Universo está tejida de una sola pieza:

> Las envolturas que componen la materia son heterogéneas unas en relación a las otras [...]. El orden, el diseño no aparecen más que en el conjunto. La malla del Universo es el Universo mismo. [...] Tejido de una sola pieza, según un único y mismo procedimiento, pero que punto a punto no se repite jamás, la tela del Universo corresponde a una única figura: ella forma estructuralmente un Todo. (1956: 39-40).

El punto más interesante es que, según Teilhard, este "extraordinario poder de aglutinación y de coalescencia" (1956: 194-195) que mantiene apretadas las fibras del tejido cósmico, que ajusta las puntadas a fin de que no haya ni huecos ni desgarros, no es otro que Cristo: "Cristo es el principio de consistencia universal" (1969: 81), o también: "Cristo es la plenitud, el principio sintético del Universo" (1965: 60), "centro supremo de convergencia y de consistencia, donde todo se anuda y por

---

157 Esta idea del cosmos como tejido se acerca, en muchos aspectos, a la teoría de cuerdas de la física contemporánea: "el tejido microscópico de nuestro universo es un laberinto multidimensional ricamente entrelazado en el cual las cuerdas del universo vibran y giran sin cesar, pulsando rítmicamente las leyes del cosmos. Lejos de ser detalles accidentales, las propiedades de los elementos constitutivos básicos de la naturaleza se encuentran profundamente enrolladas en el tejido de espacio y tiempo" (Greene 1999: 13). Sobre la física contemporánea y la concepción del universo como tejido, cfr. también Greene 2004.

158 Recordemos que evolucionar, explica Blumenberg, proviene del "originario modelo latino *evolutio*, que indicaba el desenvolverse del *volumen*, del rollo" (1984: 13). Sobre el evolucionismo de Teilhard en relación a Darwin y Lamarck, cfr. Grumett 2007: 519-534.

el cual todo se sostiene" (1965: 60). Se advertirá la función aglutinante de Cristo: el gran tejedor que asegura la consistencia –la presencia– en la que se asienta la malla cósmica. Por eso la encarnación adopta en Teilhard un matiz decididamente cósmico. El Universo, en su totalidad material y espiritual, es la hostia cósmica, el cuerpo místico: "El Redentor no ha podido penetrar en la tela del Cosmos, infundirse en la sangre del Universo, más que fundiéndose primero con la materia para renacer después" (1965: 89). Pero además de funcionar como la sutura del mundo y de Dios, de la humanidad y la divinidad, la encarnación deja entrever de manera fundamental el *telos* de todo lo creado. La evolución del Universo tiene un sentido: converger en la Unidad última y absoluta que Teilhard llama *Punto Omega*: "[Cristo] ha ofrecido a través de la encarnación un punto privilegiado donde todas las fibras cósmicas, por estructura natural, tienden a reunirse [...]. Cristo, *hic et nunc*, ocupa para nosotros, en posición y en función, el lugar del Punto Omega [*Point Oméga*]" (1965: 210). Se comprenderá que el punto Omega es la última puntada, la sutura definitiva del devenir histórico-cosmológico. La dinámica organicista de Teilhard culmina en la Unidad homogénea y absoluta. Pero incluso antes de que el Universo llegue a su *telos*, antes de que conquiste la plenitud de Omega, antes del fin del mundo, de la *parousia*, el trabajo sintetizador y cohesivo de Cristo garantiza –aunque de modo imperfecto e insuficiente, por cierto– que en la tela del cosmos no se produzcan rasgaduras ni desgarros: "Considerada en su realidad física y concreta –explica Teilhard–, la Tela del Universo no puede desgarrarse" (1956: 37). Sin embargo, como veremos en el próximo apartado, la malla histórica está atravesada, desde su mismo inicio, por una herida insalvable. Los estigmas de Cristo revelan la condición hemofílica inherente a la trama del mundo occidental.

1.2. *Cor vulneratus*

En la página inicial de un Evangelio ilustrado del siglo XV (Imagen 6) se pueden observar las cinco heridas de Cristo y los instrumentos de la Pasión, los *arma Christi*, a la vez que la íntima relación que existe para los medievales entre el texto y el tejido.

Imagen 6: Cristo niño, los *arma Christi* y los nombres de Jesús y María. Libro del Evangelio, ilustrado y coloreado a mano, The Hague, Koninklijke Bibliotheek, MS 75 E 9, 1ᵛ. Utrecht, 1472.

En un interesante ensayo titulado "Praying, Threading, and Adorning: Sewn-in Prints in a Rosary Prayer Book", Hanneke van Asperen ofrece la siguiente descripción de este dibujo:

Las ramas de la corona de espinas están entretejidas con las palabras *Ihesus* y *Maria*. Como la urdimbre y la trama en un tejido, las letras y las ramas forman una apretada estructura. El texto es textil. Los objetos están ubicados como un trasfondo del *textus*, en los dos sentidos del término. La espada y la lanza, dispuestos en forma de cruz, perforan las letras y conectan las cinco heridas –la herida del costado en el medio y las heridas de las manos y pies en las esquinas– con los nombres de Cristo y de su madre. Las palabras y los objetos en el dibujo están firmemente entretejidos como partes proporcionales en el todo. Juntos, crean un tejido en el cual cada elemento está interconectado. Como una vestimenta de honor, las letras y los objetos forman una composición apropiada para el Cristo niño. (2007: 96).

Resulta interesante notar que el aparato de costura implementado en las abadías y los monasterios está íntimamente ligado, en este caso pero también en muchos otros, a las heridas del Hijo de Dios. La imagen puede ser interpretada como una alegoría (que, por supuesto, no se encuentra en la imagen en cuanto tal y por ende corre por nuestra cuenta) de la estrategia específica de la teología: la sutura de las heridas del texto de la historia. En este dibujo, los estigmas de la Pasión son entretejidos, hasta prácticamente perder su especificidad, con los nombres de la Virgen y del Salvador. Las espinas, la espada y la lanza se vuelven funcionales a la malla homogénea de la economía cristiana. No obstante, la herida del sagrado corazón permanece abierta.[159]

En otra miniatura de un libro de plegarias de principios del siglo XVI (Imagen 7) se enfatiza también la relación entre el tejido y las heridas de Cristo. Los rombos en las esquinas representan las heridas de las manos y los pies, mientras que la herida del costado ocupa la parte central de la miniatura. Dentro de la figura ovalada (que se asemeja a una vulva)

---

159 Es preciso aclarar que, en la medida en que interpretamos estas imágenes en un sentido metafísico-político o, más bien, onto-teo-lógico, quien lee se encontrará frecuentemente con saltos de registro. Por ejemplo, las reparaciones de pergaminos realizadas en los *scriptoria* monacales cifran, más allá de su condición efectiva y concreta, una maniobra teológico-política y metafísica: la sutura o reparación de las heridas en la trama de la historia y, al límite, en el tejido del Ser. En este caso, por lo tanto, realizamos deliberadamente un salto analógico de un registro histórico concreto, empírico, a un registro metafísico o teológico-político. Sobre el método analógico que aplicamos aquí, cfr. Melandri 2004; Courtine, J.-F. 2005; Derrida 2003: 145-200.

se puede observar el corazón herido de Cristo. Lo más interesante es que un rollo o pergamino penetra varias veces en el sagrado corazón, "como el hilo de la trama en un tejido que se mueve dentro y fuera de la urdimbre" (van Asperen 2007: 99). En este caso, el hilo de la trama, continúa van Asperen, "se ha convertido en un rollo de tal manera que puede transportar palabras sobre sí" (2007: 99). El texto del rollo reza: *dominus amore vulneratus est* (el Señor está herido de amor).[160]

Imagen 7: Las cinco heridas de Cristo. Miniatura pegada sobre una página de un libro de plegarias. Londres, British Library, Add. MS 14042, fol. 337v, posiblemente primer cuarto del siglo XVI.

160 Parte del texto, lógicamente, está invertido para respetar el sentido de las curvas del rollo.

Para sellar la dehiscencia y suturar las paredes abiertas del corazón crístico se recurre en este caso a coser la herida con el rollo de la escritura: el *textus* es a la vez hilo y tejido, signo y soporte, letra y trama, ley y urdimbre. Cristo, de nuevo, es la cifra de esta operación de zurcido. Por eso mismo, en el apartado siguiente analizaremos este mecanismo higiénico de sutura que ha funcionado, en paralelo al acoso despresentificador del Anticristo, como uno de los dispositivos inmunitarios (cfr. Esposito 2002) más efectivos de la onto-teo-logía occidental.

2. *Sutura et cicatrix*

Gran parte de los manuscritos medievales estaban escritos en pergaminos, es decir en pieles de animales (cfr. Quandt y Noel 2001: 14).[161] Más allá de los arduos esfuerzos realizados por los productores de pergaminos, lo cierto es que en general la superficie de inscripción, incluso luego de los tratamientos requeridos, exhibía imperfecciones e irregularidades. En efecto, en la producción medieval de libros era frecuente que ciertas partes del animal, tales como la espina, la cola o las uñas, produjesen alteraciones en la superficie. Por tal motivo, una de las tareas centrales que se realizaban en los diversos *scriptoria* monacales era la reparación de pergaminos, la cual consistía preferentemente en coser o zurcir las rasgaduras. Explica Christine Sciacca en su ensayo "Stitches, Sutures, and Seams: 'Embroidered' Parchment Repairs in Medieval Manuscripts":

> Resultaba difícil para los *scriptoria* que producían múltiples libros evitar la utilización de algunos pergaminos defectuosos. Era muy frecuente reparar estas imperfecciones con hilo durante el proceso de preparación del pergamino, pero a veces también luego de

161 Que el soporte de la escritura, y en cierta forma de la cultura en general en su sentido metafísico-teológico, es decir de la cultura como historia del Libro, esté conformado por un entramado de fibras animales, en el caso de los pergaminos, de fibras vegetales, en el caso de los papiros, o en tabletas minerales, de arcilla, de piedra, etc., es decir que el soporte de la cultura humana entendida en términos de escritura del Libro dependa de dominios extrahumanos no deja de ser sugerente y capital. Sería perfectamente posible, en este sentido, analizar el material que funciona como soporte de lo humano desde una perspectiva animal, vegetal y mineral que, por suerte, cuenta ya en Argentina con exponentes importantes que realizan un trabajo fundamental.

que la piel hubiese sido dispuesta como bifolio. Estas reparaciones usualmente consistían en una costura rústica y vigorosa (2010: 58).

La reparación de los pergaminos dañados consistía entonces en suturar los dos bordes de la rasgadura o, si se trataba de un agujero más o menos extenso, en rellenar el vacío con un tejido o bordado que muchas veces alcanzaba una alta calidad artística. Sciacca, en el estudio citado, analiza esta técnica de bordado en la región central de Europa, particularmente en el monasterio de Engelberg, en la abadía de Weingarten y en el convento de Interlaken. Reproducimos aquí algunas imágenes:

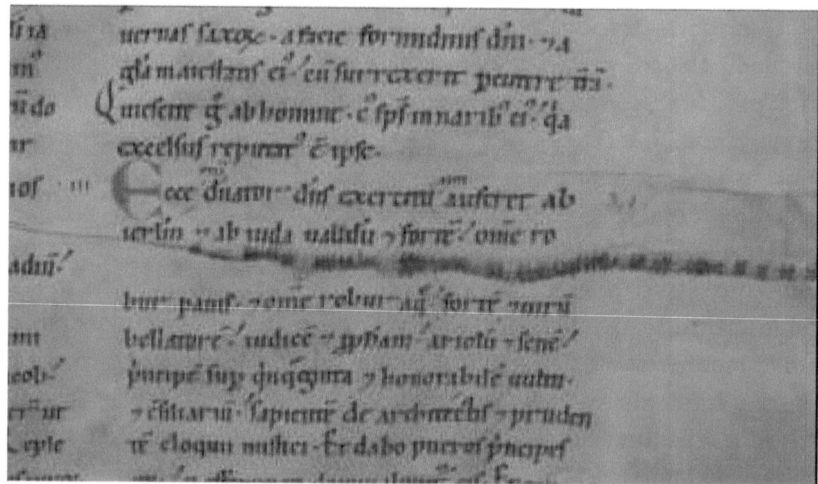

Imagen 8: Reparación con bordado en la Biblia Frowin, vol. 1 (Engelberg, Stiftsbibliothek, Cod. 3), fol. 168r. Fotografía: Christine Sciacca.

El peligro a conjurar, como hemos visto, era la apertura de huecos o rasgaduras en la superficie del pergamino. Cuando tal cosa ocurría, o bien se procedía a coser o zurcir los bordes de la rasgadura (Imagen 8), o bien, en el caso de huecos más pronunciados, a rellenar el espacio vacío con un tejido bordado (Imagen 9).[162]

162 La teoría de cuerdas, de nuevo, da lugar a una metafórica del tejido infinitesimal del cosmos que lo equipara a un bordado: "el tejido ultramicroscópico del cosmos está bordado [*embroidered*] con la más rica de las texturas" (Greene 2004: 370).

Imagen 9: Reparación con tejido bordado de un hueco en un misal (Sitten, Kapitelsarchiv, MS 18), fol. 26r. Fotografía: Christine Sciacca.

Pero se comprenderá rápidamente que, en la medida en que la noción de tejido, de *textus*, y más allá de libro, posee en la tradición teológica, tanto judía cuanto cristiana, un claro sentido ontológico, es preciso interpretar estas imágenes desde una perspectiva también ontológica e histórica.[163] El tejido de la historia, la historia como tejido, como texto envuelto en un volumen, en un rollo que custodia la urdimbre del espíritu, de la divinidad, y la trama de la carne, de la humanidad, el tejido que sólo Cristo vuelve consistente y aglutinante —homogéneo, en suma—, está acosado (y debe interpretarse aquí el término "acoso" como el acoso de un fantasma) por heridas y agujeros despresentificadores. Las imágenes que reproducimos aquí deben leerse en un sentido teológico-metafísico, onto-teo-lógico. Las rasgaduras en el pergamino (de la historia) son rasgaduras en el Ser, los huecos son islas fantasmáticas que interrumpen el *continuum* de la piel cósmica. El trabajo de costura propio del dispositivo cristológico-hipostático es una estrategia teológico-política.

163 Pueden encontrarse innumerables referencias al tejido desde una perspectiva ontológica en los últimos escritos de Merleau-Ponty, particularmente en el grandioso *Le visible et l'invisible*. En este texto póstumo, Merleau-Ponty habla, por ejemplo, del "tejido de un único Ser [*le tissu d'un seul Être*]" (1964: 146), del "tejido de la experiencia [*le tissu de l'expérience*]" (148), de "la textura de la experiencia [*la texture de l'expérience*]" (157), del "tejido de nuestra vida [*le tissu de notre vie*]" (155), etc. Sobre la filosofía de Merleau-Ponty y las nociones de *tissu* y *texture*, cfr. Vasseleu 1998.

En el ensayo "Rediscovering Parchment. The Nature of the Beast", Christopher Clarkson explica que en este pergamino (Imagen 10) puede notarse que el hilo, ahora faltante, pasaba de un lado al otro a través del corte o rasgadura, "previniendo que los bordes se superpongan" (1992: 20). Lo cual no sorprende, puesto que el dispositivo hipostático, lo sabemos por el Concilio de Calcedonia, debía garantizar tanto la unión de lo divino y lo humano cuanto su no confusión (su no superposición, diríamos aquí).

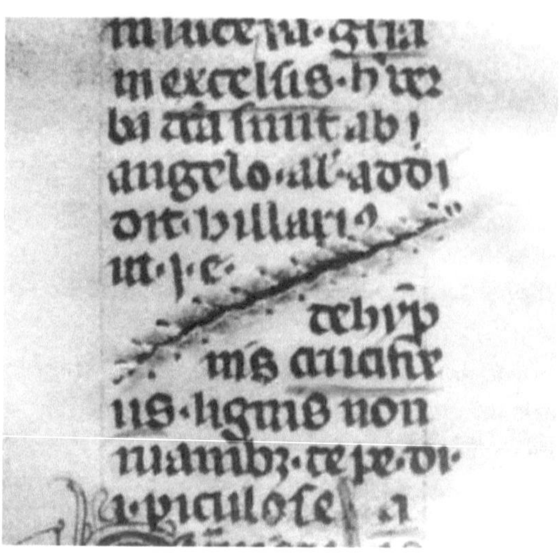

Imagen 10: Rasgadura de un pergamino y rastros de costura, ahora sin hilo. Extraído de Clarkson 1992: 20.

En todos estos casos (salvo la Imagen 9) las rasgaduras interrumpen el texto propiamente dicho, es decir el tejido de signos. La laceración en el soporte implica un quiebre correlativo de la cadena significante. El sentido, *ergo*, se fractura y, con él, la homogeneidad de lo Real. Esta secuencia aleatoria de desgarros, de traumas, por eso mismo, constituye la mayor amenaza para el despliegue textual de la historia. De allí los minuciosos mecanismos de sutura implementados por la cristología dogmática, toda esa red de micro-costuras extendiéndose hasta los rincones más alejados de la cristiandad. Se cose la superficie, como en el pergamino de la Imagen 11, a fin de que la escritura continúe y no se desgarre la trama y el sentido —la trama *del* sentido— de la historia.

Pero en la medida en que el *textus* histórico no puede sustraerse por completo a la erosión despresentificadora, la cristología es inescindible de una traumatología.

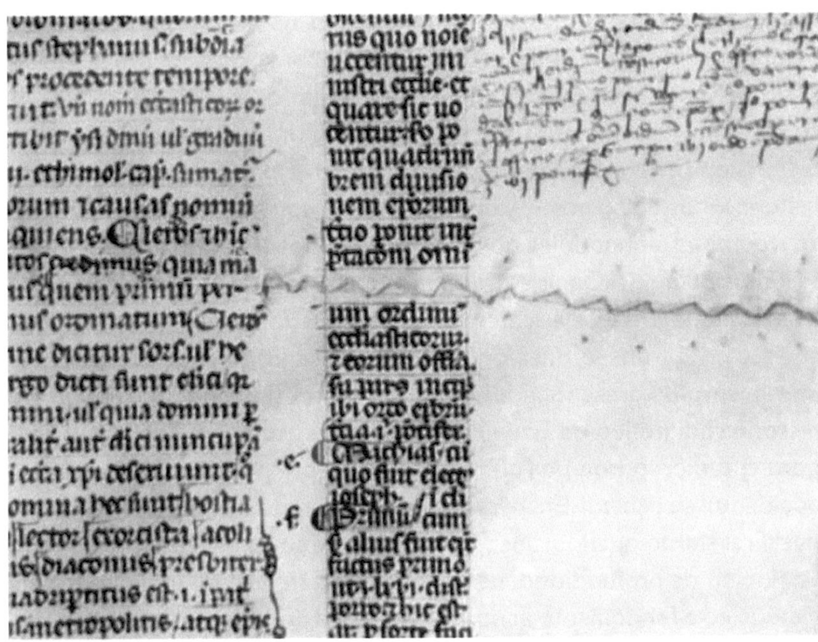

Imagen 11: Rastros de la costura de un pergamino realizado posiblemente en un *scriptorium*. MS.W.135, f. 15r. Extraído de Clarkson 1992: 20.

† † †

El término "trauma", por cierto, proviene del griego *trauma* y significa herida. En tiempos antiguos, hacía referencia a una laceración realizada en un cuerpo (cfr. Caruth 1996: 3-4).[164] En el marco de esta investigación, llamamos trauma a la dehiscencia despresentificadora efectuada por el Anticristo en el tejido de la historia occidental, tanto en su aspecto cósmico u ontológico cuanto en su aspecto propiamente narrativo-

164 Sobre la relación entre historia, memoria y trauma, aunque desde una perspectiva diversa a la nuestra, cfr. Caruth 1995; LaCapra 2014. A diferencia de la propuesta de LaCapra, quien analiza experiencias traumáticas concretas (Holocausto, Hiroshima, Colonialismo, etc.), nosotros consideramos al trauma fundamentalmente como una herida ontológica, es decir como un desgarro en el tejido del Ser y, por lo tanto, de la historia.

historiográfico. De este modo, la historia de la teología cristiana es, a la vez, una suturología (o *raphologia*) y una traumatología. No obstante, esta afirmación es sin duda falaz: la traumatología, ajena por necesidad a la presencia, a la presentificación implementada por Cristo a través de su operación suturológica o *raphológica*, no puede ser recogida en ninguna trama ni en ninguna historia (del Libro). En el tejido cósmico de la historia, la traumatología es la ciencia de los agujeros negros. Cristo es el buen samaritano de la historia de la metafísica –y de la metafísica de la historia–, el que sana las heridas y cura los traumas histórico-cosmológicos –"y acercándose, vendó sus heridas [*katedēsen ta traumata*], echándoles aceite y vino" (Lucas 10:34)–, el *rapheus* del tejido psíquico del Occidente. ¿Quién o qué, entonces, es el Anticristo? El *trauma* de Cristo, evidentemente. Acaso sería preciso, para penetrar en este nivel trans-arqueológico en el que se juega la tensión entre el movimiento de presentificación y el de despresentificación, recurrir al método radigráfico de Ezequiel Martínez Estrada y utilizarlo, no sólo para estudiar la Pampa (cfr. Martínez Estrada 1996), sino la historia occidental en general. Ensayar una radiografía de la historia significaría, pues, revelar lo que Martínez Estrada llamaba la "realidad profunda". La noción de profundidad, aquí, no hace referencia a ningún indecible metafísico o fundamento negativo, sino a las condiciones, contingentes y necesariamente históricas, que se mantienen en general imperceptibles al nivel de la presencia, de la misma manera que la sub-sistencia del fantasma se mantiene en general imperceptible a la mirada atenta a la ex-istencia o a lo Real –mejor aun, a la ex-istencia *de* lo Real. La radiografía, de hecho, es una placa o película que, desde su misma condición *superficial*, revela los estratos *profundos* que sostienen el tejido orgánico. La polaridad superficie-profundidad, en el caso de la placa radiográfica, resulta entonces desarticulada. A ella se aplicaría perfectamente la frase de Paul Valéry que tanto fascinaba a Gilles Deleuze: "lo más profundo es la piel". El método radiográfico de Martínez Estrada se constituye así en "un fenómeno revelador de la realidad profunda, es decir, de la realidad que únicamente puede verse por la radiografía [...] Radiografía es, pues, un apocalipsis, una revelación o puesta en evidencia de la realidad profunda" (Martínez Estrada 1964: 9). Hacer una radiografía histórica significaría entonces revelar los traumas y las heridas que afectan al nivel trans-arqueológico, es decir al nivel en el que el espacio trascendental, arqueológico, de una determinada formación histórica resulta lacerado y fracturado por los traumas despresentificadores. Este nivel trans-arqueológico, al cual no debemos confundir con la *carne* del mundo —y por eso la radiología no se interesa por la carne, sino por los huesos— está constituido por el juego entre el movimiento de perforación o ahuecamiento implementado por el Anticristo y el movimienro de sutura y solidificación implementado por Cristo. La radiología, en tanto *praxis* que permite ver a la vez las fracturas y las soldaduras del esqueleto histórico es, pues, la metodología específica de todo abordaje trans-arqueológico, la ciencia histórica general cuyas dos ramas son la suturología y la traumatología.

† † †

Imágenes 12 y 13: Dos imágenes de una reparación en la cual los dos bordes de la hendidura han sido unidos y alisados para posibilitar la escritura. MS.W.311, f. 306r & v. Extraído de Clarkson 1992: 21.

En las Imágenes 12 y 13, los dos bordes son fusionados y alisados, permitiéndole al amanuense escribir sobre la reparación. Clarkson explica que "esto se lograba posiblemente uniendo los bordes con hilo, luego aplicándole agua caliente y al mismo tiempo frotando la piel alisada. El hilo debe haber sido quitado luego de que la reparación se secara" (1992: 21). Este cuidadoso trabajo de costura y reparación constituye la operación específica de Cristo, el gran tejedor y costurero de la presencia. Sin embargo, como vimos, el tejido de la onto-teo-logía no está exento de heridas y fallas. En las fracturas del texto, en los desfiladeros y las hondonadas de la geografía del *Liber Christi*, es decir del *Liber historiae*, acecha el Anticristo, no sólo para interrumpir la cadena significante, no sólo para deshilachar el tejido de signos, sino incluso para hendir la superficie de inscripción, ese otro tejido a-significante de fibras, y no ya de signos, para ahuecar, en definitiva, la superficie de inscripción, el *a priori* histórico-trascendental.

3. *Lepisma saccharina*

Los bibliófilos conocen un pequeño insecto, procedente del orden de los tisanuros, de la familia *lepismatidae*, conocido como pececillo de plata o *lepisma saccharina*. A diferencia de otros animales herbívoros e incluso de los demás insectos xilófagos, el *lepisma*, cuya longitud no suele exceder el centímetro, es el único organismo, a excepción del molusco llamado *Teredo navalis*, que tiene la capacidad de producir celulasa, una enzima que degrada la celulosa (el biopolímero, por cierto, del que está hecho el papel). Los otros xilófagos consiguen aprovechar la celulosa gracias a una relación de simbiosis con ciertas bacterias y microorganismos que viven en sus tubos digestivos; el pececillo de plata, en cambio, digiere literalmente la celulosa, puesto que la celulasa rompe los enlaces que unen las glucosas que conforman dicho polímero.[165]

En su *Micrographia: Or some Physiological Descriptions of Minute Bodies made by Magnifying Glasses*, Robert Hooke nos proporciona uno de los primeros testimonios sobre el *lepisma saccharina*:

---

165 El proceso por el cual tales enzimas degradan la celulosa se puede resumir en tres pasos: la β -1,4-gluconasa actúa aleatoriamente sobre los enlaces glicosídicos β-1,4 entre las unidades de glucosa que forman la molécula de celulosa mediante la conversión de cadenas largas en oligosacáridos. Dicha enzima actúa sobre regiones de celulosa amorfa o superficies de microfibrilación y, como resultado, disminuye la longitud de las cadenas de celulosa y la creación de nuevos extremos reactivos que servirán como sustrato para reacciones posteriores. La segunda etapa involucra la enzima β-1,4-glucanasa, que corta la cadena de 1,4-β-D-glucano del extremo no reductor de la molécula de celulosa y las celodestrinas y que causa la eliminación de unidades de celobiosa o glucosa. La celobiosis es también un inhibidor de la hidrólisis enzimática llevada a cabo por endoglucanasas y esoglucanasa, reduciendo su eficacia. Finalmente, en la última etapa, se produce la degradación de la región cristalina después de la degradación de las regiones amorfas gracias a la acción sinérgica de endoglucanasas y exoglucanasa. El resultado es la degradación de la celulosa de la celobiosa a la glucosa por la acción de la β-1,4-glucosidasa Cb ya que las glucanasas son inhibidas por la celobiasa. Para una explicación del proceso digestivo del *lepisma saccharina*, crf. Lasker 1957: 123-127. Sobre el *lepisma saccharina* en general, cfr. Clark 1927: 190-192. Sobre los restos de seda formados por el *lepisma saccharina* durante el proceso de apareamiento, cfr. Walker *et all.* 2013: 572-579.

> Este animal probablemente se alimenta de papel y de las cubiertas de los libros, perforándolos y creando varios agujeros redondos, encontrando alimento quizás en esta pulpa de cáñamo y lino [...]; la facultad digestiva, al parecer, de estas pequeñas creaturas es capaz de trabajar con estas substancias difíciles y de reducirlas a otra forma. (1665: 209-210).

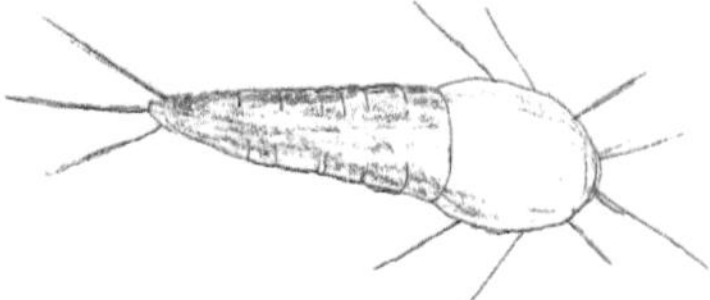

Imagen 14: *Lepisma saccharina*

Resulta curioso que encontremos en este insecto —"el cual puede convertirse en un serio flagelo —advierte C. O. Clark— en relación a los textiles, papeles o materiales semejantes" (1927: 190)— la operación (o des-operación) específica del Anticristo: la degradación o digestión del Libro de la historia occidental. Si la acción de Cristo, como bien ha señalado Teilhard de Chardin, no es sino aglutinar o cohesionar el tejido de lo Real, la des-acción —pero también la des-potenciación— del Anticristo no es sino cortar o interrumpir, como la enzima β-1,4-glucanasa respecto a la cadena de 1,4-β-D-glucano del extremo no reductor de la molécula de celulosa, el entramado de la presencia. El *lepisma saccharina* es al libro empírico lo que el Anticristo es al Libro teológico-metafísico. En otras palabras, el Anticristo es el *lepisma saccharina* del Libro de la historia occidental —que es, desde luego, una historia del Libro. Si Cristo, en tanto *textor*, garantiza la proliferación de celulosa, el Anticristo, en tanto *lepisma*, la digiere. La celulasa, en este sentido, se convierte en el peligro esencial de la onto-teo-logía. El *lepisma saccharina*, es decir el Anticristo, tiene la capacidad de digerir la presencia. De allí el aparato de costura implementado por la teología cristiana. Se trata siempre de zurcir o rellenar los huecos y rasgaduras producidos por el efecto de la celulasa. La relación entre Cristo y el Anticristo es análoga a la que existe entre la celulosa y la celulasa. En suma, el Anticristo es la celulasa que rompe los enlaces de celulosa que componen el tejido, el *textus*, de la historia de la metafísica occidental. La digestión del Anticristo, del *lepisma*, nos abisma en el corazón del afuera.

4. El afuera del texto

La filosofía contemporánea, sabemos, se ha interrogado obsesivamente sobre el afuera del Libro,[166] sobre la posibilidad —y sobre la legitimidad de tal posibilidad— de pensar tan siquiera un afuera o, con mayor cautela, una *clausura* del Libro.[167] Se conoce la operación deconstructiva de la gramatología derrideana y su gesto paradójico: el Libro, lejos de ser el aliado natural de la escritura, sería más bien su enemigo, el disfraz protector de la onto-teo-logía ante la amenaza inasimilable del *texto*.

> La idea del libro es la idea de una totalidad, finita o infinita, del significante; esta totalidad del significante no puede ser lo que es, una totalidad, más que si una totalidad de lo significado le preexiste, vigila su inscripción y sus signos, es independiente de su idealidad. La idea del libro, que reenvía siempre a una totalidad natural, es profundamente extranjera al sentido de la escritura. Ella es la operación enciclopédica de la teología y del logocentrismo contra la disrupción de la escritura, contra su energía aforística y, lo precisaremos más adelante, contra la diferencia en general. Si nosotros distinguimos el texto del libro, diremos que la destrucción del libro, tal como se anuncia hoy en todos los dominios, desnuda la superficie del texto. (Derrida 1967: 30-31).

Derrida contrapone el texto, entendido como "tejido de signos [*tissu de signes*]" (1967: 26), al libro. En efecto, este último no designa sino la organización o la estructuración —la jerarquía, diríamos— del texto. De tal manera que la destrucción del libro, envoltura y custodio absoluto del sentido, posibilitaría la emergencia del texto (de la *œuvre*, para Blanchot), juego de escritura, *différance*: producción inestable de diferencias. No obstante, como hemos dicho, el gesto decisivo de Derrida consiste en mostrar que, a fin de cuentas, el libro es una forma históricamente legitimada del texto. El libro es un texto que ha sido debidamente domesticado e introducido en la economía de la presencia. Y si a lo largo de la historia de la metafísica la escritura ha sido

166 ¿Acaso no ha dicho Maurice Blanchot "que lo que obsesiona al libro (lo que lo acosa), sería esta ausencia de libro que siempre falta" (1969: 630)?

167 Sobre la clausura del Libro, cfr. Derrida 1967a: 429-436.

considerada subsidiaria o secundaria respecto de la voz, la cual pretendería asegurar en su intimidad espontánea la presencia del sentido y el sentido de la presencia, se trataría de mostrar que la voz, en verdad, no es sino una de las máscaras de la escritura; mostrar, en suma, que el libro es un disfraz *policial* del texto.[168] De tal manera que la palabra, el libro, no sería más que el repliegue de un afuera insondable pero necesariamente histórico: la escritura.[169] Dicho de otro modo, si bien es cierto que para Derrida el texto es el "afuera" del libro o la escritura el "afuera" de la voz, si cada vez que salimos del libro nos abismamos en el texto, también es cierto que una vez *caídos* en el texto ya no hay salida, puesto que, sabemos, y lo sabemos por el mismo Derrida, "no hay nada fuera del texto [*il n'y a rien hors du texte*]" (1967: 233). Pero es preciso señalar que el libro, como el texto, como el Ser, es también un tejido: de fibras vegetales, en el caso del papiro o del papel; de fibras animales, en el caso del pergamino.[170] El entrelazamiento de las fibras que componen las hojas del libro, amén de la costura que las liga entre sí en el proceso de encuadernación, constituye un tejido trascendental respecto al texto en su sentido vulgar, es decir como tejido de signos (lingüísticos o no).

Ahora bien, en la medida en que la operación efectuada por el Anticristo, según hemos visto en los apartados previos, consiste en hendir o desgarrar el entramado del *texto*, y no simplemente del libro, sus efectos van más allá incluso que el proyecto derrideano. Por tal motivo, si bien la literatura como *interrogación absoluta*, reconoce Derrida, "no pertenecería jamás a ningún libro" (1967a: 116) pero por eso mismo se inscribiría siempre en las huellas de una "archi-escritura", siempre en el entramado de un texto, del cual no existe —recordémoslo— afuera, es preciso mostrar los agujeros y las rasgaduras que acosan, no ya al libro, sino a su "afuera", al texto mismo. En suma, si "la clausura del libro" es sinónimo de "la abertura del texto" (1967a: 429) o, lo que es lo mismo, si "la cuestión de la escritura sólo puede abrirse a libro cerrado" (*ibid.*), si "entre Dios y Dios, entre el Libro y el Libro [...] la escritura vela" (*ibid.*),

168 Sobre el sentido que le damos aquí al término *policial*, cfr. Rancière 1995.

169 Para un panorama general sobre la historia de la escritura y su relación con los diversos soportes, cfr. Fischer 2001.

170 La idea del Libro como "tejido viviente" se encuentra en el centro de la cábala: "Que la Torá es un organismo viviente es una noción que se encuentra en la línea de varias corrientes del pensamiento de los cabalistas" (Scholem 1998: 48).

no la escritura en su sentido vulgar, desde luego, sino como *différance*, como "la sombra del libro" (*ibid.*: 436), es preciso mostrar las hendiduras o las fracturas que interrumpen la trama de la *différance* misma, que se sustraen a la economía lúdica de la diferencia, a la operación subversiva del texto. En las heridas del tejido histórico, del Libro pero también del texto, ni siquiera vela la escritura, esa "(pura) forma de exterioridad", en palabras de Blanchot (cfr. 1969: 632). El Anticristo, en este sentido, es decir el despresentificador, es el hueco al interior de la *différance*, la suspensión de la archi-escritura, el descalabro incluso de ese *jeu insensé d'écrire* (Mallarmé) que para Blanchot apuntaba ya, titubeante, a la ausencia de Libro. Si el texto es el afuera del libro, el Anticristo es el afuera del texto, que para Derrida no existe.[171]

Se comprenderá entonces que el Anticristo efectúa una despresentificación que afecta fundamentalmente a la dimensión *trascendental* del libro. Si, como sostiene Blanchot, "el libro es el *a priori* del saber" (1969: 621), entonces las rasgaduras y los agujeros del libro son lesiones en el espacio trascendental de la historia. No se trata sólo de rupturas en el nivel empírico de los signos, en las eventuales actualizaciones significantes, sino de verdaderos desgarros en la superficie de inscripción del texto histórico. Según Derrida y Blanchot, la superficie de inscripción no es el libro sino el texto o la escritura. Y si el libro, el *a priori* del saber, no es sino una forma legitimada históricamente del texto, entonces éste es el *a priori* de aquél, el *a priori* del *a priori*.[172] Lo cual no significa que la dehiscencia producida por el Anticristo en el tejido del libro implique un descubrimiento o una apertura del texto, como sugiere Derrida. La herida es demasiado profunda: atraviesa libro

171 Con la noción de *neutro*, sin embargo, retomada entre otros por el mismo Derrida, Blanchot se ha arriesgado a pensar aquello que parecería perderse más allá del pensamiento y del sentido, no en un más allá trascendente, elevado, soberano, sino en una región ajena e irremediablemente obliterada. ¿Será casual que en esa neutralidad, siempre ligada en Blanchot y en Derrida a la escritura, se insinúe la estela evasiva del fantasma?: "Neutro sería el acto literario que no es ni de afirmación ni de negación y (en un primer momento) libera el sentido como fantasma, acoso, simulacro de sentido, como si lo propio de la literatura fuera ser espectral" (1969: 448). En nuestro caso, el fantasma es ajeno tanto a la voz cuanto a la escritura. El Anticristo, el *phantasma*, a diferencia de Cristo, el *eikōn*, no se hace nunca presente, pero justamente por esa razón, debilita la presencia y la hunde en las profundidades del sueño que es, se sabe, el profeta intermitente de la muerte. Sobre el sentido que le damos aquí al término *phantasma*, cfr. la nota 173 y el apartado 1 del cap. VI.

172 Sobre la noción de "*a priori* del *a priori*", cfr. Prósperi 2019: 559-562.

y texto, *phōnē* y *gramma*, *a priori* y *a priori* del *a priori*. Por ese motivo la dehiscencia no implica, frente a la relación analógica del libro/voz con el alma, una reivindicación del cuerpo, sino algo más abominable, *lo* abominable: el fantasma.[173] Por el contrario, Derrida afirma en *De la grammatologie*:

> ...la escritura, la letra, la inscripción sensible han siempre sido consideradas por la tradición occidental como el cuerpo y la materia exteriores al espíritu, al aliento, al verbo y a su logos. Y el problema del alma y del cuerpo es sin duda derivado del problema de la escritura al cual parece –inversamente– prestar sus metáforas. (1967: 52).

Derrida propone la siguiente analogía: la escritura es al cuerpo lo que la voz es al alma, o también, el texto es al cuerpo lo que el libro es al alma. Se notará, entonces, la especificidad del gesto del Anticristo: hiende el libro, la voz, el alma, el espíritu, pero en vez de restituir sus derechos al texto, a la escritura, al cuerpo, a la carne, profundiza la hendidura y atraviesa incluso la materialidad que le sirve de soporte.[174] Por eso la rasgadura es tanto empírica como trascendental (doblemente trascendental, incluso), tanto espiritual como corporal, tanto inteligible como sensible. A través de ella accedemos a ese

173 El término *phantasma* designa para nosotros una entidad irreductible a lo sensible y lo inteligible o a la materia y el espíritu. Así como Cristo, en tanto *eikōn*, aglutina (es decir cose o sutura) lo humano y lo divino, el Anticristo, en tanto *phantasma*, lo separa y desune. La operación de Cristo, por eso mismo, es eminentemente *conjuntiva*; la del Anticristo, *disyuntiva*. En cierto sentido, nuestra concepción del *phantasma*, que por razones de extensión no podemos desarrollar aquí, remite a Deleuze 1969: 245-252. Además de este ensayo de Deleuze, es preciso mencionar el notable capítulo IX de *Principios de espectrología*, el segundo volumen de *La comunidad de los espectros*, en el que Fabián Ludueña Romandini señala el vínculo que existe para la filosofía de Occidente entre el *phantasma*, el aparecer y el espectro, el cual "se resuelve en un resto inasimilable para la metafísica del pensar, la representación y el aparecer como fenómeno. Por cierto, dicho resto será, siempre, el fantasma expulsado que no podrá dejar de 'acosar', en tanto exterioridad absoluta, la cosa misma de la potencia pensante y, como tal, se conformará como la entidad, *par excellence*, destinada a cuestionar el pensar como posición autónoma y suficiente del hombre o de la divinidad" (2016: 140).

174 Sería posible afirmar que la intermitencia del Anticristo, es decir de las fracturas del –y en el– tejido histórico, se asemeja a un *fenómeno cársico*. Sergio Givone, en su *Storia del nulla*, recurre a esta expresión –que alude, en su sentido geográfico, al tipo de relieve calcáreo surcado por hendiduras que permiten una rápida absorción de las aguas y un desarrollo de su circulación subterránea– para explicar la aparición intermitente de la Nada a lo largo de la historia de la filosofía occidental (cfr. 1995: xi). Si bien el Anticristo no se identifica para nosotros con la Nada, la expresión "fenómeno cársico" explica de manera precisa el acoso despresentificador que sufre, aquí y allí, el libro de la historia de Occidente.

effondement universel del que habla Gilles Deleuze (cfr. 1968: 98), por ella nos abismamos en el dominio despresentificador de los sueños y de la muerte, el *sheol* o el *hadēs*; no para encontrar allí, por cierto, la espesa materialidad de los cuerpos, tampoco la etérea espiritualidad de los ángeles, sino la paradójica neutralidad del fantasma. Ni *res extensa* ni *res cogitans*, ni substancia ni accidente, ni acto ni potencia, ni forma ni materia, ni empírico ni trascendental: el fantasma no pertenece a ninguna de las regiones de la metafísica en su sentido tradicional o dogmático.

Es preciso entender correctamente el punto que estamos intentando señalar respecto a la deconstrucción derridiana: no se trata de afirmar que la propuesta de Derrida consiste simplemente en invertir las oposiciones o las jerarquías dominantes (por ejemplo, afirmar el cuerpo sobre el alma, el texto sobre el libro, el *gramma* sobre la *phone*, etc.). Si bien es cierto que la estrategia derridiana consiste en un primer momento en recuperar el elemento marginado o supuestamente intrascendente, es sólo con el objetivo de dislocar o suspender en un segundo momento la oposición en cuanto tal. Basta recordar la conferencia pronunciada en la *Société française de philosophie* el 27 de enero de 1968, en la que Derrida identifica a la *différance* con un "orden que resiste a la oposición fundadora de la filosofía entre lo sensible y lo inteligible" (1972: 5), razón por la cual se ubica "entre palabra y escritura" (1972: 5). La operación de la *différance*, explica también Derrida en una maniobra estratégica que emparenta su neologismo con lo neutro blanchotiano, recuerda algo similar a la voz media, en tanto "no se deja pensar ni como pasión ni como acción de un sujeto sobre un objeto, ni a partir de un agente ni a partir de un paciente, ni a partir ni en vista de ninguno de estos términos" (1972: 9). En este sentido, Mónica B. Cragnolini ha explicado el doble gesto de la deconstrucción con notable lucidez:

> La deconstrucción no consiste ni en una destrucción de las estructuras binarias (que plantearía un monismo metafísico) ni en una inversión de dichas estructuras (que repetiría "al revés" ese dualismo). Es cierto que la tarea de la "solicitación" supone, en algún momento la inversión [...] De allí esos juegos derridianos, en los que lo marginal, lo suplementario, lo no importante, pasa a ocupar un lugar diverso, no por mera inversión, sino ejercitando la inversión como uno de los modos de la mostración de la poca importancia de las jerarquías de los opuestos. (2012: 21-22).

Nuestra intención, por lo tanto, no es identificar el proyecto deconstructivo propuesto por Derrida con una mera inversión de las oposiciones, descuidando así el momento de indecidibilidad y de dislocación de esas estructuras dicotómicas, sino más bien señalar que esa indecidibilidad es siempre pensada en términos de *différance*, es decir como una proliferación de diferencias sin origen ni fin. En este sentido, nuestra lectura de Derrida se basa de algún modo, como se verá en el apartado siguiente, en la crítica formulada por Giorgio Agamben al proyecto gramatológico (cfr. Attell 2015: 19-39). Es preciso decir que la lectura de Agamben —quien, a diferencia de Derrida, coloca a la Voz como fundamento negativo de la onto-teo-logía— ha sido considerada por varios autores injusta e imprecisa, sobre todo porque pareciera concentrarse solo en uno de los momentos de la deconstrucción, la inversión de las jerarquías, y descuidar el momento de suspensión y desarticulación. Consideramos que es una observación válida y que Agamben, en efecto, tiende a descuidar este segundo momento del proceso deconstructivo. Sin embargo, también es cierto, como dijimos, que Derrida piensa siempre a la desactivación de las oposiciones en términos de *différance*, es decir como un juego de diferencias que imposibilita cualquier constitución fundacional, así como invalida la primacía de un término sobre el otro, mientras que la propuesta de este capítulo es mostrar que el gesto extremo del Anticristo consiste en suspender incluso ese juego o esa economía, es decir horadar el mismo proceso diferencial denotado por el concepto (que no es un concepto) de *différance*, lo cual para Derrida sería imposible porque no existe para él un afuera del texto o del proceso diferencial, sino que la *différance* o el texto *son* el afuera.

En uno de los estudios más minuciosos de la relación muchas veces polémica o por lo pronto crítica entre Derrida y Agamben, Kevin Attell ha explicado esta supuesta "deficiencia" en el planteo derridiano según la óptica de Agamben con palabras esclarecedoras. Refiriéndose a la lectura que ambos filósofos realizan de "Zur Kritik der Gewalt", el célebre ensayo de W. Benjamin, Attell explicita las diferencias entre ambas posiciones y, al hacerlo, muestra indirectamente aunque con gran claridad lo que estamos intentando sugerir en este capítulo. Citamos el pasaje que nos interesa:

> Para Derrida, la indetenible oscilación y contaminación entre los términos polares sostienen al sistema binario en una topología dife-

> rencial que no puede ser nunca remitida a un fundamento final u originario (excepto el no-fundamento de la alteridad ética y la responsabilidad del Otro). Esta oscilación también revela que el concepto de origen mismo se encuentra inscripto en una lógica de la iterabilidad. Para Agamben, por el contrario, el núcleo del análisis de Benjamin —y por supuesto, de su propio esfuerzo— consiste en separar definitivamente lo que ha sido forzosamente (soberanamente) articulado a fin de abrir un espacio no jurídico para la acción humana. (2015: 137).

Nuestra tesis es que la operación que efectúa el Anticristo al interior del Libro abre la vía a un afuera análogo a lo que Attell, siguiendo a Agamben, llama un "espacio no jurídico". Así como las nociones de "uso" o de "juego" designan para Agamben un espacio no jurídico de acción, es decir un afuera respecto de la Ley y del derecho, asimismo el Anticristo designa un espacio no diferencial, un afuera de la *différance* misma, es decir del texto. En efecto, la condición diferencial o diferida de la ley, y a la vez la imposibilidad de sustraerse a ese juego de retardos y diferimientos, es evidente en la lectura que realiza Derrida del relato kafkiano "Vor dem Gesetz": "La prohibición presente de la ley no es entonces una prohibición, en el sentido de obligación imperativa, es una *différance*" (1985: 120); y un poco más adelante: "El origen de la *différance*, he aquí lo que no se debe y no se puede aproximar, presentar, representar y sobre todo penetrar. He aquí la ley de la ley, el proceso de una ley respecto de la cual no se puede jamás decir 'hela aquí', aquí o allá" (1985: 122). Como puede verse, el planteo de Derrida consiste en mostrar la imposibilidad de sustraerse al juego de la *différance*, imposibilidad que compartiría, además, con la literatura. Recuérdese la pregunta retórica que avanza casi al inicio de su lectura del relato de Kafka: "¿y si la ley, sin ser ella misma atravesada por la literatura, compartiera sus condiciones de posibilidad con la cosa literaria?" (1985: 109). Por el contrario, en este libro afirmamos que el Anticristo (equivalente, en cierto sentido, a *la chose littéraire*) efectúa incluso una fisura en el juego diferencial y abre el camino consecuentemente a un afuera respecto a la *différance* misma. El "uso" o la "profanación" de la Ley no designan en este sentido sólo una indecidibilidad, un diferimiento o una contaminación entre dos términos dicotómicos, sino un afuera de esa misma proliferación diferencial en la que se asienta la oposición binaria.

5. La barra del signo

Agamben, sin duda, es uno de los pensadores contemporáneos que más ha insistido en la insuficiencia del proyecto derridiano a la hora de "superar" la historia de la metafísica. Ya en un texto temprano como *Stanze. La parola e il fantasma nella cultura occidentale*, Agamben decía lo esencial:

> Poner en el inicio una escritura y un rastro significa poner el acento en esa experiencia original, pero no por cierto superarla. *Gramma* y *phōnē* pertenecen en efecto ambos al proyecto metafísico griego, que, calificando de "gramática" a la reflexión sobre el lenguaje y concibiendo la *phōnē* como *sēmantikē* (o sea como signo de una 'escritura del alma'), ha pensado desde el comienzo el lenguaje desde el punto de vista de la 'letra'. La metafísica de la escritura y del significante no es sino la otra cara de la metafísica del significado y de la voz, el venir a la luz del fundamento negativo y no por cierto su superación. (1979: 187).

Tres años después de la publicación de *Stanze*, en el seminario *Il linguaggio e la morte*, Agamben volvía a insistir en la imposibilidad de superar la metafísica profundizando la vía negativa, inherente —según el autor— a la misma tradición que se pretendía deconstruir. En la "ottava giornata", por ejemplo, aludía al "límite de toda crítica de la metafísica —y tales son tanto la filosofía de la diferencia como el pensamiento negativo y la gramatología— que piensa traspasar su horizonte radicalizando el problema de la negatividad y de lo infundado" (1982: 105). Como puede verse, esta lectura de Agamben pareciera centrarse en el momento de inversión del procedimiento deconstructivo, sin atender al momento de suspensión o desactivación de las oposiciones, razón por la cual el filósofo italiano inscribe a Derrida en la tradición metafísica de la negatividad. Sin embargo, es pertinente atender a la advertencia de Mónica Cragnolini respecto a no identificar a la deconstrucción con alguna forma de teología negativa:

> La *différance* es lo que no se hace presente, porque hace posible la presentación de lo presente. A veces, pareciera que la forma de hacer referencia a la misma supone una caracterización desde la teología negativa: no es, no es un ser presente, no existe. Sin embar-

go, esto no posibilita una reapropiación teológica (u ontoteológica) del tema de la *différance*, porque ella es la que abre el espacio en el que la ontoteología se produce y, en este sentido, también la excede. (2012: 19-20).

Esta advertencia de Cragnolini, no obstante, nos permite precisar nuestra posición: no es que el Anticristo suspenda sólo las oposiciones en las que se estructura la metafísica de la presencia, sino que va más lejos aún y suspende la proliferación diferencial que abre el espacio de esas oposiciones. Desde una perspectiva cercana a la nuestra –aunque no idéntica– Agamben ha sostenido que no se trata de afirmar el significante o la escritura sobre el significado o la voz, sino de "reconocer la situación originaria del lenguaje, ese 'plexo de diferencias eternamente negativas', en la barrera resistente a la significación" (1979: 188). Tal es así que Agamben identifica a lo humano, en un claro gesto antropocéntrico acaso heredado de Heidegger, con esa fractura en la que se fundan los dos elementos del signo:

> El núcleo originario del significar no está ni en el significante ni en el significado, ni en la escritura ni en la voz, sino en el pliegue de la presencia sobre el que estos se fundan: el *logos*, que caracteriza al hombre en cuanto *zōon logon echon*, es ese pliegue que recoge y divide cada cosa en la "conmesura" de la presencia. Y el humano es precisamente esa fractura de la presencia, que abre un mundo y sobre el cual se sostiene el lenguaje. El algoritmo S/s debe reducirse por eso a la sola barrera: —. (1979: 188).

Nadie ha captado con tanta agudeza la condición fantasmática de la barra del signo como Héctor Libertella. El párrafo inicial de ese libro notable y perverso que es *El árbol de Saussure* muestra a la perfección, es decir de modo paródico, la centralidad de la barra en el proceso de significación. El primer apartado, titulado "La barra del bar" (y téngase presente que "barra" en inglés se dice "bar", con lo cual podría leerse "la barra de la barra"), comienza así: "Con los codos apoyados en la barra de metal, los parroquianos del ghetto miran con mirada boba el único árbol de la plaza, sin imaginar siquiera que el bar donde se encuentran proviene, casualmente, de barra" (Libertella 2000: 15). La barra del bar es la superficie en la que se juega la trans-dialéctica entre la operación conjuntiva de Cristo y la operación disyuntiva del Anticristo. No es por eso casual que Agamben identifique a lo simbólico y lo diabólico con los dos movimientos del significar y por ende de la metafísica occidental en cuanto tal:

> En cuanto que en el signo está implícita la dualidad del manifestante y de la cosa manifestada, es en efecto una cosa fragmentada y doble, pero en cuanto que esa dualidad se manifiesta en el único signo, éste es por el contrario una cosa conjunta y unida. Lo *sim*bólico, el acto de reconocimiento que reúne lo que está dividido, es también lo *dia*bólico que continuamente transgrede y denuncia la verdad de ese conocimiento (1979: 160; el subrayado es de Agamben).

En este punto, convendría recuperar las especulaciones de Fabián Ludueña Romandini acerca de su espectrología post-metafísica y de la distancia que lo separa de —al mismo tiempo que lo acerca a— la hantología derridiana: "Sólo una espectrología post-deconstruccionista y, por lo tanto, en pleno derecho también post-metafísica podrá dar cuenta de la geografía y de la fisiología de los espectros" (2016: 208); y un poco más adelante: "Una tarea de esta índole indica, con todo, dar un paso *a partir de* la deconstrucción pero, también, *más allá de* ella hacia una ciencia de lo espectral en cuanto *topos* in-sistente por fuera de toda fenomenología de la vivencia" (2016: 209). Creemos que la distancia que toma Ludueña respecto de la deconstrucción derridiana en lo que concierne a la espectrología es análoga, en cierto sentido y salvando las evidentes diferencias, a la que tomamos en este capítulo respecto a la posición de Derrida en lo concerniente al texto y la *différance*. En este sentido, la noción de Anticristo, entendido como el costado fantasmático o espectral de Cristo, si bien conserva muchos puntos en común con la hantología derridiana, difiere en otros puntos no menos esenciales. La figura del *lepisma*, es decir del Anticristo es también, como la espectrología de Ludueña, post-hantológica (cfr. Ludueña Romandini 2016: 197-209).

Conclusión

En el famoso ensayo "Zur Seinsfrage" de 1955, Martin Heidegger proponía escribir la palabra Ser con una tachadura en forma de cruz (*kreuzweise Durchstreichung*): *Sein*. Esta curiosa tipografía, por cierto, debía funcionar ante todo como una advertencia: no confundir el ser con el ente, no reducirlo a la relación sujeto-objeto, no introducirlo en la economía de la representación, etc. Pero esencialmente la tachadura pretendía mostrar la Cuaternidad (*das Geviert*) que define el lugar en el que habitan los mortales. En la célebre conferencia *Bauen Wohnen Denken*, Heidegger explica:

> Desde una unidad originaria los cuatro –tierra y cielo [*Erde und Himmel*], los divinos y los mortales [*die Göttlichen und die Sterblichen*]– pertenecen a una unidad. [...] Esta unidad de los cuatro la llamamos la Cuaternidad [*das Geviert*]. Los mortales están en la Cuaternidad al habitar. (2000: 151-152).

La tachadura en forma de cruz, así, procuraba mostrar la reunión (*Versammlung*) de estos cuatro extremos en el centro de la X, "en el lugar de cruce [*im Ort der Durchkreuzung*]" (Heidegger 1976: 411). La palabra *Sein* se encuentra, no meramente tachada, sino –es el término del propio Heidegger– *cruzada*. Pero el Ser cruzado, crucificado, la crucifixión ontológica, es la cifra –lo hemos visto– de Cristo.[175] Toda la his-

175 Para un análisis textual e iconográfico del símbolo de la cruz cristiana, cfr. Baert 2004. La madera de la cruz de Cristo (*Lignum crucis*) fue una de las reliquias más valiosas de la historia cristiana. Como explica Barbara Baert en su notable *A Heritage of the Holy Wood. The Legend of the True Cross in Text and Image*: "En la leyenda de la madera de la Cruz [*the Wood of the Cross*] la madera posee todos los poderes de la reliquia de la misma Cruz" (2004: 10). El *Lignum crucis*, además, poseía un sentido íntimamente vinculado con la función soteriológica propia de la teología cristiana: "El tema fundamental de la literatura acerca de la madera de la Cruz es la *translatio* espacial y temporal del Paraíso a la historia de la salvación" (2004: 306); y también, en relación al aspecto escatológico de las leyendas de la *Inventio crucis* y la *Exaltatio crucis*: "La reliquia de la Cruz sobre la tierra es un instrumento epifánico de Dios: encontrada en Cristo, fue victoriosa sobre los judíos y el Diablo; exaltada una segunda vez en Cristo fue victoriosa sobre el Anticristo y los paganos" (2004: 6). No deja de ser curioso, en este sentido, que el *lepisma saccharina* sea prácticamente el único animal capaz de digerir, es decir de descomponer la pulpa de la madera con la que se hace el papel. Como explica Reuben Lasker en su artículo "Silverfish, a Paper-Eating Insect": "El hábito de comer papel es único, porque el papel está hecho de pulpa de madera [*wood pulp*], la cual se compone mayormente de celulosa, un polisacárido de glucosa que puede ser digerido por muy pocos animales" (1957: 123); luego de lo cual Lasker concluye que el lepisma saccharina "es capaz de digerir celulosa con gran eficacia y sin la ayuda de microorganismos simbióticos intestinales. Para hacer tal cosa, el animal debe producir en sus propios tejidos un catalizador o enzima (celulasa) cuya función es la de regular la descomposición de la celulosa" (1957: 126). Como hemos indicado, la diferencia –y la irremediable proximidad– entre Cristo y el Anticristo es análoga a la que existe entre la celul(o)sa y la celul(a)sa. La diferencia consiste sólo en una letra, pero esa letra lo cambia todo: es el abismo, la diferencia de naturaleza entre el *eikōn* (celulosa) y el *phantasma* (celulasa).

toria de la metafísica se condensa o converge en esta tachadura. No nos interesa, desde luego, pronunciarnos a favor o en contra de la eventual superación de esa historia a través de la tachadura –superación, además, que el mismo Heidegger consideraba en cierto sentido equivocada y vulgar. Pero sí nos interesa mostrar la profunda relación entre la cruz y el tejido. En efecto, la cruz es la forma más básica del tejido, la puntada originaria, el cruce más simple entre dos líneas. Es probable que la nostalgia de Heidegger por Grecia, común a varios alemanes, lo haya inducido a tachar la palabra *Sein* con una cruz griega: X (*chi*: *chi-asmos*). Sin embargo, basta girar la tachadura 45° para que la X se transforme en una T (*tau*: *s-tau-ros*): ~~Sein~~.[176] En efecto, ¿no es Cristo precisamente el puente (*die Brücke*) entre Dios y las creaturas?[177] ¿No es el centro que mantiene zurcidos, reunidos o aglutinados a los hombres con la divinidad y a la tierra con el cielo? ¿No es el eje, como decía Teilhard de Chardin, que sostiene y da consistencia a la tela del Universo?[178]

Pero es posible que la tachadura heideggeriana no sea la última puntada. Sería preciso instalarse en el centro de la cruz, donde se ubi-

---

176 Este giro, no por ser leve, deja de tener un significado profundo a nivel filosófico. Como veremos en breve, la cruz cristiana baja el cielo a la tierra –"he aquí el reino de Dios entre vosotros está" (Lucas 17:21)–, instaura la inmanencia, sin dejar de asegurar la trascendencia de la divinidad a la que mantiene siempre en el extremo más alto. En efecto, la X permitía consignar los divinos y el cielo en el plano superior, a la vez que la tierra y los mortales en el plano inferior. El cristianismo distribuye de otro modo los extremos de la Cuaternidad. De todas formas, en ambos casos, X o T, la función de la cruz consiste en reunir (*religare*) los extremos. Sobre el término *religare* y su relación con *religio* (religión), cfr. la nota 206. No deja de ser curioso, además, que en el *De capitis vulneribus* Hipócrates sostenga que las suturas del cráneo pueden tener la forma de la letra T (*tau*), en caso de que se trate de una persona con una frente prominente, o de la letra X (*chi*), en el caso de una persona sin prominencias craneales. Existe una tercera posibilidad, añade Hipócrates: las personas que tienen una prominencia tanto en la frente como en el fondo del cráneo, en este caso las suturas se asemejan a una letra H (*eta*). Sobre este punto, cfr. Hipócrates *De capitis vulneribus* I, 1-29.

177 En la conferencia *Bauen Wohnen Denken*, Heidegger dedica varias páginas a la figura del puente, puesto que su esencia consiste en coligar o conectar, sin confundir, la tierra con el cielo y los divinos con los mortales (cfr. Heidegger 2000: 154-161).

178 La tachadura en forma de cruz, la crucifixión del Ser retoma, sin duda alguna, la *ontología textil* propia de la metafísica occidental. Importa señalar, además, que el punto de cruce de la cruz, en la estructura arquitectónica de las catedrales góticas, es considerado "el centro de la iglesia desde un punto de vista litúrgico y estético" (Von Simson 1974: 199). En efecto, el *cruce*, llamado a veces *ciborium*, designaba "el punto de intercepción del transepto principal con los ejes del este y del oeste" (Scott 2003: 103), es decir el punto en el cual el transepto se cruzaba con la nave y el coro (cfr. Kilde 2008: 72). El *ciborium*, por lo tanto, representa el centro de la cruz o, en términos heideggerianos, el *Ort der Durchkreuzung*. Sobre la arquitectura gótica, cfr. Panofsky 1976.

ca el sagrado corazón, para percibir la herida que se abre en el punto de cruce. La cruz reúne, es verdad, los cuatro extremos del Ser, pero sólo para abismarse, alternativamente, en la dehiscencia que la corroe desde su mismo centro.

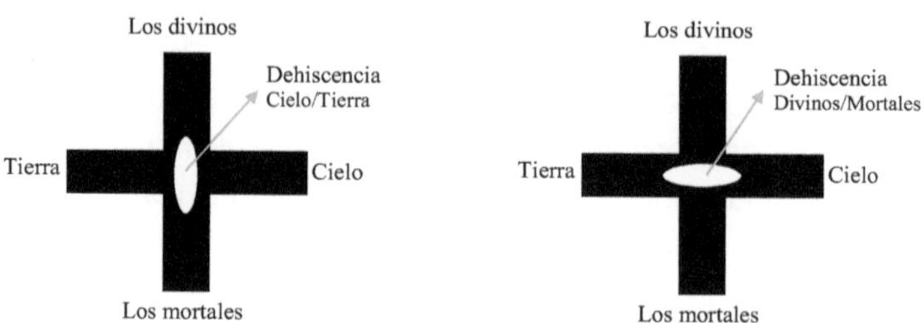

Resulta evidente que esta estructura cruceiforme ha gobernado implícitamente la interpretación del significar como unidad de un significante y un significado desde la Antigüedad greco-latina hasta la lingüística y la semiología modernas. La definición del signo como "unidad lingüística de una cosa doble, hecha de la aproximación de dos términos" propuesta por Ferdinand de Saussure (cfr. 1995: 98) en el célebre *Cours de linguistique générale* encuentra en el *signum crucis* su cifra paradigmática y su fundamento último.[179] La cruz mantiene unidos el significante y el significado según su eje vertical y a la vez instaura una distinción, una barra: —, según su eje horizontal. En este sentido, Saussure puede decir que el signo "es una entidad psíquica de dos caras" (1995: 99). Como Cristo, según su naturaleza hipostática, el signo une sin confundir y distingue sin separar. Por eso mismo no se trata sólo de restitur los derechos del significante, del *gramma*, sino de abismarse en la barrera o el pliegue, no ya para descubrir allí el nexo conjuntivo, icónico, implementado por el dispositivo cristológico, sino

179 Por eso no sorprende que la figura de Cristo, y en especial la encarnación, haya sido identificada por Andrew Robinson con la noción de "cualisigno icónico [*iconic qualisign*]" propuesta por Charles S. Peirce (cfr. Peirce 1998: 296). En su texto *God and the World of Signs. Trinity, Evolution, and the Metaphysical Semiotics of C. S. Peirce*, en el cual utiliza el marco teórico del "padre de la semiótica" para pensar la Trinidad de la teología cristiana, Robinson sostiene: "la persona y la vida de Jesús de Nazaret encarna la misma cualidad del ser de Dios. En tanto cualisigno icónico, la vida de Jesús funciona como un signo en la medida en que no es otra cosa más que lo que encarna, es decir, la cualidad de la presencia transformadora de Dios" (2010: 124); y también, un poco más adelante: "Jesús no representa al Padre como un índice sino como un ícono. Además, Jesús no representa meramente al Padre en algún aspecto sino en todo aspecto. La clase (y la única clase) de signo icónico de la cual tal cosa es verdad es el cualisigno icónico" (2010: 127). Sobre la teoría de los signos de Peirce, cfr. Short 2007.

la dehiscencia disyuntiva, fantasmática, introducida por el Anticristo. Considérense los siguientes esquemas (a la izquierda, el famoso diagrama que utiliza Saussure para ilustrar la estructura básica del signo; a la derecha, la reconfiguración de ese mismo signo a la luz de la herida anti-crística):

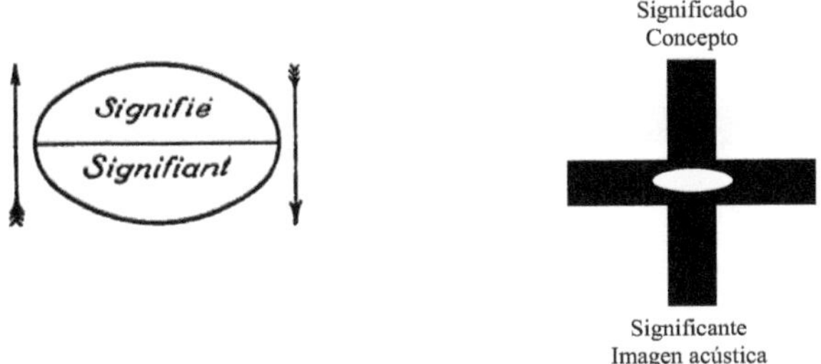

Pero puesto que la lengua es un sistema cuyos términos son solidarios y cuyo valor no resulta más que de la presencia simultánea de los demás, todo signo existe necesariamente en una cadena de signos. Saussure lo ilustra con el siguiente diagrama:

Se comprenderá ahora la radical catástrofe generada por el efecto despresenificador del Anticristo. No sólo rompe el lazo o la aglutinación del significado y el significante, sino la misma cadena de significación, al igual que la enzima β-1,4-glucanasa respecto a la cadena de 1,4-β-D-glucano en el proceso digestivo del *lepisma saccharina*.[180] La

180 De más está decir que esta ruptura de la cadena significante, sumada a la ruptura correlativa de la relación de cada significante con su significado, es el aspecto distintivo, al menos para el psicoanálisis lacaniano, de la esquizofrenia. Permítasenos citar a propósito un extenso pero esclarecedor pasaje de Fredric Jameson: "Cuando esta relación se rompe, cuando los enlaces de la cadena significante se interrumpen, entonces surge la esquizofrenia bajo la forma de un conglomerado de significantes distintos e inconexos. La conexión entre este tipo de malfunción lingüística y la psiquis del esquizofrénico puede ser aprehendida a partir de una proposición doble: primero, que la identidad personal es en sí misma el efecto de una cierta unificación temporal del pasado y el futuro con el presente en el que uno se encuentra; y, segundo, que esa unificación temporal activa es también una función del lenguaje, o mejor aun de la sentencia, en tanto se mueve a lo largo de su círculo hermenéutico a través del tiempo. Si somos incapaces de unificar el pasado, el presente y el futuro de la sentencia, entonces somos también incapaces de unificar el pasado, el presente y el futuro de nuestra

circulación del sentido se suspende, caen los dos palos de la cruz, el vertical que unía sin confundir y distinguía sin separar al significado del significante, y el horizontal que unía sin confundir y distinguía sin separar un signo de otro signo.

Este es el tejido de significación, fundado en el archi-signo de la cruz, que neutraliza el Anticristo, quien ha estado funcionando a la par, como su otro lado, del dispositivo cristológico de zurcido (cada *signum*, como dijimos, es una puntada). Por eso la clausura de la metafísica de la presencia, el advenimiento de ese otro pensar del que habla Heidegger y al que ya se orienta al *cruzar* el Ser, sólo es posible retomando la trama metafísica una y otra vez (movimiento que Heidegger cifraba, como se sabe, en la expresión *der Schritt zurück*), es decir volviendo a tejer, re-tejiendo, re-inscribiéndose en el texto de esa historia, enhebrando los hilos en cuya trama también se siente, desde siempre, el efecto de des-tejido generado por el Anticristo. Por eso el pensar, como el ser, el tejido en el que se entrelaza su mutua presuposición, no puede sustraerse al acecho de la despresentificación, al derrumbe de la presencia. En el centro de la cruz no está el Ser, ni siquiera sustraído a la objetivación, ni siquiera redimido del olvido metafísico, sino un dominio neutro irreductible, allende a toda palabra y toda tachadura, a toda ontología y toda tipología, a toda voz y toda escritura, a todo significado y todo significante. No es la Nada, sin embargo... es el fantasma.

---

propia experiencia biográfica o vida psíquica. Con el derrumbe de la cadena significante, por lo tanto, el esquizofrénico se ve reducido a una experiencia de puros significantes materiales, o, en otras palabras, a series de presentes puros e inconexos en el tiempo" (1991: 27). Aplíquese este principio a la *psychē* de la historia occidental, añadiendo además la ruptura o el desgarro de los significantes mismos, y se tendrá una noción del colapso despresentificador ocasionado por el Anticristo.

CAPÍTULO VI

De Christo et Antichristo

Introducción

El término *antichristos* figura sólo cuatro veces en la Biblia, las cuatro en el Nuevo Testamento: tres veces en la primera epístola de Juan y una vez en la segunda epístola. En dos ocasiones, además, el término aparece vinculado a quienes no creen en la realidad carnal de Cristo. Citamos dos pasajes, uno de cada carta:

> En esto conoced el Espíritu de Dios: Todo espíritu que confiesa que Jesucristo ha venido en carne [*en sarkí*] es de Dios; y todo espíritu que no confiesa que Jesucristo ha venido en carne no es de Dios; y éste es el *espíritu* del anticristo [*to tou antichristou*], del cual vosotros habéis oído que ha de venir, y que ahora ya está en el mundo. (1 Juan 4:2-3).
>
> Porque muchos engañadores han entrado en el mundo, los cuales no confiesan que Jesucristo ha venido en carne [*en sarkí*]. El que tal hace es el engañador y el anticristo [*ho planos kai ho antichristos*]. (2 Juan 1:7).

El enigma del Anticristo no ha dejado de perturbar a los teólogos y Padres de la Iglesia ya desde los primeros siglos.[181] En cierto sentido, el desarrollo de la cristología dogmática ha implicado, de forma más o menos velada, el desarrollo paralelo de una anticristología.[182] Como

181 Sobre la figura del Anticristo en la teología cristiana, cfr. Jenks 1991; Hughes 2005; Emmerson 1981.

182 Los estudiosos de la teología dogmática del cristianismo hablan de una anticristología para referirse a los diversos tratados que, desde los primeros siglos hasta la Modernidad, aluden

puede verse en los dos pasajes de Juan que hemos transcripto, la figura del Anticristo (*ho antichristos*), así como la de los diversos anticristos (*hoi antichristoi*), está relacionada con el problema de la encarnación, es decir con la asunción de la naturaleza humana por parte del Hijo de Dios. Varios Padres apologéticos han identificado a estos anticristos con los diferentes grupos heréticos que negaban la carne de Cristo, en particular los docetistas, los gnósticos y los marcionitas. En efecto, para Marción[183] (y aquí resulta evidente el aspecto docetista del marcionismo),[184] según testimonia Tertuliano en su *Adversus Marcionem*, "Cristo era un fantasma [*phantasma vindicans Christum*]" (III, 8).

En este capítulo sostendremos, alejándonos por supuesto de la cristología dogmática, que el Anticristo no es el *otro* absoluto de Cristo, sino el *mismo* Cristo pero *qua phantasma*. Nos explicamos: para la tradición cristiana, el Hijo de Dios es la imagen consubstancial del Padre, el que media entre el Creador y las creaturas. Para decirlo con Pablo: "Cristo es la imagen [*eikōn*] del Dios invisible" (Col. 1:15); o también, esta vez con Juan: "El que me ha visto a mí, ha visto al Padre" (Juan 14:9). Esta concepción de Cristo como imagen, frecuente en los Padres de la Iglesia desde los primeros siglos hasta la escolástica (la querella iconoclasta pondrá nuevamente en primer plano el problema de la imagen de Cristo), se funda sobre todo en la tradición platónica y neoplatónica.[185] Por eso Cristo es siempre pensado como *eikōn*, es

---

a la figura del Anticristo. Kevin L. Hughes, por ejemplo, habla de una "anticristología paulina [*pauline antichristology*]" (2005: 30) o de una "anticristología agustiniana [*augustinian antichristology*]" (2005: 139). En nuestro caso, como se verá hacia el final, nos servimos de este término para designar una corriente que ha permanecido velada por la tradición dogmática. En cierto sentido, podría decirse que la teología cristiana se ha constituido en cuanto tal a partir de una obliteración de la anticristología. No hay que creer, sin embargo, que la anticristología designa sólo una corriente de pensamiento, una sucesión de teorías acerca del Anticristo. La anticristología, para nosotros, posee un sentido profundamente metafísico: ella alude a la fractura o la dehiscencia que, como veremos, desde el mismo origen del dogma cristológico coincide con el espacio o el *topos* específico de las imágenes. Cristo *qua phantasma* es la figura que simboliza la apertura de este espacio imaginal e irreductible a las dos regiones metafísicas de la onto-teo-logía: sensible-inteligible, materia-espíritu, visible-invisible, etc.

183 Sobre Marción, cfr. el cap. II.

184 Sobre el docetismo, cfr. la nota 62.

185 Las líneas dominantes de la teología cristiana hunden sus raíces en dos grandes tradiciones: la bíblica de origen hebreo y la filosófica de origen helénico. En esta segunda tradición, además, sobre todo en lo que concierne a la cuestión de la imagen de Dios, la filosofía platónica, y en menor medida el estoicismo, ocupa un lugar destacado. Henri Crouzel ha explicado esta doble influencia en los Padres de la Iglesia, particularmente en la escuela de Alejandría:

decir como una imagen que remite a su arquetipo paterno. El hombre, siendo también imagen de Dios, puede asemejarse a su modelo divino a través del Hijo. Ahora bien, en este capítulo sostendremos que Cristo funciona como un dispositivo de dos caras: por un lado, como *eikōn* (esta será la cristología dogmática); por el otro, como *phantasma* (esta será la anticristología, según nosotros la interpretamos). A lo largo de la tradición occidental, la teología se ha esforzado por conjurar la naturaleza fantasmática de Cristo. ¿Cuál era el peligro que se ocultaba en la identificación de Cristo con un fantasma? En lo que sigue intentaremos responder a este interrogante. Para ello, procederemos en dos momentos. En primer lugar, mostraremos la diferencia entre *eikōn* y *phantasma* en la filosofía platónica,[186] pues de ella se nutren en buena medida los Padres de la Iglesia (preferentemente de habla griega) para elaborar lo que se ha denominado una *teología de la imagen*.[187] En segundo lugar, explicaremos rápidamente la concepción propia de la cristología dogmática según la cual el Hijo es pensado como un *eikōn* del Padre, un *eikōn Theou*. En tercer lugar, mostraremos que las dos figuras de Cristo y del Anticristo tienden a volverse indiscernibles en los últimos textos de Friedrich Nietzsche, autor que no sólo consuma, según Martin Heidegger, la historia de la metafísica occidental, sino que muestra también la realidad fantasmática del Anticristo.

Para comprender la distinción entre *eikōn* y *phantasma* en lo que concierne a Cristo, es preciso tener presente la cristología herética de Marción desarrollada en capítulos anteriores, particularmente en los apartados 1 y 3 del cap. II. Como hemos visto, leyendo de algún modo a Marción contra Marción, el hereje de Sínope nos ofrece, en la reconstrucción de Tertuliano, la posibilidad de pensar un Cristo fantasmático. En el caso de Marción, por supuesto, la naturaleza espiritual del Redentor coincide siempre y necesariamente con su divinidad. Sin

---

"Era inevitable que el encuentro del pensamiento griego con la tradición judeo-cristiana condicionara la interpretación de los escritos inspirados con los resultados de esta reflexión en la medida en que podían acordarse con ella [...] Las ideas de parentesco y de semejanza, de imagen y de imitación, se encuentran sobre todo en la línea platónica (y pitagórica) y en la filosofía del Pórtico" (1956: 33). Sobre el problema de Cristo como imagen de Dios y la querella iconoclasta, cfr. Prósperi 2019: 243-265.

186 Retomaremos sobre todo la lectura que realiza Gilles Deleuze en su ensayo "Platon et le simulacre". Nos interesa este texto puesto que allí, como veremos en breve, Deleuze sostiene que entre el *eikōn* y el *phantasma* existe una diferencia de naturaleza y no de grado.

187 Sobre la teología de la imagen, cfr. Lossky 1967: 123-137.

embargo, hemos mostrado que el mayor peligro del marcionismo, advertido con sagacidad y preocupación por Tertuliano, se encontraba en la posibilidad de un Cristo-fantasma irreductible a lo divino y lo humano, un Cristo que fuese a la vez *phantasma Dei* y *phantasma hominis*. Tertuliano cifra este riesgo extremo en la expresión *phantasma phantasmatis*.[188] De tal manera que, si la cristología dogmática nos presenta un Cristo icónico (*eikōn Theou*), la cristología marcionita –en su límite, es decir en la posibilidad extrema que se insinúa en el aspecto docetista de la doctrina de Marción, nunca admitida por esa misma doctrina– nos presenta un Cristo fantasmático (*phantasma Theou*). Este último Cristo, para nosotros, es el Anticristo. No es casual que la figura del Hijo, según sostiene Suzanne Saïd en un estudio importante, nunca podría haber sido identificada, por la teología dogmática, con la noción de *eidōlon* (fantasma o sombra del difunto): "Pues el Hijo, incluso si se ha hecho carne, y por lo tanto se ha vuelto visible, no podría ser el *eidōlon* del Padre invisible y asemejársele 'según las características de la carne ni según ninguna forma corporal'. Él se asemeja 'por el querer', puesto que es 'la imagen (*eikōn*) de su bondad'" (1987: 329).

1. *Eikōn* y *phantasma* en la filosofía platónica[189]

En el asombroso ensayo "Platon et le simulacre", añadido como un apéndice a *Logique du sens*, Gilles Deleuze sostiene que la verdadera distinción del platonismo no radica en la dicotomía modelo-copia o Idea-imagen, sino entre dos tipos de imágenes: las copias-íconos, dotadas de semejanza y fundadas en las Formas o esencias; los simulacros-fantasmas, repeticiones infundadas de una desemejanza o disparidad. El mundo de la caverna, en esta perspectiva, es el mundo de las imágenes en general, lo que Deleuze llama imágenes-ídolos. Éstas se subdividen, a su vez, según indicamos, en copias-íconos y simulacros-fantasmas. "Platón divide en dos el dominio de las imágenes-ídolos: por una parte las copias-íconos, por otra los simulacros-fantasmas" (1969: 296). En la lectura que Deleuze hace del *Sofista*, los *eidōla* se dividen en *eikōna* y en *phantasmata*. Estos últimos, a los cuales Deleuze

188 Cfr. el apartado 3 del cap. II.

189 Este apartado ha sido publicado, con ligeras modificaciones, en Prósperi 2019: 207-212.

se refiere también con el término "simulacros",[190] designan una imagen sin semejanza, es decir, una imagen que se ha eximido, por así decir, de su relación con un modelo.[191] Ni copia ni arquetipo, el fantasma es una intensidad diferencial.

> Partíamos de una primera determinación del motivo platónico: distinguir la esencia y la apariencia, lo inteligible y lo sensible, la Idea y la imagen, el original y la copia, el modelo y el simulacro. Pero ya vemos que estas expresiones no son válidas. La distinción se desplaza entre dos tipos de imágenes. Las copias son poseedoras de segunda, pretendientes bien fundados, garantizados por la semejanza; los simulacros están, como los falsos pretendientes, construidos sobre una disimilitud, y poseen una perversión y una desviación esenciales. (Deleuze 1969: 295-296).

Como hemos visto, a diferencia de las copias, cuya semejanza se funda en la Idea, los simulacros no remiten a ningún modelo de lo Mismo, por eso no representan ninguna semejanza, sino más bien un desequilibrio interno. Debido a esto, Deleuze advierte de no confundir al simulacro con un ícono. El simulacro no es una imagen degradada,

---

190 La noción de *simulacre*, tal como la entiende Deleuze en el ensayo "Simulacre et philosophie antique", remite a los epicúreos, especialmente a Lucrecio, y no es exactamente equivalente a la noción de *fantôme*. En nuestro caso, utilizamos ambos términos, "simulacro" y "fantasma", como sinónimos.

191 En su famoso estudio sobre el *Sofista*, Stanley Rosen ha criticado –probablemente con razón– esta concepción del simulacro propuesta por Deleuze: "Deleuze simplifica demasiado al decir 'la copia es una imagen dotada de semejanza, el simulacro una imagen sin semejanza'. Una imagen que no se asemeja a X no puede ser una imagen de X. A pesar de su 'disimetría', el fantasma se parece al original para aquel que lo contempla" (1999: 172-173). En un sentido similar, Jean-Pierre Vernant ha señalado, a diferencia de la lectura propuesta por Deleuze, que la distinción platónica entre *eikōna* y *phantasmata* "no tendría un alcance fundamental" (cfr. 2008, II: 1734). Vernant sostiene, incluso, que muchas veces en el *Sofista* los términos *eikōn*, *eidōlon* y *phantasma* "se encuentran asociados mutuamente como aspectos del no-ser y de la falsedad" (2008, II: 1734). Como hemos dicho, estas observaciones de Rosen y de Vernant no dejan de ser pertinentes, sobre todo si se tiene en cuenta el concepto de *symmetria*, fundamental para comprender la teoría platónica de las imágenes en el *Sofista*, pero en el cual no nos detendremos aquí. Sin embargo, lo que Rosen y Vernant pierden de vista es lo que Deleuze precisamente *agrega* al diálogo platónico. Poco importa que la diferencia de naturaleza entre el ícono y el fantasma sugerida por Deleuze no se justifique en base a los términos empleados por Platón; poco importa que su interpretación no se apoye en una exactitud filológica. Lo que importa, creemos, es la posibilidad de pensamiento que abre más allá –e incluso a pesar– de Platón, posibilidad que nosotros retomamos aunque para desarrollarla, desde luego, en otra dirección.

una copia de una copia, sino más bien una potencia de disimilitud, una disparidad positiva. Más esencial que la distinción entre las Ideas y las Imágenes es la distinción entre estos dos tipos de Imágenes. Los simulacros y las copias difieren por naturaleza.

> Si decimos del simulacro que es una copia de una copia, ícono infinitamente degradado, una semejanza infinitamente disminuida, dejamos de lado lo esencial: la diferencia de naturaleza entre simulacro y copia, el aspecto por el cual ellos forman las dos mitades de una división. La copia es una imagen dotada de semejanza, el simulacro una imagen sin semejanza. (1969: 297).

En el concepto de simulacro o fantasma, insinuado ya en Platón aunque sólo para conjurarlo,[192] Deleuze encuentra la posibilidad de pensar una diferencia en sí, una potencia de diferenciación: "El simulacro no es una copia degradada; oculta una potencia positiva que niega el original, la copia, el modelo y la reproducción" (1969: 302). El simulacro/fantasma permite desarticular y pervertir todo el armazón del pensamiento representativo, tanto el modelo como la copia, tanto el original como la reproducción. En nuestro caso, el fantasma no designa ni un acto ni una potencia y, en este sentido, no es ni positivo ni negativo. El mismo Deleuze lo insinúa, aunque siempre al interior de una concepción vitalista de la potencia que no es la nuestra, cuando retoma la noción de *extra-Ser* de Alexius Meinong, al igual que la noción de *neutro* de Maurice Blanchot, para designar al acontecimiento-fantasma.[193]

---

192 Cuando decimos que Platón ha intentado conjurar al *phantasma* no estamos afirmando que no lo ha pensado. Al contrario, uno de los conceptos centrales del *Sofista* es precisamente el de *phantasma*. La conjura, entonces, no se debe a un olvido, sino a un desplazamiento hacia las regiones más alejadas de lo verdadero. Para decirlo en los términos de la alegoría de la caverna, los fantasmas ocupan el fondo del mundo subterráneo, al igual que las sombras y los reflejos engañosos. Pero si bien se trata para Platón de mantener a los fantasmas atrapados en el fondo de la caverna, el objetivo último consiste en mantenerlos dentro de las regiones ontológicas reconocidas por su teoría metafísica. Los fantasmas se encuentran en el fondo del mundo subterráneo, el reino del error y la falsedad, pero en tanto son encapsulados *dentro* de la caverna, aunque sea en el fondo, el peligro extremo resulta conjurado. Por cierto, hay algo más abominable que el fondo de la gruta: el afuera, pero un afuera que no se confunde con las alturas inteligibles. Sería preciso hablar de algo así como un *doble* afuera, respecto a la profundidad de la caverna y respecto a la altura de los arquetipos: una *trans-exterioridad* que coincide, para nosotros y no para Platón, con el *topos* específico de los *phantasmata*.

193 Sobre el acontecimiento como extra-Ser, cfr. Deleuze 1969: 16, 33-34, 48, 148, 257; sobre la condición neutra del acontecimiento, cfr. Deleuze 1969: 31, 67, 79, 122-128, 148, 174-177, 250-252.

2. Cristo como *eikōn* y *homoousios*[194]

David Clines sostiene que "el eje alrededor del cual gira la doctrina de la imagen en el Nuevo Testamento es la figura de Cristo, quien es la verdadera imagen de Dios" (1968: 102). En el Evangelio de Juan, encontramos dos pasajes que confirman esta idea: "Y el que me ve, ve al que me envió" (Juan 12:45). Ver al Hijo es ver al Padre. Con la encarnación de Cristo, Dios se hace visible.[195] Otro versículo lo ratifica: "El que me ha visto a mí, ha visto al Padre" (Juan 14:9). Además de estos pasajes, fundamentales para comprender la teología cristiana de la imagen, las epístolas de Pablo corroboran el lugar central que ocupa Cristo como *imago Dei*. En la carta a los Colosenses, por ejemplo, leemos: "Él [Cristo] es la imagen [*eikōn*] del Dios invisible, el Primogénito de toda la creación" (Col. 1:15). Cristo viene a redimir al hombre de la caída. En este sentido, a diferencia de Adán, creado de la tierra y por lo tanto confinado, luego de la caída, a una existencia dolorosa y corrompida, es decir terrenal, Cristo, llamado por Pablo el segundo Adán, viniendo del cielo, hace posible el acceso del hombre a una existencia celestial. A diferencia del hombre, Cristo representa la imagen única y absoluta del Padre. Por eso Clemente de Alejandría puede hablar, poniendo en tensión la lógica platónica de la imagen y el arquetipo, de una *imagen arquetípica* o una *imagen consubstancial* (cfr. Lossky 1967: 131-133). De algún modo, Cristo viene a situarse en el pliegue exacto de lo visible y lo invisible, del Arquetipo (el Padre) y Adán (el hombre), del Espíritu y la carne. Como dice Pablo en Colosenses 1:15-16: "Porque por Él fueron creadas todas las cosas, las que hay en el cielo y las que hay en la tierra, visibles e invisibles [*ta horata kai ta aorata*]; sean tronos, sean dominios, sean principados, sean potestades; todo fue creado por Él y para Él".

Puesto que se trata de un solo Dios, Cristo conserva la realidad del arquetipo, pero en la medida en que el Hijo no puede ser confundido

194 Este apartado ha sido publicado, en una versión mucho más amplia, en Prósperi 2019: 243-261.

195 El fenómeno de la encarnación representa uno de los ejes, sino el más importante, de la tradición cristiana. Jean-Luc Nancy, por citar un filósofo actual que se ha interesado en el problema del cristianismo, sostiene: "sabemos bien que el corazón de la teología cristiana es la cristología, que el corazón de la cristología es la doctrina de la encarnación y que el corazón de la doctrina de la encarnación es la doctrina de la *homoousia*, de la consubstancialidad, de la identidad o comunidad de ser y de substancia entre el Padre y el Hijo" (2007: 210).

con el Padre, conserva la realidad de la imagen. El Hijo es uno con el Padre según su naturaleza o su esencia (*ousia*), pero diverso de Él según su persona (*prosōpon*) o su *hypostasis*. Este doble aspecto de Cristo vuelve posible la conexión entre Dios y los hombres, entre lo invisible (*ta aorata*) y lo visible (*ta horata*).[196] Sostiene Clines:

> En Cristo, el hombre contempla lo que la humanidad puede llegar a ser. En el Antiguo Testamento todos los hombres son la imagen de Dios; en el Nuevo, donde Cristo es la única verdadera imagen, los hombres son imagen de Dios en la medida en que se asemejan a Cristo. La imagen es totalmente realizada sólo a través de la obediencia a Cristo; así es cómo el hombre, la imagen de Dios, quien es ya hombre, ya la imagen de Dios, puede volverse totalmente hombre, totalmente la imagen de Dios. (1968: 103).

De allí que varios Padres enfaticen el rol mediador (*mesitēs*) que posee Cristo en la economía de la salvación.[197] Andrew Louth, en su texto sobre Juan de Damasco, comentando el tratado *De imaginibus* sobre los íconos, escribe:

> ...las imágenes establecen relaciones entre las realidades: dentro de la Trinidad, entre Dios y el orden providencial del universo, entre Dios y la realidad interna del alma humana, entre lo visible y lo invisible, entre el pasado y el futuro y entre el presente y el pasado. La imagen, en sus diferentes formas, es siempre mediadora, siempre asegurando una armonía entre términos. Las imágenes como íconos pictóricos entran dentro de este patrón, de un modo muy humilde. Pero negar el

---

196 No es casual que Maurice Merleau-Ponty, en sus últimos años, haya acuñado el concepto de quiasmo o pliegue y, al mismo tiempo, el concepto de carne. Ambos términos, aunque según una interpretación que no necesariamente se desprende de los textos de Merleau-Ponty, remiten a la figura de Cristo. En efecto, como hemos visto en la epístola a los Colosenses, Cristo, en tanto divinidad *encarnada*, es el pliegue entre lo visible y lo invisible [*ta horata kai ta aorata*].

197 En este rol mediador de Cristo, por supuesto, se fundará la institución eclesiástica. De allí la importancia de Cristo como *eikōn* y *homoousios*, cuya representante terrenal es precisamente la Iglesia: "la función mediática de la Iglesia –explica Jaime Peire en *El taller de los espejos. Iglesia e imaginario 1767-1815*–, [...] debía ser el sustento 'material' de la imagen de Dios (espejo). Pero si la Iglesia distorsionaba la imagen de Dios, perdía entonces su función *icónica*, y por lo tanto se hacía inútil, más aun perjudicial, puesto que no reflejaba una imagen verdadera de la divinidad sino un *eidōlon* (ídolo), algo falso o ficticio, un simple simulacro externo. En última instancia no cumplía la misión que se le asignaba, de unir lo diverso: lo sacro y lo profano" (2000: 194; el subrayado es de Peire).

ícono es amenazar todo el tejido de armonía y mediación basado en la imagen. En el centro de todo esto se encuentra la especie humana como imagen de Dios. (2002: 210).

En efecto, en la primera epístola a Timoteo, Pablo había enfatizado el rol mediador de Cristo: "Único es Dios, único también el mediador entre Dios y los hombres, Cristo Jesús, verdadero hombre" (1 Tim. 2:5). Agustín se detendrá particularmente en estas palabras de Pablo. Dios se hace hombre para redimir a los mortales del pecado original, de la caída del primer hombre y de la primera mujer. La encarnación representa el movimiento descendente de la imagen arquetípica; la redención, el movimiento ascendente. Cristo es el puente que permite ambos movimientos: la *katabasis* (de Dios al hombre: la encarnación); la *anabasis* (del hombre a Dios: la redención).[198] Cristo es un espejo de dos caras, un límite y un nexo, una frontera y un umbral: "Yo soy la puerta; si alguno entra por mí, será salvo; y entrará y saldrá y hallará pasto" (Juan 10:9). Cristo es la imagen verdadera del Padre precisamente porque permite la conexión de lo invisible con lo visible, de lo inteligible (el Verbo) con lo sensible (la carne). La entrada y la salida de la puerta designan los dos movimientos que conectan al hombre con Dios: la encarnación, es decir el proceso a través del cual Dios deviene humano, y la redención, el proceso a través del cual el hombre deviene divino. Este último punto es denominado deificación. Agustín, por ejemplo, escribe: "Él, que era Dios, se hizo hombre para que aquellos que eran hombres se hicieran dioses" (*De civitate Dei* IX, 15, 1). La misma idea encontramos expresada, incluso de manera más directa, en varios Padres. Ireneo: "Dios se hace hombre, a fin de que el hombre pueda hacerse dios" (citado en Lossky 1967: 95). Lo mismo en Atanasio, Gregorio de Nacianzo, Gregorio de Nisa, etc. Michel Henry, en *Incarnation. Une philosophie de la chair*, indica que, para los Padres de la Iglesia, al menos desde el Concilio de

198 Estos dos movimientos de Cristo, hacia abajo y hacia arriba, encontrarán en Gregorio Magno una de sus formulaciones más acabadas: "Grande era la distancia entre el Justo e Inmortal y nosotros, mortales e injustos. Pero entre el Inmortal y Justo y nosotros, mortales e injustos, ha aparecido el mediador entre Dios y los hombres [*mediator dei et hominum*], mortal y justo, que tenía en común con los hombres la muerte y con Dios la justicia. Por eso, dado que nuestra bajeza distaba mucho de la suma altura, él ha unido en sí la bajeza con la suma altura, de tal manera que gracias a esta unión de lo bajo y de lo alto se ha abierto en nosotros la vía para retornar a Dios" (*Moral.* XXII 17, 42). Sobre la función mediadora de Cristo en Gregorio, cfr. Simonetti 2006: 479-490.

Nicea hasta el de Constantinopla, "el devenir hombre de Dios funda el devenir Dios del hombre", razón por la cual la "salvación cristiana [...] consiste en la *deificación* del hombre" (2001: 23).

3. Friedrich Nietzsche: el Anticristo y el Crucificado

Este apartado puede resultar, *prima facie*, extraño a la temática desarrollada hasta aquí. Varios siglos, de hecho, separan a Friedrich Nietzsche del cristianismo primitivo y muchos más de la filosofía platónica. Amerita, por eso mismo, una breve justificación. En varias oportunidades hemos empleado las expresiones "tradición teológica" o "cristología dogmática" en un sentido esencialmente equivalente a la expresión "historia de la metafísica occidental". El pensador que oficia aquí de referencia, por supuesto, es Martin Heidegger. Para el autor de *Sein und Zeit*, metafísica y teología forman parte de la misma estructura histórica del mundo Occidental. La metafísica es esencialmente teológica, por la misma razón que la teología es esencialmente metafísica. Por otra parte, así como la historia de la metafísica se inicia para Heidegger con Platón, asimismo se consuma con Nietzsche.[199] No es casual, además, que para Nietzsche el platonismo siente de algún modo las bases del cristianismo, definido no por capricho "platonismo para el pueblo". En un pasaje de *Götzen-Dämmerung*, con un estilo muy característico de la pluma nietzscheana, se lee:

> En último término, mi desconfianza hacia Platón llega hasta el fondo: le encuentro tan alejado de todos los instintos fundamentales de los helenos, tan moralizado, tan cristiano anticipado –él eleva ya la idea de 'bien' a la categoría de idea suprema–, que para refe-

199 En *Platons Lehre von der Wahrheit*, Heidegger sostiene que haber pensado al ente a partir del concepto de Idea o Forma (*eidos*) es lo que convertiría a la filosofía en metafísica. En Platón se produciría, para Heidegger, esa metamorfosis esencial del pensamiento occidental, esa conversión de la ontología en metafísica que sentaría las bases de la historia misma entendida como historia del olvido del ser. Leemos en el texto de Heidegger: "Desde Platón, el pensar sobre el ser del ente deviene 'filosofía', porque él es un mirar ascendente hacia las "ideas". Pero esta 'filosofía' que comienza con Platón adquiere en lo sucesivo el carácter de lo que más tarde se llama "metafísica", cuya forma fundamental ilustra el mismo Platón en la historia que narra la alegoría de la caverna" (Heidegger 1997: 235). En su estudio sobre Nietzsche, por otra parte, Heidegger indica que el autor de *Also sprach Zarathustra* "lleva a su acabamiento la esencia de la metafísica occidental" (Heidegger 1961: 525).

rirse al fenómeno total de Platón preferiría, más que ninguna, usar la expresión de 'farsa suprema', o, si suena mejor, de idealismo. [...] Dentro de la gran fatalidad que supuso el cristianismo, Platón fue ese equívoco y esa fascinación llamada 'ideal', que hizo posible que los individuos más nobles de la antigüedad se interpretaran mal a sí mismos y que pusieran un pie en el *puente* hacia la cruz. (eKGWB/GD-Alten-2).

Por tal motivo, consideramos oportuno dedicarle a Nietzsche un breve apartado para explicar de qué modo se expresa esta consumación en relación a la naturaleza fantasmática de Cristo, naturaleza que se identifica, según nuestra interpretación, con el Anticristo. El razonamiento —y a la vez la justificación de este apartado— sería, entonces, el siguiente: si para Heidegger "la metafísica occidental ya era desde su principio en Grecia, y antes de estar vinculada a este título, ontología y teología" (2006: 63), o, de manera aun más lacónica, si "la metafísica es onto-teo-logía [*Die Metaphysik ist Onto-Theo-Logie*]" (2006: 63), y si, además, "Nietzsche lleva a su acabamiento la esencia de la metafísica occidental en la vía histórica que le había sido consignada" (1961: 525), entonces resulta imperioso saber cómo se manifiesta este acabamiento en relación a nuestro tema de indagación, a saber: el Anticristo como Cristo fantasmático. Las páginas que siguen están dedicadas a analizar esta cuestión.

Es probable que en ningún otro autor como en Friedrich Nietzsche las figuras de Cristo y del Anticristo se hayan vuelto tan extrañas y tan íntimas, tan lejanas y tan próximas, tan antagónicas y tan irremediablemente cómplices. Pocos filósofos han llevado adelante una guerra tan implacable contra el cristianismo como Nietzsche. Sin embargo, la consideración de la figura de Jesús que emerge de los textos nietzscheanos, sobre todo de los últimos, no deja de ser compleja y muchas veces ambivalente. En ciertos momentos, las figuras de Cristo y del Anticristo parecieran volverse casi intercambiables. La progresión de los parágrafos de *Der Antichrist* evidencia con total claridad este devenir-Cristo del Anticristo y, a la vez y por lo mismo, este devenir-

Anticristo de Cristo.[200] Si damos la razón a Gilles Deleuze y evitamos el contrasentido de creer que las últimas obras de Nietzsche "son excesivas o ya descalificadas por la locura" (1999: 41), debemos concluir que Dionisos a veces se presenta con los atuendos del Crucificado y que el Anticristo adopta rápidamente los rasgos de Cristo. La consigna "Dionisos contra el Crucificado [*Dionysos gegen den Gekreuzigten*]" (Nietzsche 1999: 374) con la cual se cierra *Ecce homo* se convierte poco a poco en *Dionysos, der Gekreuzigte*; de la misma manera, el Anticristo se convierte en Cristo, pero considerado —es nuestra tesis— desde su lado fantasmático. Como ha señalado oportunamente Heinrich Detering a propósito de *Der Antichrist*: "parágrafo tras parágrafo, incluso frase tras frase, Jesús asume con claridad los rasgos del Anticristo" (2012: 54); o también: "Puesto que Jesús resulta reconstruido en base a la imagen de Dionisios, esta última adquiere a su vez los rasgos de Jesús" (2012: 63).

Enero de 1889 es un momento milagroso en la vida de Nietzsche: Dionisos, lo evidencian las firmas de las epístolas que el filósofo envía a sus amigos, se vuelve indistinguible del Crucificado.[201] Nietzsche, al fin, ha dejado de ser humano: *ecce phantasma*. Pero ¿cómo entender este punto de indicernibilidad, este juego de espejos en el que Cristo es el Anticristo y Dionisos el Crucificado? Tal vez es posible encontrar una respuesta en un texto de la misma época: *Götzen-Dämmerung*, particularmente en el apartado en el que Nietzsche esboza una somera genealogía de la fábula del mundo verdadero. Las dos regiones de la historia de la metafísica se traducen allí en la contraposición entre el mundo verdadero (inteligible, invisible y eterno), y el mundo aparente (sensible, visible y mutable). No es azaroso que el primer momento de esta historia encuentre su figura emblemática en Platón: "El mundo verdadero, asequible al sabio, al piadoso, al virtuoso, - él vive en ese mundo, *es ese mundo*. (La forma más antigua de la Idea, relativa-

200 Sobre *Der Antichrist* de Nietzsche, cfr. Sommer 2013: 3-322. Sobre las figuras nietzscheanas de Cristo y del Anticristo, cfr. Detering 2012. Sobre la crítica al cristianismo, cfr. Kaufmann 1974: 337-390.

201 Nietzsche firma algunas de sus cartas posteriores al colapso de Torino alternativamente como Dionisos o como el Crucificado, volviendo de algún modo indiscernibles ambas figuras. El 4 de enero de 1889, por ejemplo, le envía una carta a su amigo danés Georg Brandes firmada "el Crucificado [*Der Gekreuzigte*]" (Nietzsche 1954: 384). El mismo día, una carta dirigida a Jakob Burckhardt lleva por firma "Dionisos [*Dionysos*]" (1954: 384).

mente inteligente, simple, convincente. Transcripción de la tesis 'yo, Platón, *soy* la verdad')" (1999: 80). Platón marca el inicio del dualismo ontológico, la partición de la realidad en dos niveles jerarquizados: el nivel sensible sometido a la primacía del nivel inteligible, el devenir como imagen o copia degradada del Ser. La teología se apropiará paulatinamente de este esquema: la creación será subsumida al Creador. El segundo momento, importante para nosotros, está representado por el advenimiento del cristianismo, tal como es interpretado por Nietzsche. Es el mundo del pecado y de la culpa. El mundo verdadero es inasequible, pero funciona como una promesa para el virtuoso, el piadoso o el penitente: "Progreso de la Idea: ésta se vuelve más sutil, más capciosa, más inaprensible, - *se convierte en una mujer*, se hace cristiana..." (1999: 80; el subrayado es de Nietzsche). El último momento de la fábula del mundo verdadero coincide con la llegada de Zaratustra. Es el punto culminante de la humanidad, el final del error más largo: "Hemos eliminado el mundo verdadero: ¿qué mundo ha quedado?, ¿acaso el aparente?... ¡No!, ¡al eliminar el mundo verdadero hemos eliminado también el aparente!" (1999: 81).

Este pasaje es altamente significativo para nosotros. Nietzsche está diciendo que muerto Dios, no puede seguir pensándose a Cristo como *eikōn*. Si no existe modelo, tampoco existe copia; si no hay arquetipo, tampoco hay ícono.[202] Esto significa que al morir Dios, al desaparecer el mundo verdadero, el estatuto de Cristo, y consecuentemente el de lo humano, sufre una profunda modificación. Cristo no deja de ser una imagen, pero el *tipo* de imagen muta de forma irreversible. No puede ser ya un *eikōn*, puesto que, como hemos visto, en la tradición platónica designa una imagen que se asemeja al original; con la muerte del arquetipo, Cristo se transforma en un *phantasma*. Luego de varios siglos de una cristología icónica, sale a la luz, de la mano de Nietzsche, la anti-cristología o la cristología fantasmática que, desde su mismo inicio, había corrido en paralelo, siempre conjurada y oculta, al interior de la teología dogmática. El verdadero Anticristo, en este sentido, es el fantasma, Cristo como fantasma. *Incipit Zaratustra, incipit phantasma.*

---

202 La misma idea expresa Ludwig Feuerbach en *Das Wessen des Christentums*, a propósito de la idolatría: "sancionar el principio significa necesariamente sancionar las consecuencias; la sanción del arquetipo es la sanción de la copia" (1883: 129-130).

Conclusión

En la Cappella di San Brizio (localidad de Orvieto, Italia) se encuentra sin duda una de las representaciones más célebres del Anticristo. Se trata del fresco *Predica e fatti dell'Anticristo*, realizado por Luca Signorelli en torno al 1499-1502. La obra, que pertenece al ciclo de las *Storie degli ultimi giorni*, impacta por los rasgos decididamente crísticos del Anticristo. Si se excluye el entorno que rodea al "hombre del pecado [*ho anthrōpos tēs anomias*], el hijo de la perdición [*ho huios tēs apōleias*]", según las expresiones de Pablo (cfr. 2 Tesal. 2:3), y sobre todo si se excluye al demonio que susurra blasfemias en su oído izquierdo, cuyo brazo, además, se confunde con el del propio Anticristo, se diría que se trata de Cristo.

Imagen 15: Detalle del fresco *Predica e fatti dell'Anticristo* realizado por Luca Signorelli, Cappella di San Brizio, Duomo, Orvieto, 1499-1502.

Los dos personajes, el Anticristo y el demonio, fuera de contexto, bien podrían representar la tentación de Jesús en el desierto. No sorprende, sin embargo, la semejanza del Hijo de Dios y el Hijo de la perdición. Como hemos sugerido, el Anticristo no es el adversario de Cristo (o, si lo es, no constituye un *otro* radical, un rival externo y absolutamente antagónico), sino la condición fantasmática del *mismo* Cristo.[203] El dispositivo cristológico es susceptible de dos funcionamientos: como *eikōn* (Cristo), y entonces permite la conexión de lo sensible con lo inteligible o de lo humano con lo divino o, por último, de lo visible con lo invisible; como *phantasma* (Anticristo), y entonces escinde o disocia ambos registros y, al hacerlo, abre un espacio neutro (*ni* humano *ni* divino, *ni* sensible *ni* inteligible, etc.) que coincide para nosotros con el *topos* específico de las imágenes.[204] Ante la posibilidad, ciertamente amenazante, de la dehiscencia y la consecuente apertura del abismo en el que subsisten las imágenes infundadas, la teología ha reaccionado suturando la herida, sellando la fractura desde su mismo centro. Por eso Cristo, para la teología, es el dispositivo que permite mantener unidas, acopladas o zurcidas, las dos naturalezas, humana y divina, sin confusión ni mezcla, pero sobre todo *sin separación*.[205] El

203 En efecto, para la cristología dogmática, como explica Gian Luca Potestà, el "anticristo es quien toma posición contra el Cristo, quien se opone al mesías" (2005: xi). Sin embargo, no deja de resultar llamativo que la figura del Anticristo se haya construido en una suerte de simetría con la de Cristo. Tal es así que en los tratados de Ireneo o Hipólito, continúa Potestà, existe "una especularidad de la acción del Anticristo respecto a la de Cristo" (2005: xxxiv). En su tratado contra las herejías, por cierto, Ireneo había advertido que si no se leen con atención las Escrituras se corre el riesgo de confundir a Cristo con el Anticristo, riesgo probable en función de la semejanza entre ambas figuras. Comentando el pasaje de Pablo en 2 Tesal. 2:3, Ireneo explica: "Si uno no está atento a la lectura y no muestra con pausas de la respiración de quién se está hablando, leerá no sólo incongruencias, sino blasfemias, por ejemplo que el advenimiento del Señor se cumple por obra de Satanás [*secundum operationem fiat Satanae*]" (*Adversus haereses* III, 7.2). Por otro lado, el tratado *De Christo et Antichristo* de Hipólito, cuyo título hemos tomado prestado para este libro, subraya también la simetría que existe entre las figuras de Cristo y del Anticristo (cfr. Podestà y Rizzi 2005: 109-112).

204 Cfr. la nota 210.

205 Insistimos con esta cláusula del Concilio de Calcedonia puesto que resulta fundamental, no sólo para comprender el desarrollo de la cristología, sino también la función dual de la soberanía moderna. En efecto, son célebres las investigaciones de Ernst H. Kantorowicz sobre los dos cuerpos del Rey en las que ha demostrado la proveniencia teológico-cristiana de la teoría legal que imperó durante la Dinastía Tudor. El dogma de la encarnación, y las discusiones de los diferentes Concilios –sobre todo de Calcedonia– acerca de la doble naturaleza de Cristo, se constituyó en el eje alrededor del cual se fundamentó la "Cristología Real [*Royal Christology*]" del Estado moderno: "Los argumentos legales remiten, sobre todo, al "sin confu-

Anticristo, por el contrario, designa el movimiento de separación: la verdadera mancha ciega de la teología.[206] Cuando lo divino se separa de lo humano, sólo resta la emergencia de los fantasmas. Pero ¿cómo entender este espacio ni divino ni humano, ni sensible ni inteligible? A lo largo de la historia, los hombres se han adentrado, acaso sin saberlo, en este lugar paradójico y ambiguo. Desde siempre, han hecho experiencia de esta condición irreductible a los dos niveles de la metafísica occidental: se trata de los sueños. Cada vez que soñamos hacemos la experiencia de existir –o, más bien, de *subsistir*– como imágenes, como fantasmas.[207] El Anticristo, por eso mismo, es la puerta al mun-

---

sión, sin cambio, sin división, sin separación" del Credo de Calcedonia. En términos generales, es muy interesante notar cómo en la Inglaterra del siglo XVI, gracias a los esfuerzos de los juristas para definir efectiva y cuidadosamente los dos cuerpos del Rey [*the King's Two Bodies*], todos los problemas cristológicos de la Iglesia primitiva concernientes a las dos naturalezas fueron actualizados y resucitados una vez más en la monarquía absoluta" (1957: 17). Por tal motivo, Kantorowicz ha podido hablar del "dogma de una encarnación política [*a political incarnation*], una encarnación noética de la *Dignitas* o del Cuerpo político, y en consecuencia de una nueva versión secularizada de la unión hipostática de la primera y segunda personas, de *Dignitas* y *rex*" (1957: 445). Sobre la hipóstasis de Cristo y su eventual dislocación en la figura fantasmática del Anticristo (la *quarta persona Trinitatis*), cfr. el cap. I.

206 No es casual que gran parte de los términos teológicos que se refieren al mal y al demonio posean un sentido vinculado a la acción de separar, escindir o alejar. Tal es el caso con los términos *diabolos, apostasis, decessio, schisma,* etc. A ellos se opone el término *religio* (de *religare*: ligar, unir, vincular), al menos según la interpretación de Lactancio confirmada por Agustín pero también cuestionada por varios estudiosos y filólogos. En efecto, leemos en Lactancio: "Obligados por un vínculo de piedad [*vinculo pietatis*] a Dios estamos religados [*religati sumus*], de donde el mismo término 'religión' tiene su origen, no –como fue propuesto por Cicerón– a partir de 'releyendo'" (*Institutiones divinas*, 4). Giorgio Agamben ha cuestionado esta etimología del término *religio*, considerándola insípida e inexacta y remitiéndola, en cambio, al verbo *relegere*: "El término *religio* no deriva, según una etimología tan insípida como inextacta, de *religare* (lo que liga y une lo humano con lo divino), sino de *relegere*, que indica el comportamiento de escrúpulo y de atención que debe imprimirse a las relaciones con los dioses, la inquieta excitación (el "releer") ante las formas –y las fórmulas– que es preciso observar para respetar la separación entre lo sagrado y lo profano" (Agamben 2005: 110). Sin embargo, más allá de la exactitud o inexactitud de la observación de Agamben, creemos que el dispositivo religioso ha *funcionado*, en un sentido general, como *nexo* o *coniunctio* del hombre con Dios y de Dios con el hombre. La interpretación de Lactancio y de Agustín, por eso mismo, sigue siendo válida. Emmanuel Lévinas, sin ir más lejos, en esa fundamentación ético-metafísica de la ontología que es *Totalité et Infini*, corrobora la idea de religión como nexo o conjunción, si bien evitando caer en un pensamiento de la totalidad: "Nos proponemos llamar religión al vínculo [*le lien*] que se establece entre lo Mismo y lo Otro, sin constituir una totalidad" (1971: 30).

207 No podemos dejar de citar, en este sentido, el pasaje del *De generatione animalium* en el que Aristóteles presenta al sueño como un estado intermedio entre la existencia y la no-existencia, entre el vivir y el no-vivir: "la transición del no ser al ser se produce a través del

do de los sueños, a *Dreamland*, según la expresión de H. P. Lovecraft pero ya antes de E. A. Poe.[208] No es casual, por eso, que Johann Paul Friedrich Richter, más conocido como Jean Paul, haya entrevisto la indicernibilidad de Cristo y del Anticristo en un sueño.[209] El escritor sueña que se despierta en un cementerio y ve a los muertos levantarse de sus tumbas. La tierra entera se sacude ante el descenso de Cristo: "Entonces descendió de lo alto sobre el altar una figura noble, elevada, llena de un imperecedero dolor; y todos los muertos exclamaron: Cristo, ¿no hay Dios? Él respondió: No hay [*Es ist keiner*]" (1996: 273). Las sombras de los muertos tiemblan de horror ante semejante noticia, pero continúan suplicando: "Jesús, ¿tenemos padre?, y él respondió con ríos de lágrimas: Somos todos huérfanos [*Waisen*], vosotros y yo; no tenemos padre [*wir sind ohne Vater*]" (1996: 273). He aquí el funcionamiento anticristológico de Cristo: el mismo Cristo anuncia la muerte del Padre y la orfandad de los hombres. El Hijo ha dejado de ser un *eikōn*, puesto que ya no hay arquetipo al cual asemejarse; Cristo es ahora un *phantasma*, la puerta que conduce al recinto de los sueños, al intersticio, ni humano ni divino, ni material ni espiritual, en el que proliferan las "imágenes titubeantes [*wankenden Bilder*]" (1996: 274), es decir los espectros que contempla Jean Paul en su experiencia onírica.[210] A es-

---

estadio intermedio, y el sueño parece ser por naturaleza una cosa de este tipo, una especie de frontera entre el vivir y el no vivir, y el que duerme parece que ni existe del todo ni no existe" (V, 1, 778b28-33). Recordemos además que Aristóteles, en los tratados sobre los sueños, particularmente en *De insomniis*, utiliza el término *phantasma* para referirse a las imágenes oníricas. Interesa destacar que según Aristóteles el sueño supone una desactivación tanto de la sensibilidad cuanto del intelecto, a la vez que una preeminencia de la actividad imaginaria o fantástica. Bástenos citar las conclusiones a las que llega Ángel J. Cappelletti en su estudio sobre el fenómeno onírico en el estagirita: "Los sueños no pueden reducirse a la actividad de los sentidos externos o del sentido común. Pero tampoco a la opinión o a una operación cualquiera del entendimiento. Los sueños tienen su origen en la misma facultad que producen las ilusiones durante la vigilia, es decir, en la imaginación o fantasía" (1987: 97).

208 Sobre *Dreamland*, cfr. sobre todo Lovecraft 1970: 1-141; cfr. también el poema "Dreamland" de Edgar Allan Poe (Poe 1997: 27-29). *Dreamland*, la tierra de los sueños, coincide para nosotros con el espacio específico de los fantasmas y de las imágenes en un sentido general. En *H.P. Lovecraft: la disyunción del Ser* (2013), Fabián Ludueña Romandini ha desarrollado postulados muy cercanos a nuestra perspectiva: "El sueño, nos desafía a pensar Lovecraft [y, a partir de él, Ludueña Romandini], es una *hendidura* en lo humano que abre a mundos donde la conciencia de la filosofía clásica es incapaz de penetrar y, por lo tanto, devela que el pensamiento está permeado, de principio a fin, por un otro-que-sí-mismo" (2013: 67).

209 Se trata del relato titulado *Rede des Totes Christus* (cfr. Richter 1996: 270-275).

210 Si bien por razones de extensión no podemos desarrollar aquí la condición específica de las imágenes (sobre todo oníricas), remitimos a las tesis planteadas por Emanuele Coccia en *La*

tos fantasmas se oponía otrora la imagen consoladora de la divinidad a la que remitía el *eikōn*. En efecto, Cristo, contemplando el abismo, recuerda: "Entonces yo era feliz: tenía todavía un padre: contemplaba, aún alegre, la montaña en lo infinito del cielo, y mi seno doloroso se refugiaba en esta imagen consoladora [*linderndes Bild*]" (Richter 1996: 274). El *eikōn*, es decir el dispositivo hipostático de la segunda persona de la Trinidad, permitía la *coniunctio* de la tierra y el cielo. Cristo como *eikōn* era, desde luego, una imagen consoladora. Sin embargo, el sueño de Jean Paul, así como los últimos escritos de Nietzsche, nos revelan otro Cristo, un Anticristo que, en vez de mantener unidas o suturadas las dos regiones de la metafísica occidental, las separa y desactiva. Este Cristo, este Anticristo que no sólo es lo *otro* de Cristo sino su otro *lado*, este Cristo que se vuelve en cierto sentido contra sí mismo, que convierte la *hypostasis* en una *disiunctio*, no es ya pues un *eikōn Theou* sino un *phantasma*, irreductible tanto a lo humano cuanto a lo divino. En la espalda de Cristo acecha el Anticristo, aunque sólo para recordarle que el otro no es sino el mismo, y que el mismo, Cristo, en *su* espalda, como en negativo, es el otro, el Anticristo.

---

vita sensibile. En este texto, Coccia sostiene que el ser de las imágenes no se confunde ni con el ser de los objetos ni con el ser de los sujetos. En este sentido, designa un afuera que ha subsistido, como los sueños, en los márgenes de la tradición occidental: "Se podría decir que la imagen es el afuera absoluto, una especie de hiper-espacio, aquello que se mantiene fuera del alma y fuera de los cuerpos" (2011: 24). Este afuera absoluto, cuya fragilidad ontológica requiere una hiper-topografía, esta suerte de hiper-espacio del que habla Coccia es el espacio de la imaginación o fantasía: *Dreamland*, la tierra de las imágenes. Coccia lo denomina, sin más, *sensible*. No hay que creer, sin embargo, que se trata del sensible platónico, es decir del sensible entendido como mera materia corpórea. Lo sensible, tal como Coccia lo entiende, designa el *medio* específico de las imágenes que, en cuanto tales, no pertenecen ni al registro de lo objetivo ni al registro de lo subjetivo: "Lo sensible es el ser de las formas cuando están en el exterior, exiliadas del propio lugar" (2011: 25). Este exilio es propio de las imágenes, puesto que no coinciden ni con el reino de la materia ni con el reino del espíritu, ni con las creaturas ni con el Creador, ni con el sujeto ni con el objeto: "El mundo específico de las imágenes, el lugar de lo sensible (el lugar originario de la experiencia y del sueño), no coincide ni con el espacio de los objetos del mundo físico – ni con el espacio de los sujetos cognoscentes" (2011: 30).

Epílogo

> Porque vendrán muchos en mi nombre [*tō onomati mou*], diciendo: Yo soy el Cristo; y a muchos engañarán. Y oiréis de guerras, y rumores de guerras; mirad que no os turbéis, porque es menester que todo esto acontezca, pero aún no es el fin [*all' oupō estin to telos*]. (Mateo 24:5-6).

Según una de las versiones de la escatología cristiana, el tiempo que precede al fin del tiempo, el tiempo que se dilata antes del fin, que se distiende sin concluir en un *telos* resolutivo, es el tiempo del Anticristo. Antes de la venida del Mesías, de la *parousia*, a fin de que esa *parousia* pueda efectivamente concretarse en toda su gloria y establecer el reino de Dios sobre la tierra, es preciso que se instaure el reino del Anticristo. Ahora bien, creemos que la filosofía contemporánea, en sus diferentes mesianismos y teorías políticas –aquí sería preciso mencionar a autores como Carl Schmitt, Jacob Taubes, Erik Peterson, Giorgio Agamben, etc.–, sobre todo de inspiración cristiana,[211] no ha sacado todas las

211 Decimos "sobre todo" porque incluso en la tradición judía, como lo testimonian las profecías del Libro de Daniel (caps. 2,7,8,9,11-12), existen referencias, por supuesto que indirectas y discutibles, a un príncipe que ha de venir, llamado también rey del Norte, que abrazará la apostasía de la rebelión religiosa (11:30,32), perseguirá a los santos (11:33-35) y se exaltará a sí mismo sobre todo dios (11:36). Judit M. Lieu, de hecho, sostiene que "la idea de un oponente escatológico de Dios o del enviado de Dios hunde sus raíces en fuentes judías, incluso si la expresión 'anticristo' parece ser una nueva formulación" (2007: 107). De la misma idea es Nicholas de Lange: "El Anticristo, en particular, es una figura familiar en la especulación cristiana sobre el fin de los tiempos, arraigada en las visiones proféticas de Daniel y en el Apocalipsis" (2007: 279). Las cosas se complican aun más si consideramos, con Wolfram Kinzig, que el Mesías judío fue identificado por la escatología dogmática cristiana con el mismísimo Anticristo: "En la escatología cristiana dogmática el rol político del Mesías judío no fue de ningún modo negado, pero no fue identificado con Jesucristo, sino con su oponente, quien era

consecuencias de este punto fundamental. En general, se ha identificado al *katechōn* con la fuerza que detiene la aparición del Anticristo. Carl Schmitt, por ejemplo, identifica a esa fuerza histórica con el Imperio y, en un sentido amplio, con la política occidental. De más está decir que, en tanto permite mantener el orden y evitar la anarquía, la *anomia*, el *katechōn* posee un sentido positivo para Schmitt. A decir verdad, como bien ha indicado Matthias Lievens, "a veces Schmitt habla del *katechōn* de un modo positivo, como una fuerza que detiene la funcionalización de la ley [...], otras veces usa la noción en un sentido negativo y crítico, como cuando identifica a Inglaterra con la fuerza *katechontica* que detiene el florecimiento de Alemania", razón por la cual, concluye Lievens, "el concepto de *katechōn* parece ser profundamente ambiguo" (2016: 416).

Diverso es el caso de Giorgio Agamben. Si bien identifica, al igual que el jurista alemán, al Anticristo con la *anomia*, su valoración del *katechōn*, en consonancia con su mesianismo de la inoperosidad, es altamente negativa.[212] En nuestro caso, como veremos, la historia (política) de Occidente se explica a partir de una tensión entre Cristo y el Anticristo, entendidos como vectores o polos metafísico-teológicos: el polo presentificador de lo ente, del mundo, de lo real (en su doble sentido: material y espiritual, actual y potencial); el polo despresentificador de lo ente, del afuera-del-mundo, de lo desreal. Por eso Juan puede afirmar, en su primera epístola, que el Anticristo "ya está en el mundo" (1 Juan 4:3). Cristo y Anticristo coexisten, pues, desde el inicio mismo de la historia cristiana. Es verdad que Agamben considera que "lo mesiánico se cumple en el enfrentamiento de dos *parousiai*: la del *anomos*, marcada por el ser en acto de Satán en toda potencia; y la del mesías, que volverá inoperosa su *energeia*" (2000: 104), pero este

---

descripto como un rey judío, especie de imagen especular negativa de Cristo, y llamado por lo tanto 'Anticristo'. Desde fines del segundo siglo se esperaba que precediese al retorno de Cristo y se le adjudicaban poderes demoníacos, llegando incluso a identificarlo con el mismo diablo" (2007: 199). Sobre la influencia de Daniel en los Evangelios sinópticos, cfr. Hogeterp 2009: 124-125. Sobre el mesianismo en el Antiguo Testamento, cfr. Satterthwaite 1995. Sobre el mesianismo judío y cristiano, cfr. Bockmuehl y Carleton Paget 2007.

212 Sobre las diversas interpretaciones del *katechōn* y su trasfondo teológico-político, cfr. Ludueña Romandini 2010: 227-244. Este "apéndice" al primer volumen de *La comunidad de los espectros* es además fundamental para nosotros en la medida en que Ludueña muestra la "necesaria dependencia estructural entre Mesías y Anti-Mesías" (2010: 236), la cual define en cierta forma –creemos– el núcleo mismo de la tradición cristológica.

enfrentamiento, como puede observarse, concierne a la obra y la inoperosidad, al acto y la potencia (o, mejor aun, potencia de no). Por eso para nosotros, Cristo –que conjuga en sí mismo el acto y la potencia– y el Anticristo no pueden entenderse como dos *parousiai*: mientras que el Mesías instaura la *parousia*, el Anticristo, en tanto despresentificador, la desactiva. La venida del Anticristo, además, no es una venida diversa a la de Cristo: es la misma venida, pero considerada desde su lado fantasmático y no icónico. Por eso, así como el Hijo de Dios efectúa un trabajo de ontologización y realización, es decir de costura o sutura de lo Real, el Hijo de la perdición efectúa –o des-efectúa– un trabajo de des-ontologización y de des-realización.[213] Incluso en un autor en apariencia no mesiánico como Alexandre Kojève, la figura del Anticristo en relación al fin de la historia es completamente obliterada. Lo cual es más que sorprendente si se tiene en cuenta que Vladimir Soloviev, el filósofo y teólogo ruso a quien Kojève dedicó su tesis doctoral, identifica al momento previo al fin de los tiempos con el reino del Anticristo.[214] Tal es así que uno de los últimos escritos de Soloviev se titula precisamente *Breve relato sobre el Anticristo*. Se trata de un diálogo en el que el Señor Z lee un manuscrito inconcluso del Padre Pansofij, ya muerto, donde se relata el fin del mundo y el advenimiento, en pleno siglo XXI, del reino del Anticristo. Curiosamente, el manuscrito se acaba –¿al igual que la

213 Sobre este punto, cfr. el *post-scriptum*.

214 En *L'aperto. L'uomo e l'animale*, Agamben ha sugerido que el pensamiento de Kojève acerca del fin de la historia, influenciado por la figura de Soloviev, posee rasgos decididamente mesiánicos: "la supervivencia de la humanidad a su drama histórico parece insinuar que hay –entre la historia y su fin– una franja de ultra-historia que recuerda el reino mesiánico de los mil años que, tanto en la tradición judía como en la cristiana, se instaurará sobre la tierra entre el último acontecimiento mesiánico y la vida eterna (lo que no sorprende en un pensador que había dedicado su primer trabajo a la filosofía de Soloviev, impregnada con motivos mesiánicos y escatológicos)" (Agamben 2002: 27). Sólo quisiéramos notar que en la tradición cristiana, antes de la instauración de este reino mesiánico de los mil años, tránsito ineludible hacia la vida eterna (*zoē aiōniōs*), se establecerá el reino del Anticristo. Para nosotros, y en esto nos distanciamos de Agamben, el reino mesiánico no coincide con la suspensión (*katargēsis*) de la Ley, sino con su consumación absoluta, con la sutura última y definitiva de lo humano y lo divino. Por tal motivo, el reino post-jurídico no es lo *otro* de la política occidental, sino su *telos*: el trabajo de costura de la política elevado a su forma ideal, convertido en evento cósmico. La teología-política del mundo occidental es una épica del zurcido; Cristo, claro está, es el gran tejedor –el político, diríamos con Platón, quien domina "la técnica de tejer" (*Político* 283a)–; el Anticristo, en cambio, el deshilbanador, el deshilachador del tejido conjuntivo de la onto-teo-logía, esto es, de la metafísica *tout court*. Sobre este punto, como indicamos en la nota previa, cfr. el *post-scriptum*.

historia?— antes de que el Anticristo sea derrotado por el Hijo de Dios. El Señor Z, sin embargo, reconstruye el final de la narración a partir de las últimas palabras que le escuchó decir al Padre Pansofij. Es evidente que este texto, remarcable desde muchos puntos de vista, tuvo que haber influido en Kojève y en su teoría del fin de la historia. En efecto, ¿cómo no habría de interesar a Kojève un pasaje como el siguiente? (quien habla entre las comillas es el Anticristo):

> "Cristo vino antes que yo, pero aquel que en el tiempo viene después es anterior por naturaleza. Yo he llegado en segundo lugar, al fin de la historia, precisamente porque soy el salvador perfecto, definitivo. Aquel Cristo era simplemente mi precursor. Su misión fue la de preparar mi venida". Y según estos pensamientos, el gran hombre del siglo XXI empezó a aplicarse a sí mismo todo aquello que en el Evangelio está escrito en referencia a la segunda venida, explicando este suceso no como la segunda venida de Cristo, sino como la sustitución del Cristo precursor por el Cristo definitivo, es decir, por sí mismo. (1999: 163-164).

Varias cuestiones son importantes en este pasaje, pero retengamos simplemente la relación, al parecer esencial para Soloviev, entre el fin de la historia y el Anticristo. Si Cristo vino la primera vez, al Anticristo le corresponde la segunda venida. Sin embargo, en la tesis del fin de la historia propuesta por Kojève en el famoso seminario de los años 30, la figura del Anticristo, como dijimos, resulta obliterada por completo. Se objetará que, en razón de la lectura antropológica —y no teológica— de Hegel que propone Kojève, lo mismo sucede con la figura de Cristo, del Mesías. No obstante, el fin de la historia de Kojève, al igual que algunos de los mesianismos contemporáneos, es profundamente cristiano. No sólo Kojève compara al Libro (la *Logik* y la *Phänomenologie des Geistes*) que contiene el saber absoluto con la Biblia, sino que lo identifica explícitamente con el *Logos* encarnado —que, en la tradición teológica, desde luego, no es otro que Cristo: "la Ciencia es un *discurso* (Logos) efectivamente pronunciado o un *libro* ('Biblia')" (1979: 326), es decir un Libro "que no es sino el Logos eterno encarnado" (1979: 410-411).

Sin embargo, el aspecto cristiano del fin de la historia, tal como Kojève la entiende, responde a razones aun más profundas. Reconciliación del espíritu y la naturaleza —o, lo que viene a ser lo mismo, retorno a la animalidad—, supresión dialéctica del amo y el esclavo, *Aufhebung* definitiva y absoluta: tal es el fin de la historia para Kojève. Como habrá quedado claro luego de haber leído los capítulos previos, la figura teológica en la que convergen estos dos dominios de la metafísica, el espíritu y la naturaleza, es precisamente Cristo. La *parousia* del fin de la historia designa la coincidencia sin resto del espíritu y la naturaleza o, en términos cristológicos, del Verbo y la carne o de lo divino y lo humano. Por eso Kojève puede afirmar que el Sabio posthistórico es un dios mortal: "el Hombre post-histórico, el Hombre omnisciente, omnipotente y satisfecho (el Sabio) no es tampoco un Hombre en el sentido propio del término: es un 'dios' (aunque es verdad, un dios mortal)" (1979: 492). De la misma manera, el Libro que contiene el saber absoluto, en la interpretación de Kojève, es la sutura última de la presencia, el zurcido final de la metafísica: la *parousia* cuya expresión conceptual encarnada es el Libro universal. El Sabio posthistórico, en este sentido, es el auténtico Cristo:

> Este Sabio, que revela (mediante el "Saber") la realidad (encarnada en Napoleón), es la encarnación del Espíritu absoluto: él es, pues, si se quiere, ese Dios encarnado con el que soñaban los Cristianos. (El auténtico Cristo, el real = Napoleón-Jesús + *Hegel-Logos*; la encarnación ha tenido lugar entonces al final de los tiempos, no a la mitad). (1979: 192).

Frente a esta concepción cristiana de la posthistoria, resulta legítimo preguntarse cuáles serían las consecuencias de identificar al fin de la historia, no ya con el tiempo, con el ya-no-tiempo del reino de Dios, sino con el tiempo o más bien con la dilatación del tiempo, con la pausa, siempre precaria, que instaura el reino del Anticristo. Si se diese este último caso, el fin de la historia no coincidiría ya con la restitución plena de la presencia, sino con su derrumbe; no sería pues el Libro, sino su imposibilidad (S. Mallarmé); no sería el Saber, sino el No-Saber (G. Bataille); no sería la *coniunctio* del espíritu y la naturaleza, sino su *disiunctio*; no sería el *eikōn*, sino el *phantasma*. Sin embargo, creemos que lo propio del fin de la historia está en el juego entre ambos extremos. Lo cual significa que el fin de la historia sigue siendo histórico, sólo que su misterio ha quedado al descubierto.

Un punto importante, que hemos dejado hasta aquí en suspenso, concierne a la dimensión política del fin de la historia. En la línea de Kojève, la expresión política de la posthistoria es el Estado universal y homogéneo. El devenir histórico de la política occidental concluye en una *polis* absoluta: la *civitas coniunctionis*. En el siglo XVII, el teólogo luterano Johannes Valentinus Andreae le consagró un tratado y la llamó *Christianopolis*. Esta es la ciudad, en su sentido metafísico-político, de la *parousia* terrena, la ciudad que anuncia la presencia plena del reino de Dios. En ella, lo humano y lo divino, lo natural y lo espiritual, la *civitas terrenae* y la *civitas sanctae* coinciden sin resto. *Christianopolis* es la expresión política, cívica, de la función icónica del mediador; la ciudad-cicatriz, la ciudad-sutura: *polis eikonikē*.[215] En ella, en la simetría de sus calles, en la austeridad paradójica de su gloria, el arquetipo es idéntico a la copia.

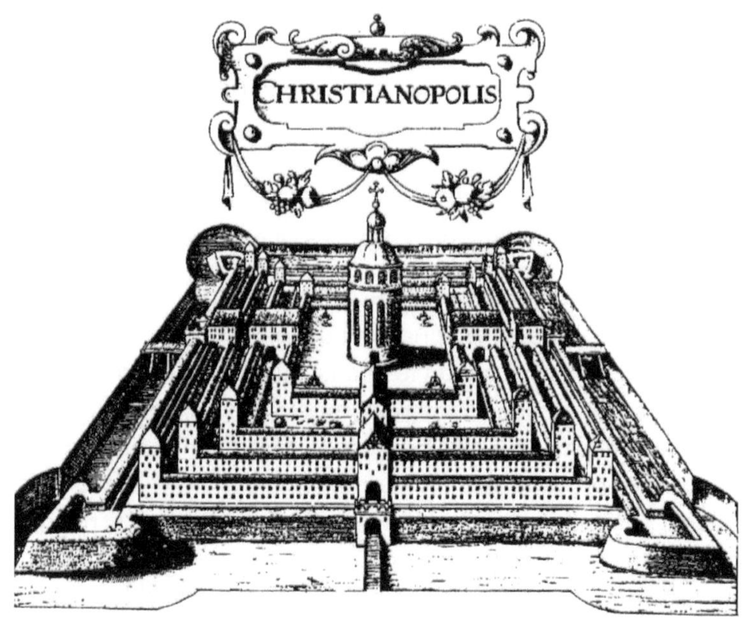

Imagen 16: *Christianopolis*, ilustración de la *Reipublicae Christianopolitanae Descriptio* (ed. 1619). La altura de las torres ha sido exagerada según la convención cartográfica.

215 En la tradición católica, esta *polis eikonikē* no es sino la Iglesia, la *ekklesia* cuya función, por cierto, consiste en mediar entre Dios y los hombres y por lo tanto en mantener vigente la condición icónica del Redentor. En tanto el *eikōn* sutura o zurce lo humano y lo divino, la Iglesia constituye el modelo perfecto "que sintetizaría la imagen de la sociedad, reflejando a su vez

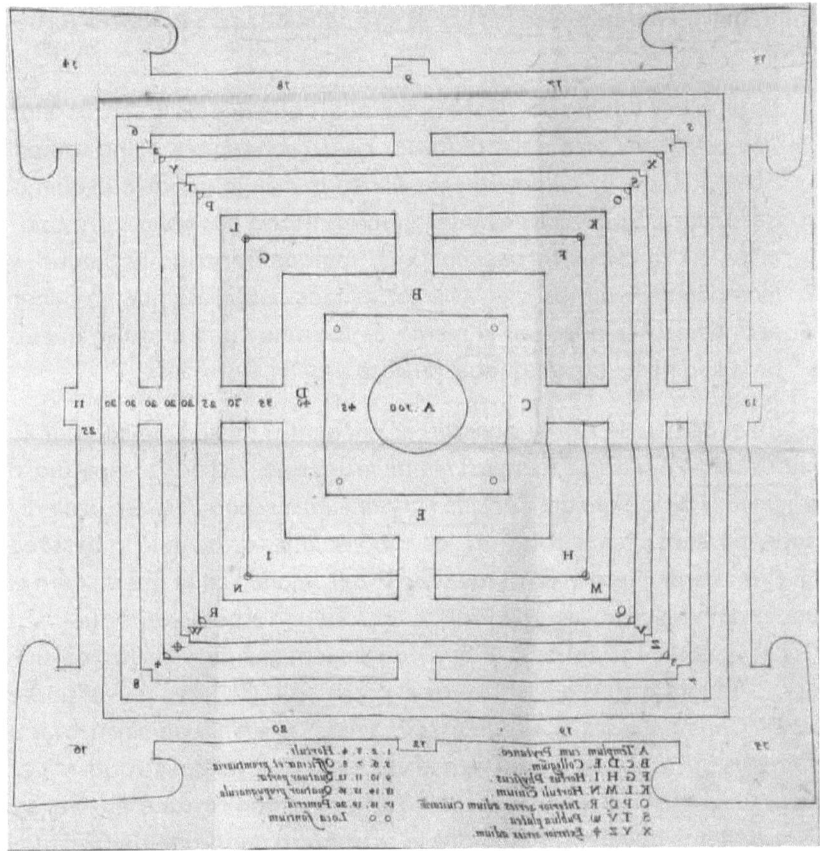

Imagen 17: Plano de *Christianopolis*, ilustración de la *Reipublicae Christianopolitanae Descriptio* (ed. 1619).

Al igual que otras tantas utopías de la época, particularmente la *Civitas solis* de Tommaso Campanella, el plano de *Christianopolis* conjuga aspectos religiosos y militares.[216] En la *descriptio urbis* que realiza

en ella, la imagen de Jesucristo, su Cabeza, que, según forma parte del argumento completo, es a la vez imagen o ícono del Padre. Las personas debían mirarse a sí mismas en ese espejo pero deberían ver en la Iglesia la imagen de Dios" (Peire 2000: 193-194). En este sentido, continúa Peire, "la Iglesia (y dentro de ella principalmente el clero, debido al sacramento del Orden) era un modelo de Cristo, imagen del Padre, y transmitía esta forma hasta convertir a las personas en otros 'modelos' en una inmensa cadena de espejos de diferente entidad, cada uno con la forma participada del modelo-ejemplo por exelencia: Cristo" (2000: 197). Sobre la identificación de la Iglesia con el cuerpo de Cristo y con la Jerusalén santa desde una perspectiva arquitectónica, cfr. McNamara 2009: 59-81.

216 Sobre las similitudes y difrencias entre la *Civitas solis* y *Christianopolis*, cfr. Morrison 2013: 259-271.

Andreae, la ciudad posee las características de una verdadera fortaleza:

> Es un plano cuadrado [*figura quadrata*], cada uno de los lados mide 700 pies, muy bien defendido por cuatro bastiones y una rampa. Se encuentra cuidadosamente alineada con las cuatro esquinas de la tierra. Su fuerza es además acrecentada por ocho torres macisas [*octo turres fortissimae*] distribuidas por toda la ciudad, y más allá se levantan dieciséis torres más pequeñas que no deben ser menospreciadas; en el medio de todo hay una citadela que es prácticamente inexpugnable [*invicta arcem*]. (1619: 54).

En el centro de *Christianopolis* se encuentra un edificio circular, la citadela (*arx*), sede del Templo (*templum*), es decir del poder espiritual o religioso, y de la Sala del Consejo (*prytaneum* o *senaculum*), es decir del poder terrenal o temporal. Entre las decoraciones del templo se destaca un Cristo crucificado (*Christus crucifixus*), imagen en la que se cifra el poder político en su sentido propio, tanto terrenal como espiritual.[217] El *Christus* es el *centrum* de la urbe y, consecuentemente, el centro del poder, la fortaleza en la que converge el poder real (*Christus rex*), el poder legal (*Christus iudex*) y el poder económico (*Christus administrator* o *Christus gubernator*). Cristo es a la vez soberano, administrador y juez de la Jerusalén celestial. Por eso no es para nada fortuito que varios especialistas hayan señalado que la estructura cuadrada de *Christianopolis*, símbolo de estabilidad y permanencia, se basa en la Jerusalén santa del apocalipsis bíblico. El mismo Andreae, por otro lado, se refiere a su ciudad ideal como un lugar en el que los fieles-ciudadanos gozan por anticipado de la "patria celeste" (*caelestis patria*) que no es sino la Jerusalén post-apocalíptica.

Es interesante notar que Andreae, en cierto modo, nos ha brindado el extremo opuesto a *Christianopolis*. Se trata de una ciudad o más bien

217 Sobre la relación entre el poder soberano, la figura del monarca o emperador, y la figura de Cristo, en particular su doble naturaleza, cfr. Kantorowicz 1957. El rey o monarca, explica Kantorowicz, era un verdadero *christosmimētēs*, un imitador de Cristo: "el emperador no es sólo el *vicarius Christi* y el anti-tipo humano del Rey del Mundo de las alturas, sino que es como el Rey de Gloria mismo –realmente el *christosmimētēs*, la personificación y el actor de Cristo. Es como si el Dios-hombre hubiese cedido su trono a la gloria del emperador terrenal a fin de permitirle al *Christus* invisible del cielo volverse manifiesto en el *christus* sobre la tierra" (1957: 65).

una anti-ciudad, una ya-no-ciudad, una *Reipublica Antichristianopolitanae* cuyo plano, también cuadrado y con evidentes similitudes con la ciudad ideal, exhibe los erráticos senderos de un laberinto.[218] En este caso, se trata de un diagrama del *Collectaneorum Mathematicorum.*

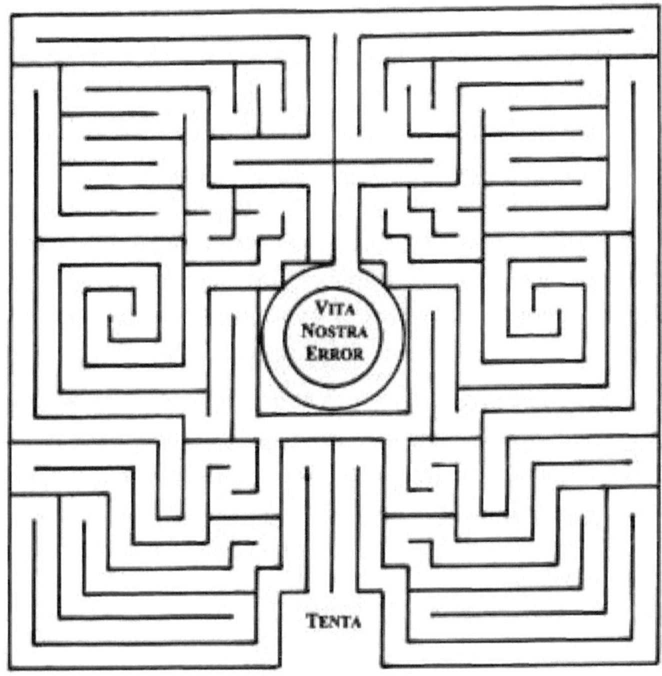

Imagen 18: *El laberinto del error.* Extraído de *Collectaneorum Mathematicorum* (ed. 1614), plancha 120.

El laberinto de la tentación conduce al error, es decir al pecado y al olvido de Dios. El *centrum* del laberinto difiere radicalmente del *centrum* de *Christianopolis.* En ambos casos se trata de un centro *rotundus*, pero mientras que éste custodia la verdad de la virtud, aquél alberga el error del pecado. El laberinto simboliza la pérdida del sendero que conduce a Dios. Pero ¿sería legítimo identificar a este diagrama con *Antichristianopolis*? Si el Anticristo es el despresentificador, *Antichristianopolis* debería ser por definición irrepresentable, sustrayéndose forzosamente a la presencia. Recordemos además la noción de *trans-alienación* que

218 Sobre la noción de *laberinto*, desde la Antigüedad hasta la Edad Media, cfr. Doob 1992.

propusimos en la introducción (nota 20). La relación entre Cristo y el Anticristo es análoga a la del yo y el otro (más que de un *alter ego* habría que hablar de un *alius mei*) en los casos de esquizofrenia. El yo del esquizofrénico se asemeja a una citadela que debe ser defendida de la amenaza del mundo circundante.[219] Ronald D. Laing, a quien ya hemos citado, refiere que "si la totalidad del ser individual no puede ser defendida, el individuo retrae sus líneas de defensa hasta que se recluye en una ciudadela central [*central citadel*]" (1990: 77). Pero conforme avanza la enfermedad, el aparato píquico, la *psychē*, que en nuestro caso consideramos desde un punto de vista histórico-metafísico, es decir como la *psychē* del Occidente greco-latino y judeo-cristiano, se transforma en un laberinto: "Su comportamiento externo es un sistema defensivo análogo a innumerables entradas subterráneas y pasadizos que podrían conducir, se imagina uno, a la ciudadela interior, pero conducen a cualquier lugar o a ningún lugar" (1990: 163).

Según este pasaje, podríamos pensar que la *psychē* de Occidente se asemeja a la construcción laberíntica ilustrada por Andreae. Sin embargo, a diferencia del diagrama del *Collectaneorum Mathematicorum*, los caminos que supuestamente deberían conducir al centro, a la fortaleza del yo, en el caso de la alienación esquizofrénica terminan en la nada. Se trata de un laberinto abominable, el mismo del que Jorge Luis Borges ha dicho que "no tiene ni anverso ni reverso / ni externo muro ni secreto centro" (1974: 986); una vez dentro, ni siquiera puede esperarse la muerte redentora en manos del Minotauro: "No existe. Nada esperes. Ni siquiera / En el negro crepúsculo la fiera" (1974: 986). Es decir: ni siquiera es posible acceder a un yo monstruoso, a un mero negativo del yo ordinario. Todo rasgo de personalidad o de identidad subjetiva ha desaparecido. Ni el cuerpo ni el alma, ni la materia ni el espíritu, funcionales siempre a lo real-presente, son capaces de restaurar el *centrum* de la persona, la citadela del yo. La brecha imposible que se ha abierto al interior de la *psychē* crea el espacio, la dehiscencia, para que un otro fantasmático pueda insinuarse e insistir o subsistir desde la no-presencia:

219 En la medida en que concebimos la noción de *trans-alienación* desde una perspectiva psíquica, es decir como una escisión esquizofrénica, en muchas oportunidades el registro histórico se vuelve indistinguible del registro psicopatológico. De allí el cruce constante entre el diagnóstico histórico-político y el diagnóstico psicológico.

> En muchos esquizofrénicos, la escisión yo-cuerpo constituye siempre la fractura básica. No obstante, cuando el "centro" no logra sostenerse, ni la experiencia del yo ni la experiencia del cuerpo pueden retener la identidad, la integridad, la cohesión o la vitalidad, y el individuo se ve precipitado en una condición cuyo resultado final podría ser descripto como un estado de "caótica noentidad". (Laing 1990: 162).

La ciudad del Anticristo, *Antichristianopolis*, alude a esta *civitas impossibilis* a la que no se accede ni a través de una experiencia egológica ni a través de una experiencia corporal. Ciudad-fantasma, sin duda; ciudad extraña, ajena (enajenada o alienada) a la ciudad-presencia, a *Christianopolis* o a su modelo postapocalítico, la Jerusalén santa. No deja de ser curioso que Laing haya utilizado la expresión "non-entity" de William Blake, sin especificar la referencia con exactitud, para describir la condición más extrema de la esquizofrenia. Hay que decir que en la edición de las obras completas de Blake realizada por David V. Erdman se la encuentra con cierta frecuencia. Dos pasajes, sin embargo, resultan para nosotros altamente interesantes. No es casual que ambos pertenezcan a la obra *Jerusalem. The Emanation of The Giant Albion*, aunque habría que decir que la noción de *non-entity* alude a otra Jerusalén o, más bien, al otro *lado* de Jerusalén, de la misma manera que el Anticristo designa, no meramente el *otro* de Cristo, sino su otro *lado*, su doble fantasmático o su gemelo no-presente. Escribe Blake: "Jerusalén tembló al ver a sus hijos arrastrados por el martillo de Los // En las visiones de los sueños de Beulah sobre el borde de No-Entidad [*on the edge of Non-Entity*]" (1988: 178).

No nos interesa aquí retomar la compleja mitología de Blake, sino más bien destacar dos puntos: 1) La No-entidad constituye un riesgo para Jerusalén: sus hijos, los ciudadanos de la ciudad santa, pueden ser arrastrados al límite de la No-Entidad; 2) la vía de acceso a la No-Entidad es el sueño, y más precisamente las visiones oníricas, es decir los fantasmas. El peligro que representa la *Non-Entity* había sido ya advertido por Blake algunos versos antes: "Jerusalén es dispersada como una nube de humo [*like a cloud of smoke*] hacia la no-entidad" (1988: 147). Esta nube de humo en la que se dispersa la Jerusalén santa, y su antesala terrena (pero ideal o utópica), *Christianopolis*, este vapor inasible que manifiesta de modo indudable la insubstancialidad de las imágenes fantasmáticas, de las apariciones desreales de los sueños, es *Antichristianopolis*. No obstante, dada la condición irrepresentable de esta *anti-polis*, dada la naturaleza fantasmática, la no-entidad de su constitución desreal, resulta difícil describirla sin caer en el tranquilizante trabajo de la elipsis o de la metáfora. Pero más allá de su constante flotamiento, de su evación perpetua, es seguro que se trata de una *civitas disiunctionis*, una ciudad de la no-presencia. En lugar de contemplar la gloria de la magnificencia divina, sus anticiudadanos, flotando —y ya no habitando— en un anti-mundo,[220] contemplan más bien el derrumbe de la presencia (De Martino 1973: 94). No es ya una *polis physikē* ni una *polis pneumatikē*; tampoco una *polis eikonikē* como *Christianopolis*. Se trata más bien de una *polis phantastikē*, una ciudad fantasmática alzada en el abismo o la dehiscencia que separa lo humano de lo divino y el arquetipo de la copia. Aunque tal vez sería más exacto decir que *Christianopolis* y *Antichristianopolis* son los dos nombres, icónico y fantasmático, de la *trans-polis*, la *polis* transoriginaria —o, mejor aun, la *polis* donde se juega cada vez la *archē* y la *an-archē*— del Occidente. Esta oscilación es nuestra esquizofrenia. Esta esquizofrenia es nuestra política.

---

220 Este anti-mundo es propio de las imágenes-fantasmas. Al no pertenecer a la presencia, los fantasmas (*hoi antichristoi*, diríamos) se caracterizan por una imposibilidad de existir en un mundo. No es casual que Jean-Paul Sartre haya reservado, en un texto interesantísimo, la expresión "anti-mundo" para refererirse al espacio neutro, ni material ni inmaterial, ni corpóreo ni espiritual, en el que subsisten los fantasmas: "La conciencia está, pues, constantemente rodeada por un cortejo de objetos-fantasmas. Aunque todos estos objetos tengan a primera vista un objeto sensible, no son los mismos que los de la percepción. [...] En cuanto fijamos nuestras miradas en uno de ellos, nos encontramos frente a seres extraños que escapan a las leyes del mundo. Se dan siempre como totalidades indivisibles, como absolutos. Ambiguos, pobres y secos al mismo tiempo, aparecen y desaparecen de manera discontinua, se dan como un perpetuo 'en-otro-lugar', como una evasión perpetua. Pero la evasión a la que invitan no es sólo la que nos haría escapar a nuestra condición actual, a nuestras preocupaciones, a nuestros pesares; nos ofrecen escapar a todo constreñimiento del *mundo*, parecen presentarse como una negación de la condición de ser-en-el-mundo, como un anti-mundo" (Sartre 1964: 177). Sartre da un paso importante a la hora de sustraer las imágenes al reino de la presencia, pero el segundo paso, el que las remite a una conciencia imaginante, es un paso en falso. Por eso es preciso no identificar al anti-mundo con el reino de la conciencia. El anti-mundo, en nuestra perspectiva, cuya ciudad paradigmática es *Antichristianopolis* y cuya vía privilegiada de ingreso es la experiencia onírica, no pertenece ni al sujeto ni al objeto, ni a la conciencia ni a su presunto contenido. Y es justamente esta irreductibilidad, esta condición inexorablemente neutra, la mayor amenaza para la presencia irradiante de *Christianopolis*.

Post-scriptum ■ Tesis sobre (anti)mesianismo

1. *En el fin de la historia —tanto en el fin del tiempo (escatología) cuanto en el tiempo del fin (mesianismo)— la ley coincide de manera absoluta con la vida.*

La ley resulta desactivada (*katargēsis*) porque ya no es necesaria, pero esta futilidad legal se funda en una identificación total de *zoē* y *nomos*, de ser y deber-ser, de naturaleza y poder. El reino mesiánico precinde de cualquier forma legal porque todos los rincones del espacio político, de la vida política, han sido asimilados por el aparato de la ley paterna consumada en el Hijo. La lógica de exclusión/inclusión, inherente al aparato legal, deja de funcionar. No hay nada que incluir, puesto que no hay adentro, de la misma manera que no hay nada que excluir, puesto que no hay afuera. El reino mesiánico, en el que muchos pensadores contemporáneos han depositado sus anhelos políticos o im-políticos —comunitarios, en definitiva— más fervientes, se asemeja al mapa del que habla Borges, "que tenía el tamaño del Imperio y coincidía puntualmente con él" (1974: 847). La cartografía de la ley coincide centímetro a centímetro con el espacio de la vida humana. El reino mesiánico representa efectivamente un estado de excepción, pero no diferente *cualitativamente* al que caracteriza a la política histórica o profana, sino elevado a un grado *cuantitativamente* absoluto.

2. *El reino mesiánico es la forma absoluta y perfecta —absolutamente perfecta— del reino histórico, es decir el dispositivo político-económico, soberano-gubernamental, llevado a su grado ideal y extremo: el* telos *de la política occidental.*

Esta tesis, cercana al pensamiento de A. Kojève, se opone por cierto al célebre *theologisch-politisches Fragment* benjaminiano: "Por eso, el Reino de Dios no es el *telos* [*das Telos*] de la *dynamis* histórica, y no puede plantearse como meta. En efecto, desde el punto de vista histórico, el Reino de Dios no es meta [*Ziel*], sino fin [*Ende*]" (Benjamin 1977: 203). Se ha señalado que es un error, en el cual habría incurrido entre otros Kojève, pensar el fin [*Ende*] mesiánico de la historia como un fin escatológico, como meta [*Ziel*]. Sin embargo, creemos que Kojève capta perfectamente la naturaleza del acontecimiento mesiánico. El fin de la historia no es sino la sutura absoluta de la esquizofrenia occidental.[221] El Libro del Sabio, como vimos en el epílogo, condensa la totalidad del Saber, la Ciencia cuya expresión política, por cierto, es el Estado universal y homogéneo. No se ha reflexionado lo suficiente sobre este último término. Que el Estado sea *homogéneo* significa que el dispositivo histórico-político ha logrado zurcir (a la vez que *tejer* el *texto* de la historia occidental: Cristo como *textor*)[222] finalmente la dehiscencia despresentificadora: ninguna hendidura luego de la *parousia*, ningún hiato, ninguna fractura.[223] Pablo lo expresa con toda claridad cuando afirma que Cristo, el héroe de la presencia, derrotará al *anomos*, al Anticristo, al despresentificador, con el aliento de su boca (cfr. 2 Tesal. 2:8). Si el Anticristo, como vimos, es la hendidura fantasmática —el trauma— de la historia occidental, entonces el reino mesiánico, que supone por necesidad la derrota

221 Lo cual no significa, desde ya, admitir que vivimos efectivamente en el fin de la historia en su sentido kojèviano; pero sí que, de entender a ese fin desde una perspectiva mesiánica, las consecuencias serían las señaladas por el filósofo ruso. No es posible pensar un fin mesiánico de la historia en un sentido despresentificador. No es el Mesías quien derrumba la *parousia* sino el Anti-Mesías. En consecuencia, si se entiende el fin de la historia como sutura o costura absoluta y definitiva de la metafísica occidental, entonces el fin es propiamente mesiánico; si se lo entiende como dehiscencia o apertura hacia un afuera de la metafísica, es decir como un derrumbe de la presencia, entonces es anti-mesiánico. La otra posibilidad es que no haya fin, ni mesiánico ni antimesiánico, y que se trate de una tensión *metaestable* (G. Simondon) entre un vector presentificador y uno despresentificador encarnados epocalmente en instancias singulares.

222 Sobre este punto, cfr. el cap. V.

223 El tejido de la historia, en la tradición escatológica, culmina en la sutura última y absoluta del trauma (de los múltiples traumas, a decir verdad) del tiempo cronológico. Por eso la cristología supone tanto una suturología cuanto una traumatología, una ciencia de las costuras (*scientia coniunctionis*) y una ciencia de las heridas (*scientia disiunctionis*). El fin del mundo, el reino de la *parousia* establecido por el *Messias*, equivale al fin del trauma, a la clausura definitiva de los traumatismos históricos. Sobre este punto, cfr. el apartado 2 del cap. V.

del Anticristo, designa la costura última y extrema de la dehiscencia esquizofrénica de Occidente: el éxito de la psico-terapia histórico-metafísica. En Kojève, la cifra de esa costura absoluta es el Libro, el *Logos* encarnado cuyo paradigma teológico es Cristo. Como dijimos, creemos que Kojève acierta al concebir el fin de la historia como sutura absoluta y que, lejos de perder de vista la especificidad de lo mesiánico, lo explicita en su sentido propio. Pero justamente por eso, lo mesiánico exhibe su substancial deficiencia como fuerza de construcción y profanación políticas.

3. *El tiempo mesiánico es el tiempo histórico.*

Katechōn y *anomos* son las dos caras de la *dynamis* histórica. El *κatechōn* es la fuerza que detiene la llegada del *anomos*, pero el *anomos*, como bien ha observado Juan en su primera epístola, "ya se encuentra en el mundo". Si esto es así, si la *anomia* acecha en el corazón del dispositivo político occidental y si a la vez coincide con el reino mesiánico, puesto que la encarnación de Cristo implica también la venida sincrónica del Anticristo, entonces el tiempo histórico es en cierto sentido mesiánico. La historia no es sino un *mesianismo velado*. Por eso la función del Mesías consiste en develar el "misterio de la *anomia*", es decir exhibir el centro vacío, originariamente an-árquico, de la máquina política.[224]

224 En *Il Regno e la Gloria*, en efecto, Agamben muestra que la soberanía y la economía constituyen los dos polos de la máquina gubernamental del Occidente. Según la tesis de Agamben, desde los primeros siglos del cristianismo en adelante el poder occidental se ha constituido a partir de una bipolaridad esencial: por un lado, el paradigma soberano, trascendente, fundado en la idea del Dios-Padre que reina pero no gobierna; por el otro, el paradigma económico, inmanente, fundado en la idea del Dios-Hijo que gobierna pero no reina. Por tal motivo, la máquina gubernamental es necesariamente bipolar. En el capítulo "Archeologia della Gloria", por ejemplo, Agamben sostiene que "*theologia* y *oikonomia* constituyen [...] una máquina bipolar, de cuya distinción y de cuya correlación resulta el gobierno divino del mundo" (2007: 253). El polo soberano habría dado lugar a la formación del Estado moderno y el polo económico habría dado lugar a la administración biopolítica de las sociedades contemporáneas. A esta estructura bipolar, característica de todas las máquinas agambenianas, habría que agregar la idea del centro vacío. Ya desde el inicio de *Il Regno e la Gloria*, Agamben vuelve explícito el otro aspecto decisivo de la máquina: "el centro de la máquina gubernamental está vacío. El trono vacío [...] es, en este sentido, el símbolo más apremiante del poder" (2007: 11). Esta idea de centro vacío significa que el poder no posee fundamento, es decir que es esencialmente an-árquico. De allí la observación que Agamben introduce en ese mismo texto: "La anarquía es lo que el gobierno debe pre-suponer y asumir sobre sí como el origen del cual proviene y, a la vez, como la meta hacia la cual se mantiene en viaje" (2007: 80).

El Mesías se parece a un hábil psicólogo que logra desentrañar un trauma oculto, que logra, en suma, volver manifiesto lo latente. El reino mesiánico es la condición *consciente* de lo que durante la historia había permanecido oculto en las profundidades *inconscientes* de la *psychē* de la civilización occidental.[225] Y si resulta posible identificar al tiempo mesiánico con la *anomia*, es porque el Mesías devela, es decir restituye a la presencia (a la conciencia, en términos psicoanalíticos) la substancial *an-archia*, históricamente inconsciente, de la máquina política occidental. Lo que otrora permanecía oculto por el dispositivo político-gubernamental, ahora, en el tiempo mesiánico, en el tiempo del ahora (*kairos*), es exhibido a plena luz. Pero se comprenderá rápidamente que esta exhibición de la *substancial anomia* coincide con la manifestación del Anticristo, el *anomos*. Sin embargo, el Anticristo, como hemos visto, no implica la restitución del acto a su condición potencial (puesto que tanto el acto como la potencia conviven —suturados o cosidos— en Cristo, el gran costurero) sino el ingreso a un dominio ajeno a lo actual y lo potencial, a lo material y lo espiritual, a lo sagrado y lo profano: la dimensión de las imágenes fantasmáticas. El reino del Anticristo no alberga vidas eternas ni cuerpos gloriosos, es decir substancias carnales zurcidas definitivamente con sus respectivas substancias espirituales (o, en su versión a-teológica, animales de la especie *homo sapiens*), sino fantasmas irreductibles a todas las regiones de la onto-teo-logía.

4. Katechōn *y* Messias *son los dos elementos que constituyen la fuerza presentificadora cuya cifra es la figura de Cristo, en sus diversas fascetas:* rex, iudex, administrator, *etc.*

El reino mesiánico no es sino la elevación a la enésima potencia del trabajo presentificador del *katechōn*. Si este es un mesianismo latente, aquel es un *katechōn* manifiesto. Por eso es preciso no confundir *katechōn* y *antichristo*. La operación esencial de la máquina his-

225 Jacob Taubes, por cierto, había ya ensayado una relación entre el psicoanálisis freudiano, la religión bíblica y la teología política de Pablo: "mientras Pablo cumple la redención sólo de manera fantasmática [*phantasmatisch*], Freud la realiza a través de un nuevo método curativo, que no es sólo un método individual, sino también una teoría de la civilización" (Taubes 1993: 131). El vínculo entre psicoanálisis freudiano y mesianismo, por supuesto, está presente también en Benjamin.

tórico-metafísica es mesiánica, puesto que presentificadora –es decir, instauradora de la *parousia*–, desde su mismo inicio. De tal manera que Cristo y *κatcohōn* coinciden, ya que ambos combaten al servicio de la presencia (recuérdese la importancia que ha tenido la figura de un *Christus* militar o conquistador, y su correlativa *militia christi*, para la tradición cristológica).[226] El riesgo de la historia, por eso mismo, no es el *kairos* mesiánico, la pequeña puerta por la que puede ingresar el Mesías, sino el Anti-Mesías, el debilitador de la presencia, el despresentificador ("que ya está en el mundo", según Juan). La pequeña puerta ha estado abierta de par en par desde el mismo inicio de la historia. Por eso el mesianismo no implica el fin (*Ende*) de la historia, sino su *telos* (*Ziel*), su consumación absoluta. La puerta del Mesías es la puerta a la presencia. Pero hay otra puerta que no conduce a la presencia sino a lo que no accede jamás al plano de lo Real, ni a la tangibilidad de lo actual ni a la inasibilidad de lo potencial. Esta segunda puerta, esencialmente paradójica, conduce al dominio de los fantasmas. No se trata allí de un *uso de los cuerpos* sino de los *fantasmas* (que no usamos; nos usan, acaso). Ironía del dispositivo onto-teo-lógico: la luz que penetra por la puerta mesiánica de la presencia nos hace olvidar, encandilándonos, que existe otra puerta, parcialmente entreabierta, que se sustrae a toda luz y a toda gloria, a todo acto y a toda potencia.

5. Christo, Antichristo *y* κatechōn *son fuerzas histórico-políticas que funcionan tensivamente desde la encarnación del Hijo de Dios.*

El Mesías no viene a redimir a los hombres de su condición operativa ni de su guerra política. Como el *κatechōn*, y por eso resulta indisociable de él, Cristo trabaja para asegurar la presencia.

226 La figura de un Cristo militar, en efecto, encuentra uno de sus fundamentos bíblicos en los famosos versículos de Juan de Patmos: "Y vi el cielo abierto; y he aquí un caballo blanco, y el que estaba sentado sobre él, era llamado Fiel y Verdadero, y en justicia juzga y pelea. Y sus ojos *eran* como llama de fuego, y *había* en su cabeza muchas coronas; y tenía un nombre escrito que ninguno conocía sino Él mismo. Y estaba vestido de una ropa teñida en sangre; y su nombre es llamado EL VERBO DE DIOS. Y los ejércitos que están en el cielo le seguían en caballos blancos, vestidos de lino fino, blanco y limpio. Y de su boca sale una espada aguda, para herir con ella a las naciones; y Él las regirá con vara de hierro; y Él pisa el lagar del vino del furor y de la ira del Dios Todopoderoso. Y en su vestidura y en su muslo tiene escrito este nombre: REY DE REYES Y SEÑOR DE SEÑORES" (Apoc. 19:11-16). Esta espada que sale de la boca del Mesías, por supuesto, es la que matará, según Pablo, al Anticristo.

Para comprender esta tesis se requiere una nueva distribución de los términos en cuestión: no ya (*κατεchōn = antichristos*) ≠ (*christos/messias*), pero tampoco (*κατεchōn*) ≠ (*antichristos* ≠ *christos/messias*), sino (*κατεchōn = christos/messias*) ≠ (*antichristos*). Sin embargo, no debe interpretarse esta relación de desigualdad entre *κατεchōn-christos* y *antichristos* como una mera oposición. Se trata, según hemos indicado a lo largo de este libro, de una alienación esquizofrénica (trans-alienación). El Anticristo no es el adversario radical de Cristo o, como dice Michel Foucault del Demonio y de su relación con Dios, "la Antítesis sin escapatoria (o casi), la mala materia, sino más bien algo extraño, desconcertante que se queda quieto y sin moverse del sitio: el Mismo, el exactamente Semejante" (2001: 326).

Nota a la tesis 5

El término *christos*, en general, ha funcionado como elemento opuesto o antagónico tanto a *κατεchōn* cuanto a *antichristos*. En algunos casos, *κατεchōn* y *antichristos* han sido identificados en un mismo espacio teológico-político. De allí la fórmula que hemos mencionado anteriormente: (*κατεchōn-antichristos*) ≠ (*christos*). El polo 1 de esta oposición está conformado por *κατεchōn* y *antichristos*, mientras que el polo 2 por *christos*. Por el contrario, desde nuestra perspectiva, la repartición de los términos da como resultado la siguiente fórmula: (*κατεchōn-christos*) ≠ (*antchristos*).[227] En este

227 Este procedimiento de repartición o de redistribución es inherente a la filosofía. Desde Platón a Derrida, desde Agustín a Bergson, pasando por Descartes y Leibniz, por sólo mencionar algunos nombres emblemáticos, la filosofía se construye siempre según tres momentos o, más bien, tres movimientos irreductibles: 1) se detecta una oposición o antagonismo entre dos términos (que pueden ser teorías, sistemas, tesis, conceptos, etc.); 2) se muestra el presupuesto común que comparten los términos aparentemente opuestos o antagónicos; 3) se instaura una nueva distribución entre el presupuesto común, que ahora aúna en un mismo polo los términos supuestamente opuestos, y un nuevo término que se opone a ese polo. Un ejemplo célebre: Immanuel Kant. Como se sabe, Kant retoma la oposición entre el racionalismo y el empirismo (momento 1) a fin de mostrar el presupuesto que ambas corrientes filosóficas comparten, más allá de sus diferencias superficiales; este presupuesto, ciertamente, tiene que ver con el trasfondo *realista* de ambos sistemas (momento 2). De tal modo que la distribución clásica de la filosofía anterior a Kant, empirismo y racionalismo, se traduce en una nueva distribución entre realismo, que engloba ahora la oposición previa, y un nuevo término, idealismo (momento 3). Estos tres momentos constituyen algo así como el esqueleto procesual del *ars combinatoria* que es la filosofía. La redistribución de los términos *christos*, *antichristos* y *katechōn* propuesta en la tesis 5 reproduce –o, por lo pronto, intenta reproducir– este procedimiento esencial al pensamiento filosófico.

caso, el polo 1 está conformado por *katechōn* y *christos*, mientras que el polo 2 por *antichristos*. ¿A qué se debe esta sorprendente —y en cierto sentido, enigmática— redistribución de los términos? Se debe a que nosotros basamos esta nueva distribución en una tensión (trans)dialéctica conformada por un movimiento de presentificación, al cual contribuye tanto el *katechōn* como *christos*, el instaurador o el asegurador de la presencia, de la *parousia*, y un movimiento de despresentificación representado por el *antichristos*. De tal manera que la dialéctica tradicional entre naturaleza y espíritu, visible e invisible u hombre y Dios resulta reconducida a un mismo polo y unificada en función de su presupuesto común. Este presupuesto consiste en que ambos términos o fuerzas, *katechōn* y *christos*, trabajan en función de la presencia, por eso el cuerpo o la materia —y mucho menos, por supuesto, el espíritu o el alma racional— no representan una amenza para la onto-teo-logía. El proceso de alienación, en su sentido tradicional, responde a este devenir-materia del espíritu y a este devenir-espíritu de la materia. *Christos*, sin duda, en tanto mediador, en tanto espíritu encarnado, en tanto *logos* hecho carne, es la instancia intermedia que permite el movimiento dialéctico específico de la presencia. Este movimiento, que no es otra cosa que la historia misma, se consuma con la *parousia* definitiva, el fin del mundo y de la historia. Pero a este movimiento presentificador, nosotros le hemos opuesto un movimiento de despresentificación. Y así como *christos* es el límite *conjuntivo* que hace posible la conexión y la economía entre la naturaleza y el espíritu, asimismo el *antichristos* es el límite *disyuntivo* que interrumpe el movimiento dialéctico propio de la presencia. Naturaleza y espíritu, hombre y Dios, cuerpo y alma: todos estos términos son funcionales a la presencia y a la onto-teo-logía; a ellos se opone la imagen, y en especial la imagen fantasmática, el fantasma: *ho antichristos*.

La dialéctica entre presentificación y despresentificación difiere radicalmente de la dialéctica entre divinidad y humanidad o entre espíritu y naturaleza. Esta última es la dialéctica tradicional que opera en función de la presencia. Pero las suspensiones o los apagones que alternadamente afectan a este mecanismo de presentificación requieren ya de otra dialéctica, de una tensión que se ubica en otro plano. Llamamos *dialéctica* al doble movimiento que conduce de la naturaleza al espíritu y viceversa; *christos*, como hemos dicho, es el garante de este funcionamiento bipolar. Pero llamamos *trans-dialéctica* a la tensión entre la dialéctica conjuntiva, asegurada e implementada por *christos*, y sus desactivaciones intermitentes, disyuntivas, implementadas por el *antichristos*. En el primer caso, la dialéctica —en su sentido tradicional— funciona como una oscilación pendular; en el segundo, la trans-dialéctica funciona como una *válvula*: cuando está abierta permite la conexión o la *coniunctio* entre Dios y el hombre o entre el espíritu y la naturaleza; cuando está cerrada, corta toda conexión posible (es la catástrofe, el derrumbe de la presencia) e instaura una *disiunctio* entre esos términos.[228] Se comprenderá que, así como *christos* intenta por todos los medios mantener la válvula abierta a fin de asegurar el movimiento dialéctico de presentificación, el *antichristos* intenta cerrarla a fin de interrumpir la operación presentificadora y permitir, así, la emergencia de los fantasmas que proliferan más allá o más acá de la presencia. Por eso el gesto del *antichristos*, como el de *christos*, es eminentemenete ambiguo: cierra la válvula de la presencia, pero sólo para que ese *cierre* posibilite la *apertura* de la herida fantasmática. Y a la inversa: la *apertura* de la válvula efectuada por *christos* no tiene otro objetivo que mantener convenientemente *cerrada* la herida que acosa y acecha a la presencia desde siempre. Así como llamamos trans-alienación a la relación esquizofrénica entre *christos* y el *antichristos* o, mejor aun, a la alienación de *christos* que *es* el *antichristos*, así también llamamos *trans-dialéctica* a la dialéctica entre presentificación y despresentificación.

228 Otro mecanismo que puede explicar fehacientemente el funcionamiento de la trans-dialéctica es el interruptor eléctrico, en su forma más básica: un polo negativo, un polo positivo, un conductor (cable, por ejemplo) que permite la circulación de la corriente de un polo al otro, y un actuante, es decir un elemento móvil que en una de sus posiciones mantiene unidos los extremos del conductor para que la corriente circule y en la otra posición los desune, cortando la circulación de la corriente. Según esta estructura, uno de los polos designa lo sensible o la materia, el otro polo lo inteligible o el espíritu, el conductor es el campo histórico-social por donde circula la corriente de la presencia; el actuante, a su vez, desempeña una doble función: cuando conecta los extremos del conductor y permite la circulación de la presencia funciona según su lado crístico, es decir mediador o conjuntivo, presentificador; cuando desconecta los extremos e imposibilita la circulación de la presencia funciona según su lado anticrístico, es decir traumático y disyuntivo, despresentificador. El término *dialéctica*, tal como nosotros lo entendemos, hace referencia a la relación entre los dos polos, negativo y positivo, entre los cuales circula la corriente de la presencia histórica. El término *trans-dialéctica*, en cambio, alude a la relación entre las dos posiciones del actuante: encendido y apagado, Cristo y Anticristo, *coniunctio* y *disiunctio*, sutura y dehiscencia, presentificación y despresentificación.

Penélope es la figura mitológica que representa la lógica interna de la historia de la metafísica occidental. Se conoce el relato de Homero: para conservar su castidad mientras espera a Odiseo, Penélope convence a sus pretendientes de que aceptará un nuevo enlace cuando termine de tejer un sudario para el fallecido Laertes. "Desde aquel instante —leemos en *Odisea*— pasaba el día [*ēmatiē*] labrando la gran tela [*hyphaineskeN megan histon*], y por la noche [*nyktas*], tan luego como se alumbraba con las antorchas, deshacía [*allyesken*] lo tejido" (*Odisea* II, 104-105).[229] *Megas histos* designa la gran tela de la historia occidental, el tejido (texto) del devenir histórico del Occidente, la urdimbre de lo sensible (la carne, *sarx*), y la trama de lo inteligible (el Verbo, *logos*).[230] Cristo, en efecto, es el costado diurno (*ēmatios*) de Penélope, la operación de tejido (*hyphainō*) que sutura lo visible con lo invisible y los hace funcionar al servicio de la presencia. El Anticristo, en cambio, es el costado nocturno (*nyktos*) de la esposa de Odiseo, la operación de des-tejido (*analyō*) que abre los puntos de la trama histórica y debilita la plenitud de la presencia. Cristo es el presentificador, el tejedor metafísico por excelencia; el Anticristo, el despresentificador, el destejedor.

229 "...de allí viene el proverbio 'la tela de Penélope' – explica Pierre Commelin en su *Mythologie grecque et romaine* –, el cual se usa para referirse a esas obras en las que se trabaja sin cesar y que no se terminan jamás" (1960: 240).

230 La similitud morfológica de los términos *histos* (ιστός): tejido, tela e *historia* (ιστορία), del cual se deriva *histōr* (ἵστωρ): experto, luego historiador, así como de los términos *kairós* (καιρός): tiempo oportuno, tiempo del ahora y *kaîros* (καῖρος): tejer, cruzar la urdimbre con la trama, si bien provenientes de raíces y de contextos diferentes, no deja de resultar curiosa. En el último caso, hemos incluido los acentos, agudo sobre ómicron en *kairós* y circunflejo sobre iota en *kaîros*, violando las normas de transliteración (ALA-LC 2010) adoptadas a lo largo del texto, puesto que en ellos radica la sutil diferencia terminológica.

En Penélope, la tela histórica es tanto mesiánica como antimesiánica, tanto escatológica como antiescatológica, tanto apocalíptica como antiapocalíptica.

Penélope es la figura misma de la esquizofrenia. Vanos son los esfuerzos crísiticos y/o mesiánicos por suturar la falla y clausurar la dehiscencia despresentificadora. La noche de los fantasmas —la noche irreductuble y abominable, disfuncional e irremediablemente ajena a la luz diurna— acecha en el corazón del día presuntamente homogéneo.[231] Cristo zurce lo corpóreo y lo incorpóreo, lo material y lo espiritual, pero su labor no sobrepasa los límites del crepúsculo y por eso responde siempre al llamado de la *parousia* (*vocatio Dei*, es decir *Patris*). En la noche, más allá del ocaso pero más acá de la aurora, el Anticristo, el costado despresentificador de Penélope, deshace la operación diurna de costura. Crepúsculo y aurora designan los umbrales de la *trans-polis*. Ni lo mesiánico ni lo antimesiánico le harán alguna vez justicia.

¿No debió Zaratustra, el Anticristo, hundirse finalmente en su *ocaso*, aunque sólo para renacer, poco después, con los primeros resplandores de la *aurora*? El eterno retorno de este doble movimiento, del día a la noche (*Dämmerung*) y de la noche al día (*Morgenröthe*), fue la esquizofrenia de Nietzsche. ¿Es necesario todavía decir que es también nuestra esquizofrenia? ¿Nuestra política?

---

231 Sería preciso remitir aquí a Maurice Blanchot: la noche del Anticristo, la noche *del* día, de Cristo, abre el acceso a la *otra* noche (*l'autre nuit*). El trabajo de costura efectuado por Cristo tiene por finalidad asimilar la noche al día: "El día es entonces el todo del día y de la noche; la gran promesa del movimiento dialéctico" (Blanchot 1955: 220). Pero la *otra* noche, la segunda, impura e inaccesible, es irremediablemente extraña a la noche diurna, a la noche carnal o pecaminosa *del* día: "En ella, se está siempre afuera [...]. La noche es inaccesible, puesto que tener acceso a ella es acceder al afuera, es permanecer fuera de ella y perder para siempre la posibilidad de salir de ella" (1955: 214); y también: "La *otra* noche es siempre la otra, y quien la escucha deviene otro, quien se aproxima a ella se aleja de sí, no es más aquel que se aproxima, sino aquel que se desvía" (1955: 222). En otro lugar, hemos mostrado que las imágenes, los fantasmas, constituyen ventanas al extra-Ser o al más-allá del Ser. En el mismo sentido, diremos ahora que el Anticristo (o, mejor aun, los fantasmas: *hoi antichristoi*), el Cristo-fantasma, al interrumpir la presencia, es la via de acceso al extra-Ser o a la *Non-Entity* (W. Blake), a *l'autre nuit*. Sobre las imágenes-fantasmas como ventanas al extra-Ser, cfr. Prósperi 2019: 533-555.

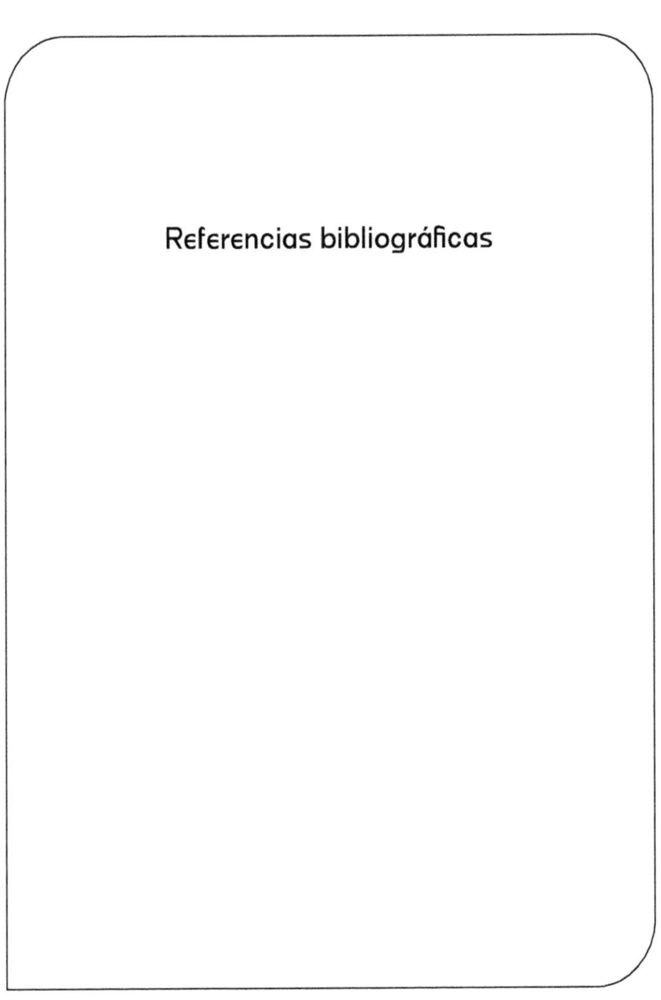

Referencias bibliográficas

ADAM, A. K. M. "Docetism, Käsemann, and Christology: Why Historical Criticism Can't Protect Christological Orthodoxy". *Scottish Journal of Theology*, vol. 49 (4), 1996, pp. 391-410.

AGAMBEN, G. (1979). *Stanze. La parola e il fantasma nella cultura occidentale.* Torino: Einaudi.

AGAMBEN, G. (1982). *Il linguaggio e la morte. Un seminario sul luogo della negatività.* Torino: Einaudi.

AGAMBEN, G. (1990). *La comunità che viene.* Torino: Einaudi.

AGAMBEN, G. (2000). *Il tempo che resta. Un commento alla* Lettera ai Romani. Torino: Bollati Boringhieri.

AGAMBEN, G. (2002). *L'aperto. L' uomo e l'animale.* Torino: Bollati Boringhieri.

AGAMBEN, G. (2005). *Profanazioni.* Roma: Nottetempo.

AGAMBEN, G. (2007). *Il Regno e la Gloria. Per una genealogia teologica dell'economia e del governo. Homo sacer, II, 2.* Vicenza: Neri Pozza.

AGAMBEN, G. (2014). *L'uso dei corpi. Homo sacer, IV, 2.* Vicenza: Neri Pozza.

AGUSTÍN DE HIPONA. *Confessionum libri XIII*, en Migne, J. P., (1845). *PL*, Vol. 32.

AGUSTÍN DE HIPONA. *De civitate Dei*, en Migne, J. P., (1864). *PL*, Vol. 41.

ALAIN DE LILLE (1955). *Anticlaudianus, Texte critique avec une Introduction et des Tables*, ed. de R. Bossuat. Paris: Vrin.

ALAIN DE LILLE (1973). *Anticlaudianus or the Good and Perfect Man*, ed. de J. Sheridan. Toronto: Pontifical Institute of Mediaeval Studies.

ALEXANDRE, J. (2001). *Une chair pour la gloire: L'Anthropologie réaliste et mystique de Tertullien.* Paris: Beauchesne Éditeur.

ALLEAU, R. (1958). *De la nature du symbole.* Paris: Flammarion.

ANASTOS, M. "Nestorius Was Orthodox". *Dumbarton Oaks Papers*, Vol. 16 (1962), pp. 117-140.

ANASTOS, M. V. (1979). *Studies in Byzantine Intellectual History.* London: Variorum Reprints.

ANDREAE, J. V. (1614). *Collectaneorum mathematicorum decades XI. centum & decem tabulis aeneis exhibitæ.* Tubingæ: typis *J.A. Cellii.*

ANDREAE, J. V. (1619). *Reipublicae Christianopolitanae Descriptio.* Strasburg: Lazarus Zetzner.

ATHERTON, M. "The image of the temple in 'Psychomachia' and late Angle-Saxon literature". *Bulletin of the John Rylands Library*, 79(3), 1997, pp. 263-285.

ATTELL, K. (2015). *Giorgio Agamben. Beyond the Threshold of Deconstruction.* New York: Fordham University Press.

AYRES, L. (2004). *Nicaea and Its Legacy. An Approach to Fourth-Century Trinitarian Theology.* Oxford: Oxford University Press.

BAERT, B. (2004). *A Heritage of the Holy Wood. The Legend of the True Cross in Text and Image.* Leiden – Boston: Brill.

BAGCHI, D. "Christ's Descent into Hell in Reformation Controversy". *Studies in Church History*, Volume 45, 2009, pp. 228-247.

BALTHASAR, H. U. (1995). "Descent into Hell", en *Explorations in Theology*, Vol. IV: *Spirit and Institution*, trad. Edward T. Oakes, S.J., San Francisco: Ignatius Press.

BARASCH, M. (1995). *Icon. Studies in the History of an Idea.* New York – London: New York University Press.

BARDZELL, J. (2009). *Speculative Grammar and Stoic Language Theory in Medieval Allegorical Narrative From Prudentius to Alan of Lille.* New York – London: Routledge.

BARGEMAN, L. A. (2005). *The Egyptian Origin of Christianity.* Nevada City: Blue Dolphin Publishing.

BARR, J. (1992). *The Garden of Eden and the Hope of Immortality. The Read-Tuckwell Lectures for 1990.* London: SCM Press Ltd.

BARTHES, R. (1977). *Fragments d'un discours amoureaux.* Paris: Éditions du Seuil.

BAUCKHAM, R. "Synoptic Parousia Parables and the Apocalypse". *New Testament Studies*, Volume 23, issue 02, 1977, pp. 162 – 176.

BECKER, A. H. "The "Evil Inclination" of the Jews: The Syriac *Yatsra* in Narsai's Metrical Homilies for Lent". *Jewish Quarterly Review*, Volume 106, Number 2, Spring 2016, pp. 179-207.

BEHR, J. (2000). *Asceticism and Anthropology in Irenaeus and Clement.* New York: Oxford University Press.

BELTING, H. (2009). *Imagen y culto. Una historia de la imagen anterior a la edad del arte*, trad. C. D. Pampliega y J. E. Nuño. Madrid: Akal.

BENJAMIN, W. (1977). "Theologisch-politisches Fragment", en *Gesammelte Schriften*, Band II/1. Frankfurt am Main: Suhrkamp, pp. 203-204.

BENJAMIN, W. (1980). Über den Begriff der Geschichte, en *Gesammelte Schriften*, Band I/2. Frankfurt am Main: Suhrkamp, pp. 693-704.

BENVENISTE, É. (1966). *Problèmes de linguistique générale.* Paris: Gallimard, Tome I.

BERARDINI, S. F. (2013). *Ethos Presenza Storia. La ricerca filosofica di Ernesto de Martino.* Trento: Università di Trento.

BERESÑAK, F. (2017). *El imperio científico. Investigaciones político-espaciales.* Buenos Aires: Miño y Dávila Editores.

BERNSTEIN, A. (2003). *The Formation of Hell. Death and Retribution in the Ancient and Early Christian Worlds.* London: UCL Press.

BLAKE, W. (1988). *The Complete Poetry & Prose of William Blake.* David V. Erdman (ed.). New York: Anchor Books.

BLANCHOT, M. (1955). *L'espace littéraire.* Paris: Gallimard.

BLANCHOT, M. (1969). *L'entretien infini.* Paris: Gallimard.

BLOCK, D. "Beyond the Grave: Ezekiel's Vision of Death and Afterlife". *Bulletin for Biblical Research*, 2 (1992), pp. 113-141.

BLUMENBERG, H. (1984). *La leggibilità del mondo. Il libro come metafora della natura.* Bologna: Società editrice il Mulino.

BOCKMUEHL, Markus y CARLETON PAGET, James (eds.) (2007). *Redemption and Resistance. The Messianic Hopes of Jews and Christians in Antiquity.* New York: T&T Clark.

BOLLINGER, L. "Placental Economy: Octavia Butler, Luce Irigaray, and Speculative Subjectivity". *Literature Interpretation Theory*, 18, 2007, pp. 325-352.

BORGES, J. L. (1974). *Obras completas. 1923-1972.* Buenos Aires: Emecé.

BRONFEN, E. "From omphalos to phallus: Cultural representations of femininity and death". *Women: A Cultural Review*, 3:2, 1992, pp. 145-158.

BROOKE, J. H. (2014). *Science and Religion. Some Historical Perspectives.* Cambridge: Cambridge University Press.

BROWN, R. E. (1993). *The Birth of the Messiah: A Commentary on the Infancy Narratives in Matthew and Luke.* New York: Doubleday.

BROX, N. "Doketismus – eine Problemanzeige". *Zeitschrift für Kirchengeschichte*, vol. 95, 1984, pp. 301-314.

CAMPBELL, J. "To Hell and Back. Latin Tradition and Literary Use of the *Descensus ad inferos*". *Viator*, Volume 13, issue 1982, pp. 107-158.

CANTALAMESSA, R. (1962). *La cristologia di Tertulliano.* Friburgo: Edizioni Universitarie Friburgo Svizzera.

CAPPELLETTI, A. J. (1987). *Las teorías del sueño en la Filosofía Antigua.* Caracas: Edición del Centro de Estudios Pedagógicos "Ignacio Burk".

CARTER, T. "Marcion's Christology and Its Possible Influence on Codex Bezae". *The Journal of Theological Studies*, vol. 61 (2), 2010, pp. 550-582.

CARUTH, C. (1996). *Unclaimed Experience. Trauma, Narrative, and History*. Baltimore – London: The Johns Hopkins University Press.

CARUTH, C. (ed.) (1995). *Trauma. Explorations in Memory*. Baltimore – London: The Johns Hopkins University Press.

CHESNUT, R. "The Two Prosopa in Nestorius' *Bazaar of Heracleides*". *The Journal of Theological Studies*, Volume xxix, issue 2, 1978, pp. 392-409.

CLARK, C. O. "The Silverfish, an Insect attacking Sized Textile Fibres". *Coloration Technology*, Volume 43, issue 6, 1927, pp. 190-192.

CLARKSON, C. "Rediscovering Parchment: The Nature of the Beast". *The Paper Conservator*, 16:1, 1992, pp. 5-26.

CLAUS, D. B. (1981). *Toward the Soul. An Inquiry into the Meaning of Psyche before Plato*. New Haven – London: Yale University Press.

CLINES, D. J. A. "The Image of God in Man". *Tyndale Bulletin* 19 (1968), pp. 53-103.

COCCIA, E. (2011). *La vida sensible*, trad. M. T. D'Meza. Buenos Aires: Marea.

COLLIN DE PLANCY, A. S. (1821). *Dictionnaire critique des reliques et des images miraculeuses*, tomes II y III. Paris: Guien et Compagnie.

COMMELIN, P. (1960). *Mythologie grecque et romaine. Édition illustrée de nombreuses reproductions*. Paris: Éditions Garnier Frères.

CONNELL, M. F. "*Descensus Christi ad Inferos*: Christ's Descent to the Dead". *Theological Studies*, 62 (2001), pp. 262-282.

COURTINE, J.-F. (2005). *Inventio analogiae. Métaphysique et ontothéologie*. Paris: Vrin.

CRAGNOLINI, M. B. "Nietzsche-Huidobro-Aschenbach: azores fulminados por la altura". *Confines*, Nro 3, Buenos Aires, octubre 1996, pp. 185-198.

CRAGNOLINI, M. B. (2012). *Derrida. Un pensador del resto*. Buenos Aires: La Cebra.

CRANNELL, P. W. "The Supernatural Birth of (the) Christ". *Review & Expositor*, Volume 29, issue 3, 1932, pp. 347-362.

CROFT LONG, E. "The Placenta in Lore and Legend". *Bulletin of the Medical Library Association*, 51(2), 1963, pp. 233–241.

CROSS, R. (2000). "Perichoresis, Deification, and Christological Predication in John of Damascus". *Mediaeval Studies*, Volume 62, pp. 69-124.

CROUZEL, H. (1956). *Théologie de l'image de Dieu chez Origène*. Paris: Aubier.

CURTIUS, E. R. (1983). *European Literature and the Latin Middle Ages*. Princeton – Oxford: Princeton University Press.

D'COSTA, G. (2009a). *Christianity and World Religions. Disputed Questions in the Theology of Religions*. Oxford: Wiley-Blackwell.

D'COSTA, G. "The Descent into Hell as a Solution for the Problem of the Fate of the Unevangelized Non-Christians: Balthasar's Hell, the Limbo of the Fathers and Purgatory". *International Journal of Systematic Theology*, 11 (2009), pp. 146-171.

DANIÉLOU, J. (1960). *From Shadow to Reality. Studies in The Biblical Typology of The Fathers*, tr. W. Hobberd. London: Burns & Oates.

DAVIDSON, J. R. "The Shadow of Life: Psychosocial Explanations for Placenta Rituals". *Culture, Medicine and Psychiatry*, 9(1), 1985, pp. 75-92.

DE AMENÁBAR, I. (1998). *Muerte. Transfiguración de la vida*. Santiago de Chile: Ediciones Universidad Católica de Chile.

DE LAGE, R. (1951). *Alain de Lille. Poète du XIIe Siècle*. Paris: Vrin.

DE LANGE, N. (2007). "Jewish and Christian Messianic Hopes in Pre-Islamic Bizantium", en Bockmuehl, M. y Carleton Paget, J. (eds.). *Redemption and Resistance. The Messianic Hopes of Jews and Christians in Antiquity*. New York: T&T Clark, pp. 274-284.

DE MARTINO, E. (1973). *Il mondo mágico. Prolegomeni a una storia del magismo*. Torino: Paolo Boringhieri.

DE MARTINO, E. (1977). *La fine del mondo. Contributo all'analisi delle apocalissi culturali*. Torino: Einaudi.

DE MARTINO, E. (2000). *Morte e pianto rituale nel mondo antico: del lamento pagano al pianto di Maria*. Torino: Bollati Boringhieri.

DE WITT, F. "An Historical Study on Theories of the Placenta to 1900". *Journal of the History of Medicine and Allied Sciences*, Volume XIV, issue 7, 1959, pp. 360-374.

DEBRAY, R. (1992). *Vie et mort de l'image. Une histoire du regard en Occident.* Paris: Gallimard.

DELEUZE, G. (1968). *Différence et repetition.* Paris: P.U.F.

DELEUZE, G. (1969). *Logique du sens.* Paris: Les Éditions de Minuit.

DELEUZE, G. (1993). *Critique et clinique.* Paris: Les Éditions de Minuit.

DELEUZE, G. (1999). *Nietzsche.* Paris: P.U.F.

DERRIDA, J. (1967). *De la grammatologie.* Paris: Les Éditions de Minuit.

DERRIDA, J. (1967a). *L'écriture et la différence.* Paris: Les Éditions du Seuil.

DERRIDA, J. (1972). *Marges de la philosophie.* Paris: Éditions de Minuit.

DERRIDA, J. (1985). "Préjugés. Devant la loi", en Derrida, J. et all. *La Faculté de Juger. Colloque de Cerisy.* Paris: Éditions de Minuit, pp. 87-139.

DERRIDA, J. (2003). "Comment ne pas parler. Dénégations", en *Psyché, Inventions de l'autre,* (tome 2). Paris: Galilée, pp. 145-200.

DETERING, H. (2012). *L'Anticristo e il Crocifisso. L'ultimo Nietzsche,* trad. Annamaria Lossi. Roma: Carocci Editore.

DI BERARDINO, A. (ed.) (2000). *Patrologia Vol. V. Dal Concilio di Calcedonia (451) a Giovanni Damasceno († 750). I Padri orientali.* Genova: Casa Editrice Marietti.

DOOB, P. R. (1992). *The Idea of the Labyrinth: From Classical Antiquity through the Middle Ages.* Ithaca – London: Cornell University Press.

DOUGLAS, C. (2008). "The historical context of analytical psychology", en Young-Eisendrath, P. & Dawson, t. (eds.). *The Cambridge Companion to Jung.* Cambridge: Cambridge University Press.

DUNN, G. D. "Mary's Virginity *in partu* and Tertullian's anti-Docetism in *De Carne Christi* Reconsidered". *Journal of Theological Studies,* vol. 58 (2), 2007, pp. 467-484.

EDWARDS, M. (2009). *Catholicity and Heresy in the Early Church.* Farnham: Ashgate Publishing Ltd.

EHRMAN, B. D. (1993). *The Orthodox Corruption of Scripture. The Effect of Early Christological Controversies on the Text of the New Testament.* New York – Oxford: Oxford University Press.

EHRMAN, B. D. (2000). *The New Testament: A Historical Introduction to the Early Christian Writings.* New York – Oxford: Oxford University Press.

EHRMAN, B. D. (2006). *Studies in the Textual Criticism of the New Testament.* Leiden – Boston: Brill.

EMMERSON, R. K. (1981). *Antichrist in the Middle Ages. A Study of Medieval Apocalypticism, Art, and Literature.* Seattle: University of Washington Press.

ESPOSITO, R. (2002). *Immunitas. Protezione e negazione della vita.* Torino: Einaudi.

ESPOSITO, R. (2007). *Terza persona. Politica della vita e filosofia dell'impersonale.* Torino: Einaudi.

ESPOSITO, R. (2013). *Due. La macchina della teologia politica e il posto del pensiero.* Torino: Einaudi.

EVANS, G. R. (1983). *Alan of Lille. The Frontiers of Theology in the Later Twelfth Century.* New York: Cambridge University Press.

FAZZO, V. (1998). "Introduzione", en Juan de Damasco. *La fede ortodossa.* Roma: Città Nuova Editrice.

FEBVRE, L. y MARTIN, H.-J. (1958). *L'apparition du livre,* tome I. Paris: Les Éditions Albin Michel.

FERGUSON, E. "Tertullian". *The Expository Times,* vol. 120 (7), 2009, pp. 313–321.

FERLINGHETTI, L. (1999). "He", en D. Allen (ed.). *The New American Poetry, 1945-1960.* Berkeley – Los Angeles – London: University of California Press, pp. 134-137.

FEUERBACH, L. (1883). *Das Wesen des Christenthums,* en *Sämmtliche Werke,* Vol. 7. Leipzig: Verlag Von Otto Wigand.

FINNEY, M. T. (2016). *Resurrection, Hell and the Afterlife. Body and Soul in Antiquity, Judaism and Early Christianity.* New York – London: Routledge.

FISCHER, S. R. (2001). *A History of Writing.* London: Reaktion Books Ltd.

FORSYTH, N. (1987). *The Old Enemy: Satan and the Combat Myth.* Princeton: Princeton University Press.

FOSTER, P. "Marcion: His Life, Works, Beliefs, and Impact". *The Expository Times,* vol. 121 (6), 2010, pp. 269–280.

FOUCAULT, M. (1954). *Maladie mentale et personnalité.* Paris: P.U.F.

FOUCAULT, M. (2001). "La prose d'Actéon", en *Dits et écrits I (1954-1975)*. Paris: Gallimard.

FOUCAULT, M. (2018). *Histoire de la sexualité 4. Les Aveux de la chair*. Paris: Gallimard.

FRAZER, J. G. (1919). *Folklore in the Old Testament. Studies in Comparative Religion Legends and Law*. London: MacMillan and Co., vol. II.

FUEHRER, M. L. "The Cosmological Implications of the Psychomachia in Alan of Lille's 'Anticlaudianus'". *Studies in Philology*, Vol. 77, No. 4 (Autumn, 1980), pp. 344-353.

GADAMER, H.-G. (2000). *Die Aktualität des Schönen. Kunst als Spiel, Symbol und Fest*. Stuttgart: Philipp Reclam jun. GmbH & Co.

GALILEO GALILEI (1623). *Il Saggiatore*. Roma: Giacomo Mascardi.

GALILEO GALILEI (1953). *Lettere*, en Flora, R. (ed.). *Opere*. Napoli: Riccardo Ricciardi Editore.

GALOT, J. "La descente du Christ aux enfers". *Nouvelle Revue Théologique*, 83 (1961), pp. 471-491.

GAMBLE, H. Y. (1995). *Books and Readers in the Early Church. A History of Early Christian Texts*. New Haven – London: Yale University Press.

GAVRILYUK, P. L. (2005). *The Suffering of the Impassible God. The Dialectics of the Patristic Thought*. New York: Oxford University Press.

GIAKALIS, A. (2005). *Images of The Divine: The Theology of Icons at The Seventh Ecumenical Council*. Leiden – Boston: Brill.

GIVONE, S. (1995). *Storia del nulla*. Bari: Laterza.

GLICK, L B. (2005). *Marked in your Flesh. Circumcision from Ancient Judea to Modern America*. Oxford – New York: Oxford University Press.

GOLDSTEIN, R. y STROUMSA, G. "The Greek and Jewish Origins of Docetism: A New Proposal". *Zeitschrift für antikes Christentum*, vol. 10 (3), 2007, pp. 423-441.

GOMBRICH, E. H. (1972). *Symbolic images Studies in the art of the Renaissance*. London: Phaidon Press Ltd.

GOODY, J. (2000). *The Power of the Written Tradition*. Washington – London: Smithsonian Institution Press.

GRAVES, R. (1961). *The White Goddess: a Historical Grammar of Poetic Myth*. London: Faber & Faber.

GREENE, B. (1999). *The Elegant Universe*. New York: W. W. Norton & Company.

GREENE, B. (2004). *The Fabric of the Cosmos. Space, Time and the Texture of Reality*. New York: Alfred A. Knopf.

GRILLMEIER, A. (1975). *Christ in Christian Tradition. From the Apostolic Age to Chalcedon (451)*, Vol. I, trad. J. Bowden. Atlanta: John Knox Press.

GRUMETT, D. "Teilhard de Chardin's Evolutionary Natural Theology". *Zygon. Journal of Science and Religion*, Volume 42, issue 2, 2007, pp. 519-534.

HANNA, R. "The Sources and the Art of Prudentius' Psychomachia". *Classical Philology*, Vol. 72, No. 2 (Apr., 1977), pp. 108-115.

HANNAH, D.: "The Ascension of Isaiah and Docetic Christology". *Vigiliae Christianae*, vol. 53 (2), 1999, pp. 165-196.

HARNACK, A. (1924). *Marcion: Das Evangelium vom fremden Gott. Eine Monographie zur Geschichte der Grundlegung der katholischen Kirch*. Leipzig, J. C.: Hinrichsche Buchhandlung.

HAWORTH, K. R. (1980). *Deified Virtues, Demonic Vices and Allegory in Prudentius'* Psychomachia. Amsterdam: Adolf M. Hakkert.

HEGEL, F. G. W. (1986). *Enzyklopädie der philosophischen Wissenschaften im Grundrisse III*, band 10. Frankfurt am Main: Suhrkamp.

HEIDEGGER, M. (1961). *Nietzsche*, Erster Band. Deutschland: Neske.

HEIDEGGER, M. (1976). *Wegmarken*, en *Gesaumtausgabe*, Band 9. Frankfurt am Main: Vittorio Klostermann.

HEIDEGGER, M. (1997). *Platons Lehre von der Wahrheit*. Frankfurt am Main: Vittorio Klostermann.

HEIDEGGER, M. (2000). *Vorträge und Aufsätze*, en *Gesaumtausgabe*, Band 7. Frankfurt am Main: Vittorio Klostermann.

HEIDEGGER, M. (2006). "Die onto-theo-logische Verfassung der Metaphysik (1956/57)", en *Gesamtausgabe*, Band 11. Frankfurt am Main: Vittorio Klostermann.

HENCH, A. L. "Sources of Prudentius' Psychomachia". *Classical Philology*, Vol. 19, No. 1 (Jan., 1924), pp. 78-80.

HENRY, M. (2000). *Incarnation. Une philosophie de la chair*. Paris: Éditions du Seuil.

HERLES, E. "Helen Chadwick: *One Flesh*, Christian Iconography and Motherhood". *Exposure Magazine*, 2nd Volume, 3rd Issue, 1997.

HERMAS (2003). *The Shepherd of Hermas*. En: *Apostolic Fathers: Volume II. Epistle of Barnabas. Papias and Quadratus. Epistle to Diognetus. The Shepherd of Hermas*, ed. de Bart D. Erhman, Loeb Classical Library No. 25. London: Harvard University Press.

HILLMAN, J. (1975). *Re-Visioning Psychology*. New York: Harper & Row Publishers.

HOBEN, A. "Recent Discussions on the Virgin Birth of Christ". *The American Journal of Theology*, Vol. 12, No. 2, 1908, pp. 284-290.

HOGETERP, Albert (2009). *Expectations of the End. A Comparative Traditio-Historical Study of Eschatological, Apocalyptic and Messianic Ideas in the Dead Sea Scrolls and the New Testament*. Leiden – Boston: Brill.

HOOKE, R. (1665). *Micrographia: Or some Physiological Descriptions of Minute Bodies made by Magnifying Glasses*. London: Martyn & Allestry.

HUGHES, K. L. (2005). *Constructing Antichrist. Paul, Biblical Commentary, and the Development of Doctrine in the Early Middle Ages*. Washington D.C.: The Catholic University of America Press.

HUME, D. (1960). *Treatise of Human Nature*. Oxford: Clarendon Press.

HUSSEY, J. M. (1990). *The Orthodox Church in the Byzantine Empire*. Oxford: Oxford University Press.

IDEL, M. (1989). *Language, Torah, and Hermeneutics in Abraham Abulafia*. New York: State University of New York Press.

IDEL, M. (2002). *Absorbing Perfections. Kabbalah and Interpretation*. New Haven – London: Yale University Press.

IDEL, M. (2003). "Jacques Derrida et les sources kabbalistiques", en Cohen, J. y Zagury-Orly, R. (dirs.). *Judéités. Questions pour Jacques Derrida*. Paris: Galilée, pp. 133-156.

IRIGARAY, L. (1993). *Je, Tu, Nous. Toward a Culture of Difference*. (Trad. de Alison Martin). New York – London: Routledge.

IRIGARAY, L. "El cuerpo a cuerpo con la madre". *Debate Feminista*, vol. 10., 1994.

JACOBI, J. (1973). *La psicologia di C. G. Jung*. Torino: Bollati Boringhieri.

JACOBS, A. S. (2012). *Christ Circumcised: A Study in Early Christian History and Difference*. Philadelphia: University of Pennsylvania Press.

JAMESON, F. (1991). *Postmodernism, Or the Cultural Logic of Late Capitalism*. Durham: Duke University Press.

JANET, P. (1927). *De l'angoisse à l'extase. Études sur les croyances et les sentiments*. Tome II. Paris: L'Harmattan.

JENKS, G. C. (1991). *The Origins and Early Development of the Antichrist Myth*. Berlin – New York: Walter de Gruyter.

JOHNSTON, P. (2002). *Shades of Sheol: Death and Afterlife in the Old Testament*. Illinois: InterVarsity Press.

JUAN DE DAMASCO (1973). "Expositio Fidei", en B. Kotter, *Die Schriften des Johannes Von Damaskos*, II. Berlin – New York: Walter De Gruyter.

JUAN DE DAMASCO (1975). "Contra imaginum calumniatores orationes tres", en B. Kotter, *Die Schriften des Johannes Von Damaskos*, III. Berlin – New York: Walter De Gruyter.

JUGIE, M. (1912). *Nestorius et la controverse nestorienne*. Paris: Gabriel Beauchesne Éditeur.

JUIGNET, P. "Lacan, le symbolique et le signifiant". *Cliniques méditerranéennes*, (no 68), 2003/2, pp. 131-144.

JUNG, C. (1976). *Aion: Beiträge zur Symbolik des Selbst*, en *Gesammelte Werke; Bd. 9/II*. Olten – Freiburg: Walter.

KANTOROWICZ, E. H. (1957). *The King's Two Bodies. A Study in Mediaeval Political Theology*. Princeton – New Jersey: Princeton University Press.

KAUFMANN, W. A. (1974). *Nietzsche. Philosopher, Psychologist, Antichrist*. Princeton – New Jersey: Princeton University Press.

KEARNEY, R. (2003). *The Wake of Imagination. Toward a postmodern culture*. London: Routledge.

KELLY, J. N. D. (1968). *Early Christian Doctrines*. London: Adam & Charles Black.

KILDE, J. H. (2008). *Sacred Power, Sacred Space. An Introduction to Christian Architecture and Worship*. New York: Oxford University Press.

KINZIG, W. (2007). "The West and North Africa", en Bockmuehl, M. & Carleton Paget, J. (eds.). *Redemption and Resistance. The Messianic Hopes* of Jwes and Christians in Antiquity. London: T&T Clark, pp. 198-214.

KOJÈVE, A. (1979). *Introduction à la lecture de Hegel.* Paris: Gallimard.

KOJÈVE, A. (2012). "El origen cristiano de la ciencia moderna". *Revista Descartes*, N° 22/23, pp. 1-8.

KRAUSMÜLLER, D. "Conflicting anthropologies in the Christological discourse at the end of Late Antiquity: the case of Leontius of Jerusalem's Nestorian adversary". *JTS*, 56, 2005, pp. 413–447.

KRAUSMÜLLER, D. "Leontius of Jerusalem, a theologian of the 7th century". *JTS*, 52, 2001, pp. 637–657.

KRINZIG, W. (2007). "The West and North Africa", en Bockmuehl, M. y Carleton Paget, J. (eds.). *Redemption and Resistance. The Messianic Hopes of Jews and Christians in Antiquity.* New York: T&T Clark, pp. 198-214.

LACAN, J. (2006). *El Seminario, Libro X, La angustia.* Buenos Aires: Editorial Paidós.

LACAPRA, D. (2014). *Writing History, Writing Trauma.* Baltimore: Johns Hopkins University Press.

LADNER, G. B. "*Homo Viator.* Mediaeval Ideas on Alienation and Order". *Speculum*, 42, 2, (1967), pp. 233-259.

LAING, R. (1990). *The Divided Self. An Existential Study in Sanity and Madness.* London: Penguin Books.

LAMPRECHT, K. (1988). "Die kultur- und universalhistorischen Bestrebungen an der Universität Leipzig (Berlín, 11 de agosto de 1908)". *Karl Lamprecht. Alternative zu Ranke. Schriften zur Geschichtstheorie.* Comp. Hans Schleier. Leipzig: Reclam.

LAMPRECHT, K. (1994). "Kulturgeschichte und Geschichte". *Transformation des Historismus. Wissenschaftsorganisation und Bildungspolitik vor dem Ersten Weltkrieg.* Comp. Horst Walter Blanke. Waltrop: Verlag Hartmut Spenner.

LASKER, R. "Silverfish, a Paper-Eating Insect". *The Scientific Monthly*, Vol. 84, No. 3 (Mar., 1957), pp. 123-127.

LAWRENCE, L. "The Harrowing of Hell in the Poems of Blathmac and the 'Gospel of Nicodemus'. Dependence or Convergence?". *Proceedings of the Harvard Celtic Colloquium*, Vol. 15 (1995), pp. 117-128.

LEBRETON, G. y ZEILLER, G. (1959). *Storia della Chiesa. Dalla fine del II secolo alla pace constantiniana.* Torino: Editrice S.A.I.E.

LEONCIO DE JERUSALÉN. *Contra Nestorianos*, en J. P. Migne, *PG*, vol. 86.

LEVENSON, J. D. (2006). *Resurrection and the Restoration of Israel. The Ultimate Victory of the God of Life.* London: Yale University Press.

LÉVINAS, E. (1971). *Totalité et Infini. Essai sur l'extériorité.* La Haye: Martinus Nijhoff.

LÉVY-BRUHL, L. (1931). *Le surnaturel et la nature dans la mentalité primitive.* Paris: Alcan.

LEWIS, C. S. (1964). *The Discarded Image: An Introduction to Medieval and Renaissance Literature.* Cambridge: Cambridge University Press.

LIBERTELLA, H. (2000). *El árbol de Saussure.* Buenos Aires: Adriana Hidalgo Editora.

LIEU, J. L. (2007). "Messiah and Resistance in the Gospel and Epistles of John", en Bockmuehl, M. y Carleton Paget, J. (eds.). *Redemption and Resistance. The Messianic Hopes of Jews and Christians in Antiquity.* New York: T&T Clark, pp. 97-108.

LIEU, J. M. (2015). *Marcion and the Making of a Heretic. God and Scripture in the Second Century.* New York: Cambridge University Press.

LIEVENS, M. (2016). "Carl Schmitt's Concept of History", en Meierhenrich, J. y Simons, O. (eds.). *The Oxford Handbook of Carl Schmitt.* Oxford: Oxford University Press, pp. 401-425.

LODOVICI, E. S. "Sull'interpretazione di alcuni testi della 'Lettera ai Galati' in Marcione e in Tertulliano". *Aevum*, vol. 46 (5/6), 1972, pp. 371-401.

LOKE, Y. W. (2013). *Lifes Vital Link. The Astonishing Role of the Placenta.* Oxford: Oxford University Press.

LOSSKY, V. (1967). *À l'image et à la ressemblance de Dieu.* Paris: Aubier – Montaigne.

LOUTH, A. (2002). *St. John Damascene.* Oxford: Oxford University Press.

LOUTH, A. (2007). "St. John Damascene as Monastic Theologian". *The Downside Review*, Volume 125, pp. 197-220.

LOVECRAFT, H. P. (1970). *The Dream Quest of Unknown Kadath.* New York: Ballantine Books.

LUCIANO DE SAMOSATA (1896). *Dialogi mortuorum*, en *Opera*, *Vol I*, Karl Jacobitz. in aedibus B. G. Teubneri.

LUDUEÑA ROMANDINI, F. (2009). "Eternidad, espectralidad, ontología: hacia una estétitca trans-objetual". En: Badiou, Alain. *Pequeño manual de inestética*. Buenos Aires: Prometeo. Leipzig: Keyboarding.

LUDUEÑA ROMANDINI, F. (2010). *La comunidad de los espectros I. Antropotecnia*. Buenos Aires: Miño y Dávila editores.

LUDUEÑA ROMANDINI, F. (2012). *Más allá del principio antrópico. Hacia una filosofía del* outside. Buenos Aires: Prometeo.

LUDUEÑA ROMANDINI, F. (2013). *H. P. Lovecraft: la disyunción del Ser*. Buenos Aires: Hecho atómico ediciones.

LUDUEÑA ROMANDINI, F. (2016). *Principios de espectrología. La comunidad de los espectros II*. Buenos Aires: Miño y Dávila editores.

LUDUEÑA ROMANDINI, F. (2017). *La ascensión de Atlas. Glosas sobre Aby Warburg*. Buenos Aires: Miño y Dávila editores.

LUDUEÑA ROMANDINI, F. (2021). *Filosofía primera. Tratado de ucronía post-metafísica. La comunidad de los espectros V*. Buenos Aires: Miño y Dávila editores.

LUPASCO, S. (1951). *Le principe d'antagonisme et la logique de l'énergie - Prolégomènes à une science de la contradiction*. Paris: Hermann.

MACHEN, J. G. (1958). *The Virgin Birth of Christ*. London: James Clarke & Co. Ltd.

MANSI, J. D. (1767). *Sacrorum Conciliorum Nova Amplissima Collectio*. Florencia: Expensis Antonii Zatta Veneti, Vol. 13.

MARTIN, S. (2006). *The Gnostics. The First Christian Heretics*. España: Pocket Essentials.

MARTIN-ACHARD, R. (1988). *La mort en face selon la Bible hébraïque*. Genève: Éditions Labor et Fides.

MARTÍNEZ ESTRADA, E. (1964). *Antología*. México: F.C.E.

MARTÍNEZ ESTRADA, E. (1996). *Radiografía de la Pampa*. Madrid: F.C.E.

MCKELLAR, L. (2007). "The Word Made Flesh: Re-embodying the Madonna and Child in Helen Chadwick's *One Flesh*", en Pollock, G. y Turvey Sauron, V. (eds.). *The Sacred and the Feminine. Imagination and Sexual Difference*. London: I. B. Tauris & Co. Ltd., pp. 202-212.

McNAMARA, D. R. (2009). *Catholic Church Architecture and the Spirit of the Liturgy*. Illinois: Hillenbrand Books.

MEILLASSOUX, Q. (2006). *Après la finitude. Essai sur la nécessité de la contingence*. Paris: Éditions du Seuil.

MEINONG, A. (1904). *Untersuchungen zur Gegenstandstheorie und Psychologie*. Leipzig: Verlag von Johann Ambrosius Barth.

MEINONG, A. (1907). *Über die Stellung der Gegenstandstheorie im System der Wissenschaften*. Leipzig: R. Voigtländer.

MELANDRI, E. (2004). *La linea e il circolo. Studio logico-filosofico sull'analogia*. Macerata: Quodlibet.

MERLEAU-PONTY, M. (1964). *Le visible et l'invisible*. Paris: Gallimard.

MILLER, J. W. (2008). "The Miracle of Christ's Birth", en Ellens, J. H. (ed.). *Miracles. God, Science, and Psychology in the Paranormal. Volume 1. Religious and Spiritual Events*. Westport – Connecticut: Praeger, pp. 117-134.

MÖDE, E. "Die Häresie des Doketismus aus psychopathologischer Perspektive". *Archiv für Religionspsychologie*, vol. 17, 1985, pp. 112-118.

MOLL, S. (2010). *The Arch-Heretic Marcion*. Tübingen: Mohr-Siebeck.

MOODY, D. "On the Virgin Birth of Jesus Christ". *Review & Expositor*, Volume 50, issue 4, 1953, pp. 453-462.

MORRISON, T. "The Architecture of Andreae's *Christianopolis* and Campanella's *City of the Sun*". *Proceedings of the Society of Architectural Historians, Australia and New Zealand*, vol. 1, 2013, pp. 259-271.

MURENA, H. A. (1954). *El pecado original de América*. Buenos Aires: Sur.

MURENA, H. A. (1984). *La metáfora y lo sagrado*. Barcelona: Editorial Alfa.

MURRAY, M. A. "The Bundle of Life". *Ancient Egypt*, 1930, pp. 65-73.

NANCY, J.-L. (2007). *La dischiusura. Deconstruzione del cristianesimo I*, trad. Rolando Deval y Antonella Moscati. Napoli: Edizioni Cronopio.

NIETZSCHE, F. (1954). *Werke in drei Bäden*, Band 3, Herausgegeben von Karl Schlechta. München: Hanser.

NIETZSCHE, F. (1999). *Kritische Studienausgabe in 15 Einzelbanden*, Band 6. München: De Gruyter.

NOLAN, B. M. "Some Observations on the Parousia and New Testament Eschatology". *Irish Theological Quarterly*, Volume 36, issue 4, 1969, 283-314.

O'HOGAN, C. (2016). *Prudentius and the Landscapes of Late Antiquity*. Oxford: Oxford University Press.

OAKES, E. T. "Descensus and Development: A Response to Recent Rejoinders". *International Journal of Systematic Theology*, Volume 13, Number 1, January 2011, pp. 3-24.

OAKES, E. T. "The Internal Logic of Holy Saturday in the Theology of Hans Urs von Balthasar". *International Journal of Systematic Theology*, 9 (2007), pp. 184—199.

OAKES, E. T. y MOSS, D. (eds.) (2004). *The Cambridge Companion to Hans Urs von Balthasar*. Cambridge: Cambridge University Press.

ORBE, A. (1995). *La teología dei secoli II e III. Il confronto de la Grande Chiesa con lo gnosticismo*, Vol. I. Roma: Editrice Pontificia Università Gregoriana.

ORBE, A. "El 'Descensus ad inferos' y san Ireneo". *Gregorianum*, Vol. 68, No. 3/4 (1987), pp. 485-522.

ORBE, A. "La trinidad maléfica (A propósito de 'Excerpta ex Theodoto' 80, 3)". *Gregorianum*, Vol. 49, No. 4 (1968), pp. 726-761.

OSBORN, E. (2001). *Tertullian. First Theologian of the West*. Cambridge: Cambridge University Press.

OSMAN, A. (2005). *Christianity: An Ancient Egyptian Religion*. Vermont: Bear & Co.

PANOFSKY, E. (1976). *Gothic Architecture and Scholasticism*. U.S.A.: New American Library.

PAROLINI, O. (ed.). (2016). *Placenta. The Tree of Life*. London – New York: Taylor & Francis Group.

PEARSON, F. B. "Sheol and Hades in Old and New Testament". *Review & Expositor*, Volume 35, issue 3, 1938, pp. 304-314.

PEIRCE, C. S. (1998). *The Essential Peirce, Volume 2: Selected Philosophical Writings (1893-1913)*. Bloomington: Indiana University Press.

PEIRE, J. (2000). *El taller de los espejos. Iglesia e imaginario 1767-1815*. Buenos Aires: Editorial Claridad.

PENTIUC, E. J. (2011). "Old Testament", en McGuckin, J. A. (ed.). *The Encyclopedia of Eastern Orthodox Christianity*, Volume I. U.K.: Blackwell Publishing Ltd., pp. 420-423.

PITSTICK, A. "Development of Doctrine, or Denial? Balthasar's Holy Saturday and Newman's *Essay*". *International Journal of Systematic Theology*, 11 (2009), pp. 131-145.

POE, E. A. (1997). *Spirit of the Dead: Tales and Poems*. Berkshire: Penguin Books.

POTESTÀ, G. L. y RIZZI, M. (eds.) (2005). "Introduzione generale", en *L'Anticristo. Volume I. Il nemico dei tempi finali. Testi dal II al IV secolo*. Milano: Mondadori Editore.

POWER, M. L. (2005). *Birth, Distress and Disease. Placental–Brain Interactions*. New York: Cambridge University Press.

PRICE, R. y GADDIS, M. (eds.) (2005). *The Acts of the Council of Chalcedon*. Liverpool: Liverpool University Press.

PRICE, R. y WHITBY, M. (eds.) (2009). *Chalcedon in Context. Church Councils 400–700*. Liverpool: Liverpool University Press.

PRÓSPERI, G. (2015). *Vientres que hablan. Ventriloquia y subjetividad en la historia occidental*. La Plata: Universidad Nacional de La Plata. Facultad de Humanidades y Ciencias de la Educación.

PRÓSPERI, G. (2017). "Pensamiento y espacio en las *Meditaciones metafísicas*. Esbozo de una topología trascendental", en Berrón, M.; Parera, G. y Yuan, S. (comp.). *Actas del XVII Congreso Nacional de Filosofía (AFRA)*. Santa Fe: Universidad Nacional del Litoral, pp. 73-79.

PRÓSPERI, G. (2018). *La respiración del Ser. Apnea y ensueño en la filosofía hegeliana*. Buenos Aires: Miño y Dávila Editores.

PRÓSPERI, G. (2019). *La máquina óptica. Antropología del fantasma y (extra)ontología de la imaginación*. Buenos Aires: Miño y Dávila Editores.

PRÓSPERI, G. O. "Del Monstruo a la Idea. Aby Warburg y la psico-arqueología del hombre". *Cuadernos de Filosofía*, 72 (enero - junio, 2019), pp. 37-51.

PRÓSPERI, G. O. "El extra-ser americano. Transobjetividad fantasmática en Héctor Álvarez Murena". *Cuyo. Anuario de Filosofía Argentina y Americana*, vol. 35, 2018, pp. 163-190.

PRÓSPERI, G. O. "*Geminus Christi*. La excomunión de la placenta en los relatos del nacimiento virginal". *Veritas. Revista de Filosofía y Teología*, nº 44, diciembre de 2019a, pp. 169-193.

PRÓSPERI, G. O. "Políticas de la *psyché*. La exclusión inclusiva del *eidōlon* y el gobierno de los vivientes". *Res Pública. Revista de Historia de las Ideas Políticas*, 23(1), 2020, pp. 85-95.

PRÓSPERI, G. O. "Y el verbo se hizo fantasma. La (anti)cristología docetista en el *Adversus Marcionem* de Tertuliano". *PLURA, Revista de Estudos de Religião*, vol. 9, nº 2, 2018, pp. 128-145.

PRUDENCIO (1949). *Psychomachia*. En: T. E. Page *et all.* (eds.). *Liber Cathemerinon. Apotheosis. Hamartigenia. Psychomachia. Contra orationem Symmachi, Liber I*, Loeb Classical Library, trad. de H. J. Thomson. Cambridge: Harvard University Press.

QUANDT, A. y NOEL, W. (2001). "From Calf to Codex", en Tanis, J. R. (ed.). *Leaves of Gold: Manuscript Illumination from Philadelphia Collections*. Philadelphia: Philadelphia Museum of Art, pp. 14-20.

RAISON, C. L. *et all.* "The moon and madness reconsidered". *Journal of Affective Disorders*, 53 (1999), pp. 99-106.

RANCIÈRE, J. (1995). *La Mésentente. Politique et philosophie*. Paris: Galilée.

RAPINE, Ch. (1636). *Annales ecclésiastiques du Diocese de Chaalons en Champagne*. Paris: Claude Sonnius.

RÉGNON, T. (1892). *Etudes de théologie positive sur la Trinité. Vol. 1. Exposé du dogme*. Paris: Retaux.

RICE, M. (2004). *Egypt's Making. The origins of Ancient Egypt 5000–2000 BC*. London – New York: Routledge.

RICHTER, J. P. (1996). *Siebenkäs – Flegeljahre*. München: Carl Hanser.

ROBINSON, A. (2010). *God and the World of Signs. Trinity, Evolution, and the Metaphysical Semiotics of C. S. Peirce*. Leiden – Boston: Brill.

ROBINSON, D. Ch. "The Problem of *Dipsychia* in the Shepherd of Hermas." *Studia Patristica*, 45 (2010), pp. 303-308.

ROHDE, E. (1908). *Psyche: Seelencult und Unsterblichkeitsglaube der Griechen*. Tübingen – Leipzig: Verlag von J. C. B. Mohr.

ROSEN, S. (1999). *Plato's* Sophist. *The Drama of Original and Image*. Indiana: St. Augustine's Press.

ROSEN-ZVI, I. (2011). *Demonic Desires.* Yetzer Hara *and the Problem of Evil in Late Antiquity*. Philadelphia: University of Philadelphia Press.

ROUILLARD, H. (1998). "Rephaim", en Van der Toom, K., Becking, B. & Van der Horst, P. W. (eds.). *Dictionary of Deities and Demons in the Bible*. Leiden, Boston: Brill, pp. 692-700.

ROZITCHNER, L. (1997). *La cosa y la cruz. Cristianismo y capitalismo (en torno a las* Confesiones *de san Agustín)*. Buenos Aires: Losada.

ROZITCHNER, L. (2011). *Cuestiones cristianas*. Buenos Aires: Ediciones de la Biblioteca Nacional.

ROZITCHNER, L. (2013). Mate*rialismo ensoñado. Ensayos*. Buenos Aires: Tinta Limón.

SAÏD, S. "Deux noms de l'image en grec ancien: idole et icône". *Comptes rendus des séances de l'Académie des Inscriptions et Belles-Lettres*, 131 année, N. 2, 1987. pp. 309-330.

SANFELIPPO, L. (2018). *Trauma. Un estudio histórico en torno a Sigmund Freud*. Buenos Aires: Miño y Dávila Editores.

SARTRE, J.-P. (1964). *Lo imaginario*. Buenos Aires: Losada. Traducido por Manuel Lamana.

SASSO, G. (2001). *Ernesto De Martino fra religione e filosofía*. Napoli: Bibliopolis.

SATTERTHWAITE, P. E. *et all.* (1995). *The Lord's Annointed: Interpretation of Old Testament Messianic Texts*. Michigan: Baker Book Hause.

SAUSSURE, F. (1995). *Cours de linguistique générale*. Paris: Éditions Payot & Rivages.

SCHÉRER, R. (2012). *Miradas sobre Deleuze*. Buenos Aires: Editorial Cactus.

SCHOLEM. G. (1998). *La cábala y su simbolismo*. México: Siglo XXI.

SCHOPENHAUER, A. (1892). *Die Welt als Wille und Vorstellung*. Band I. Verlag von Philipp Reclam.

SCHÜRMANN, R. (1987). *Heidegger on Being and Acting: From Principles to Anarchy*. Bloomington: Indiana University Press.

SCIACCA, C. (2010). "Stitches, Sutures, and Seams: 'Embroidered' Parchment Repairs in Medieval Manuscripts", en Netherton, R. y Owen-Crocker, G. (eds.). *Medieval Clothing and Textiles*, Vol. 6. Woodbridge: The Boydell Press, pp. 57-92.

SCOTT, R. A. (2003). *The Gothic Enterprise. A Guide to Understanding the Medieval Cathedral.* Berkeley – Los Angeles – London: University of California Press.

SEITZ, O. J. F. "Afterthoughts on the Term 'Dipsychos'". *New Testament Studies*, 4, 1958, pp 327-334.

SELIGMANN, C. G. y Murray, M. A. "Note Upon an Early Egyptian Standard". *Man*, Volume 11, 1911, pp. 165-171.

SETH, C. *"À la recherche du Saint Prépuce". Littérature*, N° 169, 2013/1, pp. 5-18.

SHORT, T. L. (2007). *Peirce's Theory of Signs.* Cambridge: Cambridge University Press.

SIMONDON, G. (2005). *L'individuation à la lumière des notions de forme et d'information.* Grenoble: Éditions Jérôme Millon.

SIMONETTI, M. (2006). *Studi di cristologia postnicena.* Roma: Institutum Patristicum Augustinianum.

SIMPSON, J. (1995). *Science and the Self in Medieval Poetry. Alan of Lille's* Anticlaudianus *and John Gower's* Confessio amantis. New York: Cambridge University Press.

SLOTERDIJK, P. (1998). *Sphären I. Mikrosphärologie. Blasen.* Frankfurt am Main: Suhrkamp.

SLOTERDJIK, P. (1998). *Sphären I. Blasen. Mikrosphärologie.* Frankfurt am Main: Suhrkamp.

SLUSSER, M.: "Docetism: a Historical Definition". *The Second Century*, vol. 1, 1981, pp. 163-172.

SMITH, J. (2012). *Dust or Dew. Immortality in the Ancient Near East and in Psalm 49.* Cambridge: James Clarke and Co.

SMITH, M. (1976). *Prudentius'* Psychomachia. *A Reexamination.* New Jersey: Princeton University Press.

SOLÈRE, J.-L., VASILU, A., GALONNIER, A. (eds.) (2005). *Alain de Lille, le docteur universel. Philosophie, théologie et littérature au XIIe siècle.* Bélgica: Brepols.

SOLOVIEV, V. (1999). *Los tres diálogos y el relato del Anticristo.* Barcelona: Scire Balmes.

SOMMER, A. U. (2013). *Kommentar zu Nietzsches Der Antichrist, Ecce homo, Dionysos-Dithyramben, Nietzsche contra Wagner.* Berlin: Walter de Gruyter.

SPERO, M. H. "Thanatos, Id and the Evil, Impulse". *Tradition: A Journal of Orthodox Jewish Thought*, Vol. 15, No. 1/2 (1975), pp. 97-111.

STUDER, B. (1993). *Trinity and Incarnation. The Faith of the Early Church.* Minnesota: The Liturgical Press.

SURIANO, M. (2018). *A History of Death in the Hebrew Bible.* Oxford: Oxford University Press.

TANZELLA-NITTI, G. (2001). "The Book of Nature and the God of Scientists according to the Encyclical Fides et Ratio", en *The Human Search for Truth: Philosophy, Science, Faith. The Outlook for the Third Millennium.* Philadelphia: St. Joseph's Univ. Press.

TANZELLA-NITTI, G. "The Two Books Prior to the Scientific Revolution". *Perspectives on Science and Christian Faith*, vol. 57, n° 3, 2005, pp. 235-248.

TAUBES, J. (1993). *Die politische Theologie des Paulus.* München: Wilhelm Fink Verlag.

TEILHARD DE CHARDIN, P. (1956). *Le phénomène humain.* Paris: Les Éditions du Seuil.

TEILHARD DE CHARDIN, P. (1965). *Science et Christ.* Paris: Les Éditions du Seuil.

TEILHARD DE CHARDIN, P. (1969). *Comment je crois.* Paris: Les Éditions du Seuil.

TERTULIANO. *Adversus Marcionem*, R. Braun (ed.). *Contre Marcion.* Book 1: *Sources Chrétiennes* 365 (1990); Book 2: 368 (1991); Book 3: 399 (1994); Book 4: 456 (2001). Paris: Cerf. D. E. Dekkers (ed.), (1954). *Corpus Christianorum*, vols. I-II. Turnhout: Brepols. E. Evans (ed.), (1971). *Against Marcion.* Complete edition, text, critical apparatus, notes, translation, latin and english, Oxford, Oxford University Press.

TERTULIANO. *De carne Christi.* J.-P. Mahé (ed.), (1975). *La chair du Christ.* Tome I: *Sources Chrétiennes.* Paris: Cerf. E. Evans (ed.), (1956). *Tertullian's treatise on the Incarnation*, latin and english, London, S.P.C.K. D. E. Dekkers (ed.), (1954). *Corpus Christianorum*, vol. II. (1954). Turnhout: Brepols.

TERTULIANO. *De resurrectione carnis.* E. Evans (ed.), (1960). *Tertullian's treatise on The Resurrection,* latin and english, London, S.P.C.K. D. E. Dekkers (ed.), (1954). *Corpus Christianorum*, vol. II. Turnhout: Brepols.

THOMSETT, M. C. (2011). *Heresy in the Roman Catholic Church. A History*. Jefferson - North Carolina – London: McFarland & Company, Inc. Publishers.

TIMBIE, J. (2007). "Coptic Christianity", en Parry, K. (ed.). *The Blackwell Companion to Eastern Christianity*. Oxford: Blackwell Publishing Ltd., pp. 94-116.

TOWERS, B. "The Significance of Teilhard de Chardin". *New Blackfriars*, Volume 40, issue 468, 1959, pp. 126-129.

TRUMBOWER, J. A. (2001). *Rescue for the Dead: The Posthumous Salvation of Non-Christians in Early Christianity*. New York: Oxford University Press.

TURA, E. (1992). *Con la bocca e con il cuore. El credo cristiano ieri e oggi*. Padova: Edizione Messaggero.

TURNER, R. V. "*Descendit Ad Inferos*: Medieval Views on Christ's Descent into Hell and the Salvation of the Ancient Just". *Journal of the History of Ideas*, Vol. 27, No. 2 (Apr. - Jun., 1966), pp. 173-194.

UNGER, D. (1948). "The Incarnation – A Supreme Exaltation for Christ according to St. John Damascene". *Franciscan Studies*, Vol. 8, No. 3, pp. 237-249.

VAN ASPEREN, H. (2007). "Praying, Threading, and Adorning: Sewn-in Prints in a Rosary Prayer Book (London, British Library, Add. MS 14042)", en Rudy, K. y Baert, B. (eds.). *Weaving, Veiling, and Dressing. Textiles and their Metaphors in the Late Middle Ages*. Belgium: Brepols Publishers, pp. 81-120.

VANNIER, M.-A. (2013). *La christologie et la Trinité chez les Pères*. Paris: Cerf.

VASSELEU, C. (1998). *Textures of Light. Vision and Touch in Irigaray, Levinas and Merleau-Ponty*. London – New York: Routledge.

VERNANT, J.-P. (2008). *Oeuvres. Religion, Rationalités, Politique*. Tome II. Paris: Éditions du Seuil.

VIVEIROS DE CASTRO, E. (2010). *Metafísicas caníbales. Líneas de antropología postestructural*. Buenos Aires: Katz Editores.

VON SIMSON, O. (1974). *The Gothic Cathedral. Origins of Gothic Architecture and the Medieval Concept of Order*. Princeton – London: Princeton University Press.

WALKER, A. *et all*. "Silverfish silk is formed by entanglement of randomly coiled protein Chains". *Insect Biochemistry and Molecular Biology*, Volume 43, issue 7, 2013, pp. 572-579.

WARNER, M. (1976). *Alone of All Her Sex. The Myth and Cult of the Virgin Mary*. Oxford: Oxford University Press.

WEILER, V. "La versión psicogenética de la Historia cultural. A propósito de los cien años del Instituto de Historia Cultural y Universal en Leipzig". *Anuario colombiano de Historia Social y de la Cultura*, Vol. 37, n° 1, 2010, pp. 227-267.

WESSEL, S. (2004). *Cyril of Alexandria and the Nestorian Controversy. The Making of a Saint and of a Heretic*. Oxford – New York: Oxford University Press.

WILKINSON, J. "Apologetic Aspects of the Virgin Birth of Jesus Christ". *Scottish Journal of Theology*, Volume 17, issue 02, 1964, pp. 159-181.

WILSON, C. (1984). *The Lord of the Underworld: Jung and the 20. Century*. Wellingborough: Aquarian Press.

WRAY, T. J. y MOBLEY, G. (2005). *The Birth of Satan: Tracing the Devil's Biblical Roots*. New York: Palgrave MacMiallan.

ZANARDI, C. (2011). *Sul filo della presenza. Ernesto De Martino fra filosofia e antropologia*. Milano: Unicopli edizioni.

ZARADER, M. (2001). *L'être et le neutre. À partir de Maurice Blanchot*. Paris: Éditions Verdier.

ZHYRKOVA, A. "Hypostasis – The Principle of Individual Existence in John of Damascus". *Journal of Eastern Christian Studies*, 61(1-2), 2009, pp. 101-130.

THE MIRROR

I stumble on at every journey's end
Down to a shore where nothing blooms, and take
My thoughts, and dreams, and wishes there to bend
And gaze at their reflection in the lake,

So they may know themselves at last. But they
Discerned an image always dim and wan.
"Those are not we," they said in musing tone,
And then they wept and slowly went away.

But all at once through bitterness and dread,
Through shadow, and decay, and old despairs,
I felt Delight encompass me with splendour.
Inebriate within his arms I swayed,

I snatched the star which glittered on his head,
I leaned against his feet and was allayed.
At last and utterly, in savage flares
I flamed, and utter was my self-surrender.

Come blithely to the lake, my dream, my thought!
How low above the mirror you are bowed.
You still have doubts? Is not your likeness caught?
Perhaps the dancing clouds of autumn move

The glass, or withered tendrils draw a groove?
How anxious one against the next you crowd!
You do not weep, but as at every close
You sigh: "Those are not we-we are not those!"

† † †

En 1888, un joven Stefan George de veinte años visitó por primera vez la ciudad luz y pronto llegó a conocer a Paul Verlaine y a Stéphane Mallarmé, con quienes mantuvo acalorados debates sobre el propósito de la poesía. Para él, el arte no debía ser atado al sentido político de cada época sino, antes bien, debía dar la espalda a la realidad y centrarse en su reflejo. Elevar el sentimiento puro como una expresión autónoma, generadora de imágenes especulares pero diferentes —"Those are not we-we are not those!"— que dibujan una ranura.

Este asunto lo llevó, cuatro años después, a lanzar la publicación *Blätter für die Kunst*, en torno a la cual se conformó un círculo de admiradores y discípulos que vieron en el poeta del valle del Rhin una suerte de profeta del nuevo siglo y un mesías de fin de época.

Su intensidad emocional antirealista y su espiritualismo antimaterial se expresó a partir de entonces a través de la poesía como instrumento de elevación moral, para lo cual diseñó las formas tipográficas que hemos elegido en la confección del presente volumen y que llevan su nombre.

Con raíces clásicas griegas, un tratamiento heterodoxo de las mayúsculas y fuertes elementos geométricos que preanunciaban el movimiento de la Nueva Tipografía, Stefan George se anticipó a la sensibilidad tipográfica moderna. Y, al igual que Jan Tschichold, concluyó sus últimos años en el exilio helvético para escapar de la manipulación, que quiso hacer de su idealismo clásico una imagen de la nueva Alemania, y de su figura un aladid y sacerdote profano de la nueva era nacional-socialista que se estaba gestando. "Si Dios alguna vez castigó a un profeta porque sus profecías se cumplieran, ése fue él", dirá de S. George, Walter Benjamin,

G. Miño

www.ingramcontent.com/pod-product-compliance
Ingram Content Group UK Ltd.
Pitfield, Milton Keynes, MK11 3LW, UK
UKHW041637190726
13854UKWH00006B/2537